세상 끝을 향한 경주

RACE TO THE BOTTOM OF THE EARTH
: SURVIVING ANTARCTICA

by Rebecca E. F. Barone
Copyright ⓒ 2021 by Rebecca E. F. Barone

This Korean edition was published by Dolbegae Publishers in 2022 by arrangement
with Henry Holt and Company through KCC(Korea Copyright Center Inc.), Seoul.
Henry Holt Ⓡ is a registered trademark of Macmillan Publishing Group, LLC.
All rights reserved.

생각하는돌 26

세상 끝을 향한 경주

: 남극으로 떠난 네 명의 위대한 탐험기

리베카 E. F. 버론 지음 | 김충선 옮김

2022년 9월 23일 초판 1쇄 발행

펴낸이 한철희 | 펴낸곳 돌베개 | 등록 1979년 8월 25일 제406-2003-000018호
주소 (10881) 경기도 파주시 회동길 77-20 (문발동)
전화 (031) 955-5020 | 팩스 (031) 955-5050
홈페이지 www.dolbegae.co.kr | 전자우편 book@dolbegae.co.kr
블로그 blog.naver.com/imdol79 | 트위터 @Dolbegae79 | 페이스북 /dolbegae

편집 박대우·이하나
표지디자인 김민해 | 본문디자인 이은정·이연경
마케팅 심찬식·고운성·김영수·한광재 | 제작·관리 윤국중·이수민·한누리
인쇄·제본 상지사 P&B

ISBN 979-11-91438-78-9 (44960)
ISBN 978-89-7199-452-8 (세트)

책값은 뒤표지에 있습니다.

세상 끝을 향한 경주

남극으로 떠나 내 몸의 위대한 탐험기

리베카 E . F . 바툴 지음 / 김충선 옮김

Race to the Bottom
of the Earth
Surviving Antarctica

돌베개

도미닉에게

차례

제2편

경주

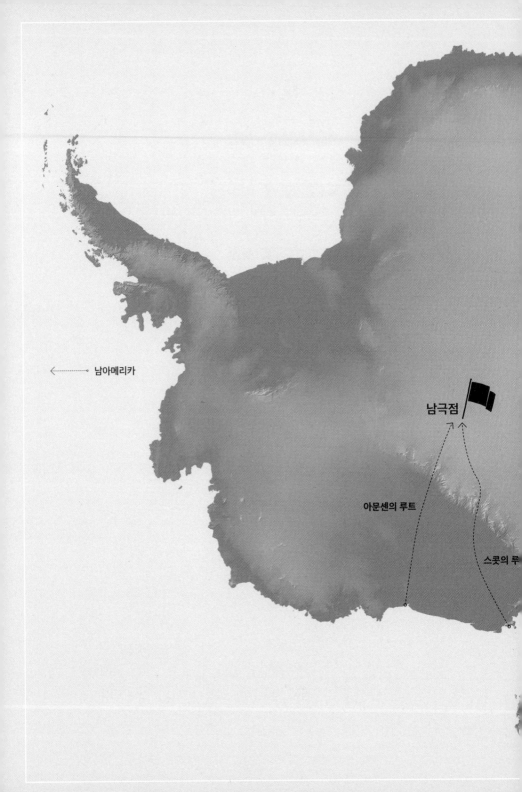

남아메리카

남극점

아문센의 루트

스콧의 루

1911년~1912년
아문센·스콧의
남극 탐험 경로

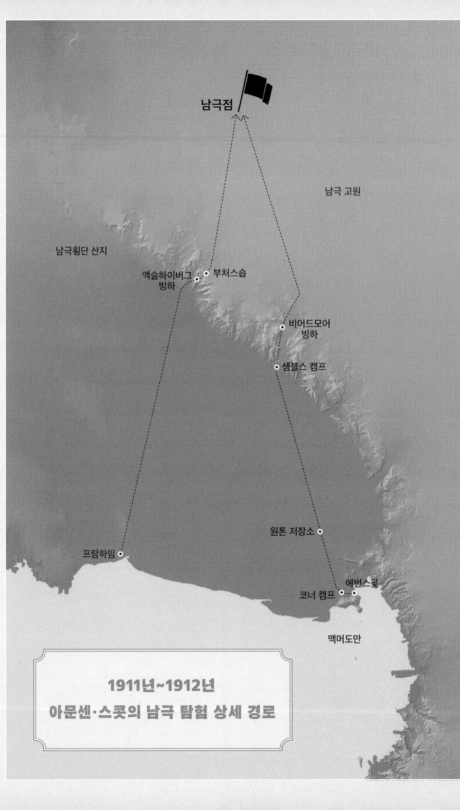

남극점

남극 고원

남극횡단 산지

액슬하이버그
빙하

부처스홉

비어드모어
빙하

샘블스 캠프

원톤 저장소

프람하임

에번스곶

코너 캠프

맥머도만

1911년~1912년
아문센·스콧의 남극 탐험 상세 경로

제1편

준비

Roald Amundsen · Robert Falcon Scott

Colin O'Brady · Lou Rudd

"나는 남극의 역사를 새로 썼다!
4, 5년 전에 누군가 내게 이런 언질을 주었더라면
구제불능의 정신 나간 놈이라 무시했을 테지.
그런데 그 미친 사람의 예언은 옳은 것이었다.
상황에 이끌려 이곳까지 이르렀고,
내가 상상했던 것과는 완전히 다르게 이야기가 펼쳐졌다."

– 1912년 4월 13일 로알 아문센 –

✳

"여기가 사실상 최정상이고,
지금 당장은 보급선 안에 있으니 안전하다.
우리는 이 지역을 기필코 통과해야 한다."

– 1911년 12월 21일, 스콧 대령 –

경주

아문센·스콧: 1903년-1910년

❄

1906년 영국 런던

로버트 팰컨 스콧 해군대령Captain Robert Falcon Scott은 마음속 어둠을 떨치지 못하고 있었다. 축하의 말, 찬사와 함께 퍼레이드, 왕실 가족의 초대가 이어지는 와중에도 그의 마음엔 기쁨이 깃들지 않았다. 마치 벗을 수 없는 굴레처럼 우울한 기분이 그를 놔주지 않았다. 헛헛하고 메마른, 마비된 것 같은 그의 마음은 포기하고 돌아 나올 수밖에 없었던, 목표점에 도달하지 못하고 고향으로 귀환해야 했던 남극 사막처럼 황량했다.

스콧은 남극점에 다다르지 못하고 중도에 돌아섰던 터였다.

1903년, 스콧은 이 세상 그 누구보다 더 멀리 지구의 남쪽을 향해 탐험했다. 남극 대륙에 올라 빙원을 가로질러 남극점을 향해 1,500km 거리를 이동했다. 그 덕택에 영국 국기를 세계의 다른 나라들보다 극점에 가까운 곳에 꽂을 수 있었다.*

그렇지만 목표했던 극점에는 결국 도달하지 못했다. 비록 조국이 그를 영웅으로 대접할지라도 자신이 생각하기엔 실패자에 불과했다. 충분히 더 나아가지 못한 실패자.

개들이 문제였다. 썰매를 끌면서 빙원을 가로지르고 빙산을 오르게 할 심산으로 스콧은 썰매개들을 데리고 갔었다. 개들은 혈기왕성할 줄 알았다. 먹는 양은 절반이지만 사람만큼 썰매를 잘 끌 수 있을 줄 알았다. 인간의 명령에 복종하고, 주인의 마음을 읽어낼 줄 알았다. 개란 동물은 **으레 그런 줄 알았다**. 그런데 실상은 달랐다. "사람이 아니라 개들이 가야 할 길을 지시하게 될 것 같다."라며 스콧은 한탄했다. 개들은 사람에게 달려들고, 서로에게도 으르렁댔다. 그러다 결국은 사람이 썰매개들을 끌고 가는 지경에 이르렀다.

사람도 문제였다. 대원들 모두가 하나같이 설맹雪盲 증상을 겪었다. 투명한 얼음과 새하얀 눈밭에 반사된 밝은 햇빛 때문에 눈에 화상을 입은 것이다. 어떤 때에는 세 명의 극점팀 대원이 한쪽 눈만 뜬 대원 한 사람에 의지해 앞으로 나아가기도 했다. 그나마 설맹 증상은 일시적이고 시간이 지나면 회복되었지만, 대원들을 쇠약하게 만드는 괴혈병**은 이해할 수 없는 질병이었다. 하지만 이번엔 다를 것이다. 사

---

* 1901년~1904년 디스커버리호를 타고 떠났던 남극 탐험을 말한다.

** 비타민 C가 부족할 때 발생하는 질병으로 근육, 골막과 피하 점막이 약해지면서 피하 출혈이 발생하고 전신 권태감과 피로가 특징이다. 창백한 피부, 꺼진 눈, 치아 소실 등이 나타날 수 있다. 비타민 C는

람도 이전보다 더 잘 대비할 수 있다. '지금 알고 있는 것을 그때 당시 알았더라면.' 스콧은 못내 아쉬웠다.

로버트 팰컨 스콧(1905년) [헨리 몰Henry Maull과 존 폭스John Fox/위키미디어 공용]

지난 탐험에서 스콧은 남극점에 매우 근접했다. 극점까지 단 8°를 남긴 남위 82° 지점까지 도달했던 것이다. 거의 성공할 뻔했다. **거의.**

하지만 거기서 뒤돌아 나와야 했다.

그런데 작은 속삭임이 시작되었다. 친구에게 쓴 편지를 보면, 마치 어쩌다 떠오른 생각인 것처럼, 짐짓 지나가는 아이디어인 양 스콧은 속내를 내비쳤다. 어쩌면, 한 번 더 시도해 볼지도 몰라. 암시랄까, 제안이랄까, 아무튼 편지 속에 남긴 한두 개의 짤막한 메모는 그가 간직한 슬픔의 언저리에 '어쩌면'이라는 가능성을 덧대기 시작했다.

그런 후로 작은 아이디어가 자라기 시작했다. 스콧은 골똘히 생각했다. '남극에 동력 차량을 가지고 가면 어떨까?' 스콧은 영국해군의 어뢰 장교였다. 개나 말 같은 동물보다는 기계장치를 이용하는 편이 훨씬 타당해 보였다. 지난 탐험대에 참여했던 믿을 만한 동료 장교 몇 명에게 묻기 시작했다. '극지용 차량을 이용할 수 있다면 남극점을

신선한 채소는 물론 고기를 통해서도 섭취할 수 있다. 이누이트인들이 신선한 야채를 전혀 섭취하지 않지만 괴혈병에 걸리지 않는 것은 날고기를 먹기 때문이다.

공략하는 데 도움이 될까?' '새로운 장치를 가져가면 성공을 확실하게 보장받을 수 있을까?' 스콧에게는 분명히 도움이 될 것이라는 긍정의 대답이 절실했다. 마음속에 희망이 자라면서 비로소 어둠을 뚫고 나아갈 길을 찾은 것 같았다.

그 후, 아이디어는 빠르게 자라났다. 친구들, 옛 탐험 동료들, 여러 분야의 탐험가들이 도움을 주었다. 남극에서 돌아온 지 채 2년이 지나지 않은 1906년, 스콧은 남극 대륙을 향해 두 번째 탐험을 떠나기로 결정했다. 실패를 맛보았던 그곳에서 승리할 수 있는 또 한 번의 기회였다.

즉각 극지용 차량 제작에 나섰다. 프랑스 파리, 영국 버밍엄, 노르웨이 페포르에서 걸출한 극지 탐험가들과 엔지니어들이 새로운 기계장치 개발에 착수했다. 그런데 남극 탐험을 계획하던 와중에 스콧은 영국해군의 함선으로 돌아가야 했다. "어쩔 도리 없이 복직해서 얼마간의 시간을 보낸 뒤에야 다시 휴가를 요청할 수 있었다." 열세 살 무렵부터 해군의 왕실 전용선을 타고 항해해 온 그였지만, 스콧은 갑자기 갇힌 듯한 느낌에 휩싸이며 폐쇄공포증에 시달렸다.

"[해군의] 일상에 신물이 나." 누이에게 보내는 편지에서 스콧은 이렇게 썼다. 스콧은 새로운 소식을 고대했고, 항구에 정박할 때마다 자신의 팀이 보내온 새 소식을 간절히 기다렸다.

설계를 거듭 수정하고 실험을 반복하는 데에 수년이 걸렸다. 결국, 이전까지 본 적 없는 새로운 운송장치인 '동력 썰매'motor sledge가 탄생했다. 영국 버밍엄의 월슬리 모터스Wolseley Motors라는 자동차 회사가 바퀴를 대신하여 무한궤도라는 혁신적인 개념을 적용하고 휘발유를 연료로 사용하는 새로운 장치를 발명한 것이다. 아내와 함께 현장을 찾아가 동력 썰매를 최종 점검하는 장면을 직접 참관한 스콧은 이 신개념 차량이 "모든 것의 열쇠"가 될 수 있기를 간절히 희망했다. 노르웨이 페포르의 눈 쌓인 긴 비탈길을 따라 오르며 동력 썰매는 힘들이지 않고 무거운 짐을 산 정상으로 운송했다.

분명, 동력 썰매는 예기치 못한 고장이 잦았다. 게다가 차량 자체가 무거웠다. 하지만 적어도 개보다는 낫지 않겠는가.

그래도 만일에 대비하여 개와 조랑말도 데려갈 터였다. 아마도 이 새로운 무리가, 아마도 이 개들이 동력 썰매를 대신해 작업할 수 있으리라고 스콧은 기대했다. 동력 썰매가 고장 나면 조랑말이 썰매를 끌면 된다. 조랑말이 병들면 썰매개들이 일하면 된다. 그리고 이전 탐험에서처럼 가장 순수한 방법으로, 곧 사람이 직접 썰매를 끌어서* 극점에 도달할 수 있다면 더 바랄 나위가 없을 것이다.

스콧은 다음과 같이 썼다. "개의 도움을 받는 여행은 지고한 관념의 정점에 다다를 수 없다. (…) 한 무리의 사람들이 다른 도움 없이 스스로의 힘으로 고난과 위험, 역경에 맞서 나아갈 때 (…) 이런 조건 하에서의 정복이 보다 더 고결하고 훌륭하다고 단언할 수 있다." 개와 조랑말은 유용할 수 있다. 하지만 사람이 직접 썰매를 끄는 것이야말로 궁극의 영예였다. 이번에는—이번이야말로!—사람들이 보다 철저히 대비했다.

---

* man-hauling. 초창기 극지 탐험의 시대에 동물이나 기계장치의 힘을 빌리지 않고 사람의 힘만으로 썰매 등을 끄는 걸 일컫는다. 후대의 사람들은 이 같은 사람의 직접 끌기를 비효율적인 낭비라고 보았지만 유난히 영국인들, 특히 영국지리학회 회장이자 스콧 대령의 정신적 지주였던 클레먼츠 마컴은 직접 끌기가 지극히 순수한 형태의 탐험 방법이라고 굳게 믿었다. 이처럼 남극 탐험의 영웅시대에 영국 탐험대가 썰매개 이용을 꺼리는 분위기가 만연했던 반면 노르웨이의 탐험가인 프리드쇼프 난센이나 로알 아문센에게 이런 태도는 이해하기 힘든 일이었고, 이 직접 끌기가 무슨 수를 써서라도 피해야 하는 쓸모없는 수고라고 생각했다.

남극에서 사람의 힘으로 썰매를 끄는 모습. 2~5명의 대원들이 팀을 이뤄 썰매를 끌었다. [위키미디어 공용]

    지난번 탐험 뒤로 10년이 채 지나지 않았지만, 그사이 극지 환경에서 어떻게 생존하고, 어떻게 활동해야 하는지에 관한 지식이 전에 없이 크게 늘었다. 이제 괴혈병에 걸리지 않으려면 남극 바다에 흔히 서식하는 바다표범 고기를 먹어야 한다는 걸 사람들이 알게 되었다. 그 이유나 원리가 그때까진 밝혀지지 않았다. 다만 신선한 고기를 먹으면 사람들이 건강을 유지할 수 있는 것 같았다.

    굳이 동력 썰매까지 가지 않더라도 이동 방법 역시 달라졌다. 스콧은 노르웨이에서 스키 50벌을 주문 제작했다. 그 스키는 스키화를 연결하는 바인딩이 세계에서 가장 훌륭한 최고급 품질이었다. 그런 스키라면 얼음 위에서 이동할 때 분명 도움이 될 터였다. 이번에는 대원들의 눈도 보다 잘 보호할 수 있었다. 어두운 색의 고글을 착용하면 설원에 반사되는 햇빛을 두려워할 필요가 없었다. 스콧은 극지에 관한 기존의 모든 세세한 지식을 활용했다.

    1909년, 두 번째 남극 탐험에 나설 것이라고 스콧이 공식적으로 발표했다. 목표는 분명했다. "탐험의 주된 목적은 남극점에 도달하여 대영제국에 바칠 위업을 달성하는 것이다."

탐험에 함께할 대원들을 선발하기 위한 지원자를 구하는 데는 어려움이 전혀 없었다. 스콧이 첫 번째 남극 탐험을 마치고 돌아왔을 때 온 나라가 환호했다. 그가 다시 탐험을 떠난다고 하니 마치 영국 전체가 그가 이룰 영광에 동참하고 싶어 하는 것 같았다. 스콧이 두 번째 남극 탐험을 발표하자마자 이 3년간의 여정에 함께하겠다며 8천 명이 넘는 사람들이 지원했다. 스콧은 그중에서 65명을 선발했다.

대부분이 스콧처럼 영국해군이나 상선해병* 소속의 장교나 수병 출신이었고, 하나같이 남극에 가기를 원했다. 스콧에게는 부빙浮氷 수역을 항해하는 동안 한 치의 흐트러짐 없이 주의를 기울여 얼음의 위치를 살필 수 있는 대원들이 필요했다. 거처를 지을 수 있는 힘과 베이스캠프를 유지할 수 있는 인내심, 길고 어두운 극지의 겨울 동안 살아남는 일에만 온전히 전념할 수 있는 동료들이 필요했다. 탐험에는 용기가 필요한 그 이상으로 순수한 열정이 필요했다. 일단 문명 세계를 뒤로하고 떠난 다음에는 어둠과 추위로부터 벗어날 방도가 없었다. 다시 생각해 볼 기회도, 되돌아갈 방법도 없었다.

65명의 대원 중 12명은 과학자들이었다. 물리학자도 있고 지질학자, 생물학자, 동물학자도 있었다. 남극 대륙, 특히 남극점이 있는 내륙에 대해서는 그때까지 알려진 바가 전혀 없었다. 기상 자료를 수집하고 펭귄의 짝짓기 습성을 연구하고, 얼음이 지배하는 그 땅 위에서 한때 생장했을 고식물 화석을 수집한다는 연구 계획은 스콧을 들뜨게

---

*   Merchant Marine. 평소에는 상선으로 활동하다가 유사시에 해군을 돕는 일체의 선박.

했다.

대원 중에는 선원도 과학자도 아닌 사람도 몇 명 있었다. 동력 썰매의 설계와 점검 과정을 도왔던 버나드 데이Bernard Day는 썰매 차량의 유지 관리와 수리 임무를 띠고 승선했다. 썰매개들을 조련할 18세의 러시아 청년 두 명과, 조랑말들을 돌볼 마부 한 명, 남극 대륙에서 선원들에게 스키 타는 법을 가르쳐 줄 노르웨이의 스키 챔피언 한 명도 고용했다.

그리고 앱슬리 체리개러드Apsley Cherry-Garrard가 있었다. 그에겐 딱히 정해진 역할이 없었다. 두 번째 남극 탐험 소식을 듣고 매우 흥분한 체리개러드는 승선권을 구입하려고 스콧 대장에게 1,000파운드를 지불했다. 스콧은 처음에는 거절했다. 하지만 체리개러드가 어찌되었든 돈을 가지라고 고집했고, 그런 호의 덕분에 남극으로 향하는 배에서 한 자리를 차지하게 되었다.

재빠르게 움직일 수 있는 민첩한 기동타격대와는 사뭇 다른 대규모 탐험대였다. 스콧은 남극점을 목표로 빠르게 내달릴 돌격대가 아닌 장기적인 탐험 원정대를 꾸렸던 것이다.

일행은 1910년 6월, 대서양에 면한 영국 웨일스의 항구도시 카디프Cardiff에서 테라노바Terra Nova호에 승선했다. 돛대가 세 개인 고래잡이배인 테라노바호는 얼음이 많은 남극 해역을 이미 항해한 경험이 있었다. 스콧은 이 배를 (첫 번째 남극 탐험 당시 이용한 디스커버리Discovery호 가격의 절반도 안 되는) 1만 2,500파운드라는 헐값에 구매한 터였다. 거대한 화물선, 정기 여객선 옆에 나란히 부두에 정박한 테라노바호는 상대적으로 작고 보잘것없어 보였다. 하지만 남극의 바다에서 테라노바호는 강력한 전사와도 같았다. 2m가 넘는 판재로 선체를 보강했다. 스콧은 이미 얼어붙은 바다를 헤치고 얼음을 부수며 앞으로 나아가는 테라노바호를 두 눈으로 직접 본 적이 있었고, 이번에도 같은 임무를 수행해 주리란 걸 알고 있었다. 테라노바호가 그들을 남극으로 데려다줄 것이다.

기본 보급품, 동력 썰매를 모두 실은 스콧 일행은 여행에 나설 채비를 마쳤다. 카디프에서 출항한 테라노바호는 남아프리카공화국의 케이프타운을 거쳐 오스트레일리아의 멜버른, 뉴질랜드의 리틀턴에 들러 보급품을 추가로 조달할 예정이었다.

65명의 대원들은 모두 자신이 어떤 위험을 감수하고 있는지 잘 알고 있었다. 아마도 스콧 대장 정도는 남극에 갔다가 안전하게 돌아올 수 있겠지. 하지만 대원 중 상당수는 길고 긴 여정 중에 궁극의 대가를 치르고 다시는 살아서 돌아오지 못할 수도 있었다. 테라노바호가 카디프에서 출항을 준비하고 있을 때 스콧은 승선한 대원 모두에게 유언장을 쓰도록 지시했다.

65명의 테라노바호 선원들은 자신의 임무를 숙지한 채, 하지만 집으로 다시 돌아올 수 있을지는 알지 못한 채 고향을 등지고 떠났다.

테라노바호가 출항했다. 남쪽을 향해.

❄

1907년 노르웨이 크리스티아니아
(오늘날의 오슬로)

로알 아문센Roald Amundsen은 어려서부터 얼음을 좋아했다. 희생, 그리고 그 대가로 주어지는 상을 바라고 갈망했다. 고통, 인내, 굶주림. 고

로알 아문센(1908년). [루드빅 사친스키Ludwik Szacin'ski/위키미디어 공용]

초와 역경이 클수록 그걸 극복하고 얻은 승리의 기쁨도 큰 법.

아문센은 장신이었다. 어떤 비밀도 숨기지 않는 길고 근엄한 표정에 건장한 체격을 가진 남자였다. 햇살만큼 기꺼이 비를 맞고, 한 번의 눈길로도 사람을 주눅 들게 만들 수 있는 얼굴이었다. 로알 아문센은 얼어붙은 어둠의 사막을 탐험할 운명을 타고난 사내였다. 본래 그가 꿈꿔 온 곳은 북극이었다.

19세기 말 노르웨이에서 자란 로알의 시선은 항상 북쪽을 향해 있었다. 어린 시절 아문센은 북쪽의 맨 끝에 있는 바다, 얼어붙은 얼음 세계를 모험하기 위해 모든 것을 희생한 위대한 탐험가들의 이야기에 매료되었다. 어릴 때부터 운동을 해서 근육을 단련했고, 그 덕분에 얼음이 요구하는 바를 견뎌 낼 몸을 만들었다. 다만 북극은 (도전자들을) 기다려 주고 있었지만, 로알의 성장은 그다지 빠른 편이 아니었다.

"내가 탐험을 통해 무엇인가 성취한 것이 있다면, 그것은 일생을 바쳐 계획하고, 수고를 들여 준비하고, 성심을 다한 고된 노력의 결과였다."라고 아문센은 회고했다.

서른다섯 살이던 1907년, 아문센은 전문 스키어인 데다 공인받은 선장이었고 타고난 리더에 이미 한겨울 맹렬한 추위 속에 노르웨이의 산과 고원을 넘어 스키를 타고 횡단한 경험이 있는 노련한 극지 탐험가였다. 로알 아문센이 북극점에 도달할 최초의 탐험가가 되리라는 걸 굳이 다른 누구에게 설득할 필요는 없었다. 다만 탐험에 필요한 자금을 조달하는 것은 또 다른 이야기였다.

소액의 돈이 조금씩 들어왔다. 종종 애국심이 발로한 기부자들의 기부금이 한 푼 두 푼 모였고, 그 덕분에 아문센은 배를 구매하기 위해 필요한 계약금을 가까스로 지불하고 선원들을 고용할 수 있었다.

아문센이 선택한 프람Fram호*는 극지 탐험을 위해 특별히 제작된 배였다. 이름이 드높은 세 명의 극지 탐험가들이 힘을 합쳐 이 배를 설계했다. 선체를 빙 둘러싼 목판은 얼음 바다 위에서 부서지는 것이 아니라 하나씩 떼어지도록 설계되었다. 이에 따라 배는 수밀 상태를 유지할 수 있고, 종국에는 천천히 배를 가라앉힐 균열이나 깊은 틈이 생기는 불상사를 방지할 수 있었다. 또 하나의 안전장치로서 선체 자체가 곡선으로 되어 있어서 얼음 바다를 지날 때 배가 부서지지 않고 들려 오르도록 제작되었다. (보통의 난바다에서는 이런 선체 특성 때문에 선원들이 심한 뱃멀미로 고역을 치러야 했다. 배는 높지 않은 너울 위에서도 격렬하게 요동쳤는데, 이는 얼음에 대비한 노력이 낳은 부작용이었다. 프람호를 못마땅하게 여긴 비평가들은 "이 배는 파도가 거센 대양에 적응하지 못하고 거북이처럼 뒤집힐 수 있다."라고 폄훼하기도 했다.) 아문센은 남극 탐험을 앞두고, 프람호의 증기기관을 내연기관으로 교체했다. 이로써 프람호는 극지용 선박으로서는 최초로 디젤 동력을 이용한 배가 되었다.

*　Fram. 노르웨이어로 '전진'이라는 뜻이다.

드라이독*에 정박한 프람호. 구부러진 선체는 물과 접촉하는 구조로서 흰색의 버팀밧줄들로 그 형태를 유지했다. 사진에 보이는 부분이 이물(배의 앞부분)이다. [노르웨이 국립도서관]

아문센이 대원들을 선발할 때, 염두에 둔 목표는 단 한 가지였다. 누구보다 먼저 북극에 도달하는 것. 프람호에 탑승할 수 있는 선원은 19명뿐이었기에 그 각각이 배를 조종하고 얼음을 다루고 여섯 달 동안 이어지는 긴 겨울 동안 백야의 피로를 견디는 방법을 모두 익혀 두어야 했다. 해박함과 강건함 말고도 아문센은 긍정적인 태도를 유지할 수 있는 능력을 기준으로 대원들을 선발했다. 그러다 보니 아문센은 단 몇 분 동안의 대화만으로도 자신과 함께 탐험할 수 있는 사람인지 여부를 가늠할 수 있었다.

그런데 1909년, 아문센이 북극 항해를 준비하기 시작한 지 몇 달 지나지 않은 시점에 세계 각국의 신문이 프레더릭 쿡Frederick Cook과 로버트 피어리Robert Peary의 이름으로 도배되었다.

두 사람 중 하나가, 어쩌면 둘 다가 (그 전모가 명백하게 밝혀진 것은 아니지만) 이미 북극점에 도달했다**는 것이었다. 뉴스가 맞는다면 아문센은 '최초'가 될 수 없었다.

"상당한 충격이었다."라고 훗날 아문센은 당시의 소회를 말했다. 하지만 아문센은 결코 자신의 것이 아닌 기록을 아쉬워하며 시간을 낭비하지 않았다. 소식을 접하자마자 새로운 계획을 구상했다. 나중에 그는 "원정대를 구하기 위해 주저 없이 재빠르게 행동해야 했다."라고 썼다.

다른 사람이 이미 북극점을 차지했지만, 지구의 반대편은 미답의 영역이지 않은가. 북극이 자신의 것이 될 수 없다면 남극을 목표 삼기

---

* 큰 배를 만들거나 수리할 때 배가 출입할 수 있도록 해안의 땅을 파고 물을 빼서 만든 구조물.
** 미국의 쿡과 피어리가 처음으로 북극점을 밟았다고 주장했지만, 쿡의 주장은 근거가 희박하고, 피어리는 북극점에 40km 못 미친 것으로 훗날 밝혀졌다.

로 했다. 아문센은 남몰래, 이미 남극 탐험 계획을 공식적으로 발표한 스콧 대령에게 도전하기로 결심했다.

아직 아무도 모르고 있긴 했지만 이제 남극을 향해 선수를 돌린 것은 스콧의 원정대만이 아니었다.

계획은 신속하게 수립되어야 했고, 최대한 은밀하게 실행되어야 했다. "모든 준비를 조용하고 침착하게 완료해야 했다."라고 아문센은 기록했다. 아문센은 북극점 공략을 위해 필요한 자금을 가까스로 모금한 터였다. 계획이 바뀌었다는 소식이 투자자들의 귀에 들어간다면 지원을 철회할 것이 틀림없었다.

아문센은 심지어 프람호의 대원들에게까지도 목적지가 변경된 사실을 밝히지 않았다.

목표를 변경한 후 그가 한 첫 번째 일은 그린란드산 썰매개 100마리를 주문한 것이었다. 개들은 "눈과 얼음 위에서 실제로 짐을 끌 수 있는 유일한 동물이다. 재빠르고 강인하며, 거친 지형에서 넘어지는 법도 없고, 영리하다. 사람이 걸어서 이동할 수 있는 모든 지형에 적응한다."는 게 그의 생각이었다. 눈이 멀 만큼 강렬한 햇빛과 추위에도 개들은 잘 견뎠다. 그리고 꼭 그래야만 한다면, 다른 개를 먹기도 했다.

개라는 동물에겐 개체 하나하나의 특성과 저들 사이에 작용하는 역학이 뒤섞인 어떤 마법 같은 성질이 있어서 사람을 이끄는 일만큼이나 개 무리를 다루는 기술에는 일정한 예술적인 경지가 필요했다. "개는 어떤 조건에서든 순종하는 법을 배워야 하고, 주인은 스스로 존경받는 방법을 숙달해야 한다."라고 아문센은 훗날 적었다. 아문센은 개를 꺼리는 스콧 대령이나 영국인들의 태도를 이해하지 못했다.

그들만 손해였다.

썰매개들을 주문했을 뿐, 일반 대중의 관점에서 아문센의 계획은 바뀐 것이 없었다. 북극용 식량을 여전히 사들이고 있었고—남극 대륙이 아닌—북극 지도가 펼쳐진 채였다. 대원들은 예정된 출항일을 기다리며 대기 중이었다. 겉보기에 아문센은 북쪽으로 간다는 공공연한 목표를 고수하고 있었고, 공식적으로는 원정대의 목표를 북극점 탐험보다는 과학적 연구를 완수하는 방향으로 선회했다.

아문센은 "비밀을 반드시 지킨다고 믿어 의심치 않는" 그의 형인 레온에게만 속내를 털어놓았다. 원정대 매니저 역할을 담당했던 레온 아문센은 마지막 순간 변경된 계획을 수행하고 적시에 적절한 사람들에게 그 소식을 알리는 일을 믿고 맡길 만한 사람이었다. 로알 아문센은 형인 레온을 제외한 다른 누구도 믿지 않았다.

아문센과 19명의 대원들을 태운 프람호는 1910년 8월 9일 닻을 올렸다. 북극으로 향하기 전에 북대서양에 위치한 포르투갈령 마데이라 제도에서 부족한 보급 물품을 채우고 최종적으로 장비를 구비하려던 애초의 계획 그대로 이동했다.

(미지의 세계로 향하기 전 마지막 기항지인) 마데이라에서 출항하기 3시간 전에야 비로소 아문센은 대원들을 모두 소집했다. 집으로 보낼 마지막 편지를 쓰거나 마지막 채비를 하던 도중이라며 불평하면서도 대원들이 대장의 말을 듣기 위해 한자리에 모였다.

대원들이 모두 모이자 아문센이 마침내 입을 열었다. 북극에서의 2위에 불과한 은상이 아니라 남극에서의 1등상을 목표로 삼아 남쪽으로 향할 예정이라고 발표했다.

대원들은 말문이 막혔다. 자신들이 무슨 말을 들었는지 이해하기까지 몇 분이 걸렸다. 하지만 이내 환호했다.

아문센은 그런 분위기를 덮어놓고 신뢰하지는 않았다. 축하와 열띤 분위기는 좋았다. 하지만 얄팍한 감정이란 달아오르자마자 순식간에 사그라지기 십상이었다. 한순간의 기대감에 사로잡히기 쉬웠다. 그에 비해 앞으로 닥칠 힘든 세월을 견뎌 내는 일은 훨씬 더 어려울 것이다.

아문센은 대원들을 따로 한 명씩 차례로 불렀다. 그리고 진짜로 남극을 향해 떠날 것인지 개별적으로 물었다. 아무 조건을 달지 않고 사직할 기회를 주었다.

"이름을 호명했을 때 모두가 '네'라고 바로 답했다."라고 아문센은 회고했다. 항해를 포기한 사람은 한 명도 없었다.

프람호는 1910년 9월 9일 남극 대륙을 향해 선수를 돌렸다.

마데이라 항구에서 일행을 떠나보낸 레온 아문센은 맡은 바 소임을 처리하기 시작했다. 비밀을 지켜 줄 것이라고 로알이 신뢰했던 그의 형 레온은 일생일대의 전갈을 담아 세 통의 편지를 보내려던 참이었다. 하나는 아문센의 정신적 후원자인 프리드쇼프 난센*에게, 그의 진짜 목표를 비밀로 유지한 것을 사과하는 편지를. 다른 하나는 신문사에, 남극 도전을 발표하는 편지를. 그리고 마지막은 저 멀리 남쪽으로 보내는 전보였다.

---

*   Fridtjof Nansen. 노르웨이의 동물학자, 탐험가이자 노벨평화상을 수상한 외교관.

1910년 오스트레일리아 멜버른

1910년 10월 12일 테라노바호가 오스트레일리아 멜버른에 입항했다. 남아프리카를 가뿐히 지나온 테라노바호의 대원들은 유쾌하고 한껏 들떠 있었다. 남은 일정은 뉴질랜드에 잠시 들러 조랑말들을 태우는 것뿐, 곧이어 얼음의 땅으로 향할 예정이었다. 테라노바호의 대원들은 이제 하나의 팀이 되었고 함께 일하게 된 것이 기뻤으며 얼음의 사막에서 보낼 몇 년간의 시간을 고대하고 있었다. 장기전에 대비하고 있었다.

여느 원정대 지휘관에게나 늘 그렇듯이 산더미 같은 편지와 우편물이 스콧을 기다리고 있었다. 지불해야 할 청구서, 새로운 소식을 묻거나 조언을 전하는 후원자와 팬 들이 보낸 서한, 세심히 살펴야 할 소모품 주문서 등, 모두가 일상적이고 예상 가능하며 익숙한 것들이었다.

어떤 전보를 열어보기 전까지는.

"프람호가 남극을 향해 가고 있음을 알려드립니다—아문센."

스콧에게 도전자가 생겼다.

남극 원정은 이제 두 팀이 겨루는 경주가 되었다.

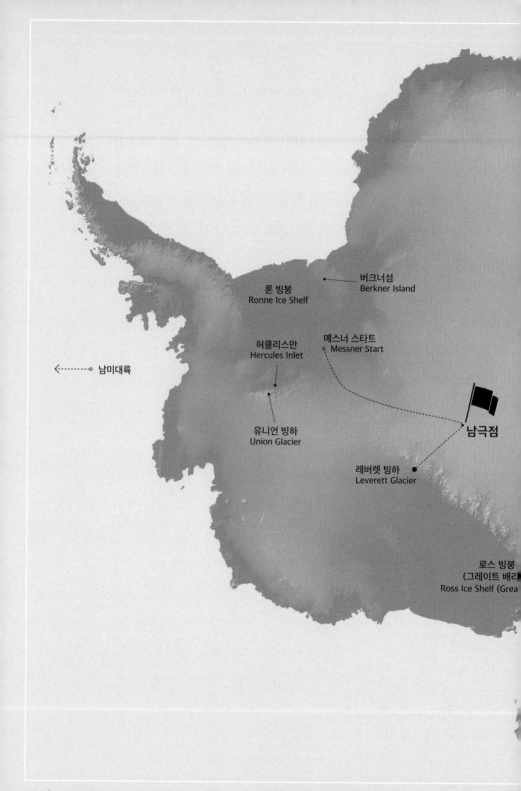

론 빙붕
Ronne Ice Shelf

버크너섬
Berkner Island

허큘리스만
Hercules Inlet

메스너 스타트
Messner Start

남미대륙

유니언 빙하
Union Glacier

남극점

레버렛 빙하
Leverett Glacier

로스 빙붕
(그레이트 배리
Ross Ice Shelf (Grea

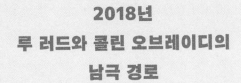

2018년
루 러드와 콜린 오브레이디의
남극 경로

"이 여행이 내가 그동안 경험했던
그 어떤 것보다 험난한 모험이 되리란 걸 알고 있다.
하지만 힘겨운 과정이기에 결승선에서 느낄 기쁨은
보다 더 달콤하리라."

- 2018년 10월 16일 콜린 오브레이디 -

"이 계획이 얼마나 거창한 것인지,
이 문제에 관한 한 난 조금의 환상도 품고 있지 않다."

- 2018년 4월 1일 루 러드 -

경주

오브레이디·러드: 2007년-2018년

✳

2011년 남극

심장이 한 번 박동하는 짧은 순간에도 모든 상황이 뒤바뀔 수 있다. 가장 가까운 곳에 있는 사람도 수백 킬로미터 밖에 있었다. 지구상에서 가장 건조하며 바람이 가장 거세고 고도가 가장 높은 대륙, 남극에서 영국인 헨리 워슬리Henry Worsley와 루 러드Lou Rudd가 생사의 갈림길에서 의지할 수 있는 사람은 자기 자신들뿐이었다. 하나의 동작, 매순간의 결정에는 결과가 따랐다.

2011년 여름의 남극이었다. 두 사람은 펄크*라고 부르는 북유럽 썰매를 끌며 얼음을 지치는 일과를 잠시 중단하고 휴식을 취하던 중

루 러드의 멘토이자 친구인 헨리 워슬리. 무지원, 무조력, 단독 남극 횡단 여행을 시도했던 그의 죽음이 계기가 되어 루 러드는 2018년 선배의 길을 따라 똑같이 무지원, 무조력, 단독 횡단을 감행하게 되었다. [리버풀국립박물관/위키미디어 공용]

이었다. 루는 지금까지 여행하며 항상 그래온 것처럼 무심하게 수통과 컵을 꺼냈다.

바람을 깜박했다. 한순간에 그를 죽음으로 내몰 수 있는 바람을 말이다.

루 러드가 수통에서 물을 따르는 찰나의 순간, 일순 솟구친 돌풍이 물줄기를 잡아챘다. 물이 쏟아졌고 루가 낀 장갑, 그리고 장갑 안의 손까지 흠뻑 젖어 버렸다.

헨리가 루에게 달려들었다. 어떡하든 루의 손에서 물기를 없애야 했다. 벌써 피부가 얼기 시작했다. 루 러드의 손을 구하려면 단 몇 초가 시급했다. 잡히는 대로 천을 들어 재빨리 물기를 닦아 냈다.

"젖으면 죽어." 전에도 했던 말이지만 헨리는 다시 한번 일러 주었다. 루 러드에게 헨리 워슬리가 지구의 맨 밑바닥에서 살아남는 법을 알려준 것이 이번만이 아니었다.

루 러드는 체격이 좋았다. 헨리 워슬리도 마찬가지였다. 루는 갖가지 혹한기 훈련을 훌륭하게 수행했으며 영국의 집에서는 남극 모험

---

*　pulk. 개나 사람(스키 타는 사람)이 끄는 썰매로 날이 없는 게 특징이며 짐이나 사람을 운송하는 용도로 이용된다.

에 관한 모든 책과 훈련 매뉴얼, 지침서를 독파했다. 하지만 삶과 죽음을 가르는 가느다란 경계는 책으로 배우는 것으론 부족한, 경험에 달려 있었다. 아무것도 실제 경험을 대신할 수는 없었다.

당시 헨리는 노련한 전문가였고 루는 초보자였다. 두 사람은 벌써 몇 주에 걸쳐 스키를 지치고 빙벽을 오르고 산을 넘어 크레바스**를 빙 둘러 피하며 앞으로 나아가고 있었다. 그의 표현을 빌리자면 "남극 대륙의 무결한 광활함"에 매료된 루는 훌륭한 스승이 알려주는 세세한 가르침을 그대로 흡수하며 배울 수 있는 모든 것을 알아가고 있었다. "저는 극지 여행에 대해서 그야말로 아무것도 몰랐어요. 어둠이 빚는 예술, 일상, 필요한 물품에 대해서 아무것도요. 그[헨리]가 모든 것을 가르쳐 주었죠."라고 루는 말했다.

그로부터 5년 뒤, 헨리 워슬리가 세상을 떠났다.

2016년의 일이었다. 헨리는 남극 대륙을 가로질러 한쪽 끝에서 다른 쪽 끝까지 무지원unsupported, 무조력unassisted, 단독 횡단 여행을 하던 중이었다. 그는 목표한 종료 지점까지 겨우 180km를 남겨 놓고 쓰러졌다. 통증이 너무 극심해서 더 이상 나아갈 수 없었다. 여행을 계속할 수 있으리라는 실낱같은 희망을 버리지 않고 이틀 동안 텐트 안에 누워 있었지만 너무 쇠약해져서 물 끓일 힘조차 없었다. 결국 기력을 회복하지 못했고, 몸을 따라 그의 정신력도 쇠잔해지기 시작했다. 잠시 정신이 들었을 때 구조를 요청했고, 칠레로 이송되어 응급

** 빙하가 움직이면서 생긴 균열. 크기와 깊이가 다양하다. 여러 크레바스가 불규칙하게 엉켜 있는 크레바스 지대는 조심스럽게 천천히 지나야 하고, 너무 위험하거나 큰 크레바스 지대를 만나면 우회할 수밖에 없다. 특히 '히든 크레바스'라 불리는, 쌓인 눈에 입구가 가려진 크레바스가 위험하다. 갑자기 발이 푹 꺼지면서 깊은 바닥으로 떨어지는데 운 좋게 썰매에 묶인 줄에 지탱되거나 입구 근처의 튀어나온 얼음에 걸려 다시 살아나온다 해도 골절이나 타박상을 입을 수 있다.

수술을 받았지만 너무 늦은 때였다. 헨리는 수술실에서 사망했다.

헨리 워슬리는 사람들이 '불가능'이라고 말하는 일에 도전했었다. 당시까지 도보로 남극 대륙을 횡단하는 데 성공한 사람은 단 여섯 명뿐이었다. "남극을 횡단한 사람은 달 위를 유영한 사람(12명)보다 그 수가 적다."라고 루는 기록했다. 그중에서도 무지원, 무조력, 단독 횡단에 성공한 사람은 아무도 없었다. 어쩌면 누구도 할 수 없는 일인 것만 같았다.

'무지원'이란 필요한 모든 장비와 물품을 실은 펄크를 헨리 워슬리 자신이 끌고 간다는 의미였다. 필요한 식량, 연료, 의류, 예비 장비, 비상 장비 일체, 그리고 지친 마음을 위로할 몇 가지 개인적인 물건들까지. 남극점에는 연구자들로 북적이는 과학기지가 있지만, 헨리 워슬리는 이곳을 통과하면서 휴지 한 장 받지 않고 차 한 잔도 얻어 마시지 않았다.

'무조력'이란 온전히 자기의 힘만으로 이동한다는 뜻이다. 헨리 워슬리는 격렬하게 불어닥치는 맞바람과 싸우며 해발 3,000m 이상의 고지대를 혼자서 한 걸음, 한 걸음, 어떤 도움도 없이 자신의 펄크를 끌며 스스로 나아갔다. 동력 차량은 물론이고 돛이나 연도 이용하지 않았다. 오직 자신의 두 다리를 움직여 앞으로 나아갔다.

루 러드에게 헨리 워슬리는 멘토이자 친구이며 영감의 원천이었다. 헨리는 스스로의 열정을 따라 남극 여행을 계획했고, 장애물을 만날 때마다 그가 의지한 것은 자신이 알고 있는 지식뿐이었다. 헨리 워슬리의 죽음은 그를 아는 모두를 충격에 빠뜨렸다.

친구를 잃은 슬픔 속에서 루 러드는 새로운 여행을 계획하며 탐험대 전원을 자신과 같은 영국 육군으로 꾸렸다.* 헨리 워슬리가 시작

루 러드 대위 (2018년) [르네 코스테르René Koster 촬영]

한 남극 대륙 횡단 여정을 마무리하고자 여섯 명의 군인으로 팀을 구성하고, 루 러드 자신이 리더가 되었다. 대체로 헨리가 갔던 경로를 그대로 따랐지만 혼자가 아니라 여섯 명이 함께 여행했고, 남극점에서 필요한 물품을 조달받았다는 점이 세상을 떠난 선배의 경우와는 달랐다. 헨리 워슬리가 시도했던 무지원, 무조력, 단독 원정은 아니었지만 영웅을 기리는 일종의 추념식이었다.

루 러드와 함께 여행한 다섯 명의 동료들은 열정적이고 각종 운동에 능한 군인 출신이었지만 "극지 경험은 없었고, 스키를 난생처음 타 본 사람도 있었다."라고 루가 말했다. 예전에 루가 그랬던 것처럼 다섯 동료도 훈련 과정을 거쳤고, 남극에 대해 공부했다. 그리고 헨리

*   2017 육군예비대 남극원정대(SPEAR17, South Pole Expedition Army Reserves 2017)를 말한다.

가 루를 가르쳤듯이 루도 동료들을 가르쳤다.

헨리가 생의 마지막 나날을 보냈던 남극횡단산맥에 도달했을 때 루와 그의 동료들은 봉우리에 올라, 그들 앞에 멋지게 펼쳐진 장관을 바라보았다. 헨리 워슬리가 사랑했던 이곳에서 루는 떠나보낸 사랑하는 친구를 위한 추도식을 열었다. 산에서 내려간 뒤에는 헨리가 사용했던 나침반을 쫓아가며, 다시 한번 친구의 안내를 따랐다. 12일 후, 일행은 남극 대륙의 반대편 끝에 도착했다. 헨리를 위한 여정은 이렇게 마무리되었다.

루는 헨리가 매번 이전보다 더 큰 위험을 마주하면서도 이곳으로 계속해서 돌아왔던 이유를 이해할 수 있었다. 남극은 지구상 어느 곳과도 달랐다. 얼음과 바람만이 가득한 텅 빈 황무지. 그곳에는 외로움이 있었다. 하지만 그곳을 뒤로하고 떠날 때에는 또 다른 외로움이 느껴졌다.

"마치 세이렌의 노래 같아요. 등 뒤에서 자꾸 붙잡는 것 같죠."라고 루가 설명했다.

루 러드 일행이 남극에서 돌아온 지 1년 후, 또 한 명의 걸출한 영국의 극지 탐험가인 벤 손더스Ben Saunders가 무조력, 무지원, 단독 횡단에 도전했다. 그 역시 헨리 워슬리의 지인으로서, 헨리를 추모하며 자신의 여행을 헌정했다. 하지만 벤 역시 여행을 끝까지 마치지는 못했다. 극점에 이르렀을 때 벤 손더스는 자신의 펄크에 남은 13일치의 식량으로는 부족하다는 현실을 직시해야 했다. 횡단 여행을 마치려면 최소한 17일분의 식량이 필요했다. 벤은 살아서 귀환하는 것이야말로 헨리를 기리는 최선의 방법이라고 결론 내렸다.

"불가능해." 남극 단독 횡단 여행을 두고 사람들이 입을 모아 말했다. 끝까지 여행을 마치지 못하고 도전에 실패한 사람들에 대한 배려에서 듣기 좋으라고 하는 말이 아니었다. 그렇다고 그런 무모한 도전에 나선 사람들을 조롱하려는 의도도 물론 아니었다. 무지원, 무조력 단독 횡단은 실제로 불가능해 보였다. 펄크의 중량과 생존에 필요한 식량 사이의 방정식 해법을 아무도 알 수 없었기 때문이다.

먹을거리는 무겁다. 무거운 걸 스스로 끌어야 할 때, 우리 몸은 그만큼 더 많은 에너지를 요구한다. 그러려면 더 많은 음식을 섭취해야 하고, 그 음식을 조리하는 데 필요한 연료도 이에 비례해서 는다. 그건 짊어져야 할 무게가 다시 늘어난다는 뜻이다. 이런 식으로 계속 쳇바퀴 돌듯 이어진다. 한 사람이 썰매에 실어 끌 수 있는 식량과 연료의 양으로 얼마나 오랫동안 생존할 수 있는지, 그것이 인간으로서 가능한 일인지 아무도 알 수 없는 일이었다. "한계에 도전하는 거지요."라고 루가 말했다.

그럼에도 루 러드는 남극에 대한 상념을 떨칠 수 없었다. 도전은 기회가 될 수 있다는 헨리 워슬리의 생각에 루도 동감했다. 원정대를 이끌어 남극 대륙을 횡단해 본 경험도 있었다. 이는 헨리가 새로운 기록에 도전하기 전까지, 그 자신도 경험하지 못했던 위업이기도 했다. 루 러드는 남극의 지형을 알고 있었다. 환경도 알았다. 남극에 대해서 생각이 깊어지면 깊어질수록, 이제는 성공을 위한 준비를 마쳤다는 기분이 들었다. 그가 겪었던 경험은 실제로 살아 내고 행동함으로써만 얻을 수 있는 귀중한 지식이었다. 다른 누구의 지식과도 달랐다.

헨리 워슬리는 세상을 떠났고, 기록은 아직 달성되지 않았다. 루는 자기 자신이 그 과업을 마칠 수 있을 것만 같았다. 루의 마음은 남극으로 돌아가고 있었다. 마음속에 소중하게 간직한 얼음과 바람의 땅을 다시 만나고, 재향군인들과 그 가족들을 기리는 '솔저스 채러티'Soldiers' Charity를 위한 모금활동을 진행할 생각이었다. 그가 내딛는 한 걸음, 한 걸음으로 동료들에게 도움을 줄 수 있을 것이다. 불가능에 도전하는 동시에 좋은 일을 할 수 있는 기회였다.

루 러드는 훈련에 들어갔다. 여전히 현역 육군이었기에 출근 전 이른 시간과 퇴근 후 여유 시간을 이용해서 늦은 밤까지 몸을 만들었다. 펄크를 끄는 것처럼 커다란 랜드로버 자동차 타이어를 몸에 연결하여 끌며 와이강River Wye 유역을 따라 걸었다. 그의 곁에서 내달리는 반려견과 함께 한 번에 몇 시간 동안 흙과 자갈로 뒤덮인 울퉁불퉁한 언덕길에서 타이어를 끌고 올랐다. 까다로운 지형일수록 더 낫다면서 "20kg짜리 타이어를 끌고 상당히 높이 자란 풀숲을" 헤쳐 지나갔다. 며칠에 한 번씩은 체육관에 가서 데드리프트와 스쾃을 하며 하체 근력을 강화하는 훈련을 했고, 심장지구력을 강화하기 위해서 자전거를 타고 비포장도로를 달렸다.

봄이 되자 그린란드로 가서 펄크를 끌면서 스키를 탔다. 얼음판 위에서 반사신경을 연마하려는 훈련이었다. 그린란드는 남극 대신 선택할 수 있는 차선책으로서 이곳에서는 항상 무언가 배우는 것이 있었다.

헨리 워슬리의 부인은 감사와 함께 여행을 축복하는 마음에서 워슬리 가문의 문장紋章을 루에게 선물했다. 루는 남극 여행에 문장을 가지고 가기로 했다. 그걸 보면서 용기를 얻고 횡단 여행이 끝나는 지점에서 승리를 자축하며 깃발을 꽂을 셈이었다.

영국에서 여름이 지나 가을로 접어들고, 남극 대륙에서 겨울의 어둠이 가시고 다시 빛이 비치기 시작할 무렵, 루 러드는 자신의 펄크를 최종적으로 점검하고는 가족과 함께 집에서 마지막 식사를 했다. 하루하루, 손꼽아 날짜를 세고 있었던 만큼, 떠날 날이 갑자기 닥친 것만 같았다. 2018년 10월, 이제 떠날 시간이었다.

루 러드는 불가능에 도전할 준비를 마쳤다.

❄

2018년 미국 워싱턴

콜린 오브레이디Colin O'Brady에게 있어 인생은 '그날 이전'과 '그날 이후'로 나뉜다.

그날 이전까지는 인생을 당연한 것으로 여겼다. 그때까지 어머니는 그를 두고 "A-의 사나이"라고 불렀다. 그날 이전까지 콜린은 무엇인가를 얻어내거나 이루기 위해 필요한 최소한의 노력만 기울여 왔다.

그리고 그 정도 노력으로도 얻은 것이 많았다. 걸출한 인재였다. 영특한 덕분에 학창 시절 3개 학년을 월반했다. 다섯 살 때부터 수영 경주에 참여하기 시작했고, 십대 시절 이미 수영과 축구, 두 가지 스포츠 종목에서 전국 순위에 랭크되었다.

콜린은 타고난 재능이 많았다. 정말로 다재다능했다. 그러니 필요한 이상 노력할 이유가 없었다. 최소한의 노력으로도 A- 성적을 받을 수 있는데, 그보다 조금 높은 점수인 A를 받기 위해서 치열하게 노력하는 번거로움을 감수할 이유가 있을까? 오브레이디의 이런 태도는 그를 가르치는 코치와 교사를 미치게 만들기도 했다. "네가 최선을 다하기만 한다면 얼마나 더 잘할 수 있는지를 모르겠니?"라는 말을 수도 없이 들었다. 하지만 정작 당사자인 콜린은 자신이 왜 그런

수고를 감수해야 하는지 이유를 찾지 못했다.

그런데 그날 이후, 삶을 대하는 그의 태도가 180도 달라졌다.

그날 이후, 인생은 자기 자신에게 매일 새롭게 도전하는 것을 의미했다. 자기만을 위해 이기고 얻는 것이 아니라 다른 사람에게 영감을 주는 것을 의미했다. 그날 이후 건강, 그리고 삶은 단연코 당연하게 주어진 것이 아니었다.

콜린 오브레이디는 6년 동안 여름마다 이웃집들에 페인트칠을 해주고 모은 돈을 가지고 2006년 세계 여행을 떠났다. 서핑보드와 배낭 하나만 챙기고 모험과 재미를 찾아, 어떤 제안을 받든지 '예'라고 대답하기로 작정하고 나선 여행이었다.

'따오'라는 태국의 한 외딴 섬에서 함께 불 줄넘기를 하자는 제안을 받았을 때 그는 "예"라고 대답했다. 깜깜한 한밤중에 열리는 빛과 재미가 어울린 멋진 풍습이었다. 해변에서 이쪽과 저쪽에 자리 잡은 여행자들과 현지 주민들이 한데 모여 차례로 줄을 넘었다. 이례적인 것은 그 밧줄을 등유에 적셔 불을 붙였다는 것이다.

몇 번의 점프 뒤에 일이 "끔찍하게 잘못되었다."라고 훗날 당시의 기억을 되새기며 콜린이 말했다.

보통은 누군가 걸려 넘어지면 로프는 몸에 맞고 튕겨진다. 그런데 콜린이 발이 걸려 넘어졌을 때 로프가 튕겨 나가지 않았다. 불타오르는 줄이 그의 다리를 휘감았고, 그를 감싸며 화염 속에 가두었다.

두 발부터 목까지 화염이 몸을 휘감을 때 등유가 그의 온 몸에 쏟아지면서 옷과 피부를 적셨다.

"본능적으로"라고 나중에 콜린이 말했다. 엉겁결에 그는 바다를 떠올렸다.

태국 해변에서의 불 줄넘기 [니카 비|Nika Vee/플리커Flickr]

콜린은 파도가 이는 바다로 뛰어 들어갔다. 그 덕분에 불을 끌 수 있었지만 짜디짠 바닷물 때문에 생살이 벗겨졌다. 친구들을 보며 "도와줘!"라고 외친 것까지 기억나지만 이후 극심한 통증 때문에 쇼크에 빠졌다.

불은 꺼졌지만 부상은 심각했다.

콜린은 8일 동안 여덟 차례 수술을 받았다. 신체의 25퍼센트가 2도에서 3도 화상을 입었다. 다리 피부가 벗겨지고 무릎과 발목은 힘줄까지 심각하게 손상되었다. 생명이 위태로울 수 있는 감염 위험을 어떻게든 막아 낸다고 하더라도, 앞으로는 달리기나 수영은 물론 이전처럼 걸을 수도 없을 것이라는 게 의사의 진단이었다.

"제 인생에서 가장 암울했던 나날이었죠."라고 콜린이 말했다.

"그 일로 인해 나를 나답게 하는 정체성의 상당 부분을 잃었습니다."

콜린 오브레이디는 최고의 외과 의사들이 일하는, 방콕에 있는 세계 최고 수준의 병원으로 이송되었다. 하루하루 지날수록 감염 위험은 잦아들었다. 의사들 덕분에 콜린은 생명을 건졌다.

하지만 어머니가 아니었다면 그는 결코 이전처럼 회복하지 못했을 것이다.

아들의 사고 소식을 들은 지 닷새 만에 어머니는 태국으로 날아왔다. 아들을 잃게 될까 겁에 질리고 슬픔에 잠겼지만 콜린 앞에서는 울음을 보이지 않았다.

병원 문을 열고 들어오는 순간부터 콜린이 어머니에게 본 것은 낙관적인 태도뿐이었다. "우리 긍정적으로 생각하기로 하자."라고 입버릇처럼 말하며, 항상 활기차고 미친 듯이 쾌활했다. 콜린의 어머니는 아들이 회복할 수 있다고 믿었고, 그의 몸이 정신이 내리는 지시를 따르리라고 확신했다.

아들이 원하는 바를 시각화하는 게 열쇠였다. 콜린의 어머니는 날마다 아들에게 "우리 함께 목표를 세워 보자."라고 말하며 미래에 대해 물었다. 남은 생애 동안 이루고 싶은 일이 뭐니? 집으로 돌아간 뒤에는 어떤 사람이 되고 싶니? 네 목표는 무엇이니? 꿈은 무엇이니? 다리 문제는 일단 제쳐 두고(어머니는 콜린이 부상에 대해서 생각할 틈을 주지 않았다), 하고픈 게 뭐니?

그러다, 성가신 마음에 콜린은 한 가지 아이디어를 내놓았다. 철인 3종 경기. 콜린 오브레이디는 (어쩌면 불가능한 꿈일지 모르지만) 다리를 제대로 움직이는, 건강을 되찾은 후의 자신을 상상해 보았다. 콜린은 "지금까지 한 번도 해 본 적이 없는 철인 3종 경기의 결승선을 통과하는" 자신을 그려 보게 되었다고 훗날 말했다.

어머니가 원했던 대답이다. 드디어 아들에게 목표가 생겼다. 이번에는 내뱉은 말을 지켜야 한다는 책임감에서 아들을 놓아 주지 않았다.

두 사람은 인터넷을 샅샅이 뒤져 철인 3종 경기의 내용, 필요한 장비, 대회, 훈련 계획에 대한 정보를 얻고 연구에 몰두했다. 콜린의 어머니는 철인 3종 경기가 아들에게 터무니없는 꿈처럼 느껴지지 않게끔 했다. 합리적이며 달성 가능한 목표를 향해 노력하고 있다고 스스로도 믿었다.

다리가 조금의 무게도 감당하지 못할 때부터 이미 콜린은 병실 안에서 팔 훈련을 시작했다. 나중에 그는 당시를 회상하며 혼자 웃음을 터뜨리고는 했다. "태국 의사와 함께 찍은 사진이 있습니다. 허리 아래로 두 다리는 붕대를 친친 감고 있고, 그 의사는 마치 미친 사람 보듯 저를 바라보고 있는데 저는 4.5kg짜리 바벨을 들어 올리고 있었죠. 제 머릿속은 '나는 철인 3종 경기에 대비한 훈련 중'이었던 거죠!"

콜린 오브레이디의 어머니는 다음에 해야 할 일에 이미 정신을 집중하고 있었다. 재활훈련, 첫 번째 걸음, 입원 후 처음으로 천천히, 고통을 참아가며 바깥 산책에 나설 수 있게 이끈 동기는 언제나 철인 3종 경기에 대비한 훈련이었다. 한 걸음, 한 걸음이 고통스러웠지만 콜린의 마음속에는 어머니의 목소리가 들렸다.

계속 걸어가. 견뎌야 해. 넌 할 수 있어.

어머니가 수없이 되풀이했던 말들은 어느덧 자신의 말이 되었다.

언젠가, 걷는 것이 아니라 달릴 수 있는 날이 올 때까지, 그리고 결국 언젠가부터 콜린 오브레이디는 진짜 훈련을 하고 있었다. 콜린은 점점 더 강건해지고, 조금씩 더 빨라졌으며 민첩해졌다. 얼마 지나지 않아 경주에 참여할 정도가 되었다.

불의의 사고를 당한 지 18개월 후, 다시는 사고 이전처럼 걸을 수 없다는 진단을 받은 지 18개월 만에, 콜린 오브레이디는 시카고 철인 3종 경기에 참가하고자 4천 명의 경쟁자가 참여하는 경기장 한가운데 섰다. 거의 목숨을 잃을 뻔했던 태국의 해변에서 지구 반 바퀴를 돌아, 인생을 새로 태어난 듯한 콜린 오브레이디는 다시 한번 바다로 뛰어들었다.

"너무나 놀랍게도" 콜린은 당시 경주에 참여하는 것으로 그치지 않고, 경주에서 우승을 차지했다.

더 이상 'A-의 사나이'로 머물지 않기로 결심한 결과였다. 언제나 자신의 모든 것을 바쳐 최선을 다하기로 변신한 결과였다.

철인 3종 경기가 있던 다음 날 콜린은 그동안 몸담았던 금융 분야의 직장을 그만두었다. 그 후 6년 동안 미국 국가대표팀에 소속되어 전 세계를 여행하며 전문 철인 3종 선수로 활약했다. 그런 다음 새로운 도전이 필요하다는 생각이 들자 기존의 모험 기록을 갱신하는 데 도전했다. 2016년에는 세계 7대륙 최고봉에 올랐고, 북극과 남극에서는 극점을 남겨 두고 마지막 북위, 남위 1도를 스키를 타고 주파했다. 그 결과 이전 기록을 53일 앞당기며 단 139일 만에 탐험가 그랜드 슬램Explorers Grand Slam을 달성했다.

그의 어머니가 옳았다. 불 줄넘기로 인한 화상은 절망적이었지만 콜린 오브레이디는 부상에서 회복했다. 힘든 과정이었고 때로는 불가능한 일처럼 보이기도 했지만 결국 이 모든 것을 극복했다. 콜린 오브레이디는 성공의 열쇠를 찾았다. 어떤 목소리를 귀담아듣고, 어떤 주문을 왤 것인가, 스스로 선택하는 것이 핵심이었다.

정신력으로 이룰 수 있는 일들은 놀라웠다. 에베레스트산을 등반한 후 100시간 만에 북아메리카의 최고봉 디날리Denali산을 오르면서 콜린 오브레이디는 젖 먹던 힘까지 짜내며 할 수 있다고 스스로를 다독이는 자신을 문득 발견했다. 일단 머리가 확신하면 몸은 그대로 따라온다. 콜린은 계속 반복해서 되뇌었다. "넌 강한 사람이야. 넌 할 수 있어." 통증이 온몸을 압도할 때는 "이 또한 지나갈 거야."라고 되뇌었다. 그의 몸은 항상 머리가 시키는 대로 지시를 따랐다.

전 세계인들이 콜린 오브레이디의 도전 이야기를 들으려고 줄을 섰다. 이야기를 들려 주고 입이 딱 벌어지는 경이로운 사진을 보여 주면서 콜린은 정신력이 가진 힘을 증명했다. 콜린은 사람들에게 저마다 어떤 난관도 극복할 수 있는 내면의 힘을 가지고 있다고 말했다. 머릿속에서 회복력과 용기를 의식적으로 되뇐다면 실제로 회복력과 용기를 발휘하는 데 도움이 될 수 있다고 말했다. 강연을 할 때마다, 또는 수업을 할 때마다 자신의 말을 경청하는 청중을 향해 콜린 오브레이디는 물었다. "성취하고 싶지만 불가능하다 여기는 목표가 무엇입니까?"

스스로 수없이 반복해서 물었던 질문이었다. 자신의 신체, 자신의 **정신**이 할 수 있는 일은 무엇인가?

2016년 탐험가 그랜드 슬램에 도전하는 과정에서 콜린이 남극점에 도달하기 불과 며칠 전 헨리 워슬리가 남극점을 통과했었다. 콜린 오브레이디도 헨리 워슬리의 여정이 마무리되지 못한 사실을 익히 알고 있었다. 벤 손더스가 실패한 사실도 알고 있었다. 두 탐험가들이 목표했던 도전이 달성되지 않은 채로 남아 있음을 인지했던 것이다.

콜린 오브레이디(2016년) [콜린 오브레이디/위키미디어 공용]

세계 기록을 경신하는 것과 한 번도 성공한 적이 없는 위업을 이루는 것은 전적으로 다른 일이었다. 단독, 무지원, 무조력. 또 하나의 불가능해 보이는 도전이었다.

하지만 콜린 오브레이디는 그것이 불가능한 일이라고 인정하고 싶지 않았다.

남극 대륙 횡단은 정신적으로나 육체적으로 자신이 발휘할 수 있는 모든 힘을 시험하는 도전이 될 터였다. 현실적으로 실패할 가능성이 높았고, 남극에서의 실패란 마지막 도전을 의미할 수도 있었다. 위험이 따르긴 하겠지만 그에게는 완벽한 도전이었고, 자신만의 불가능에 도전해 보도록 다른 사람에게 영감을 줄 수 있는 더할 나위 없이 좋은 방법이었다. 콜린 오브레이디는 남극 횡단에 도전하지 않고 배길 수 없었다.

콜린은 주변의 관심이나 주의를 끌지 않고 조용히 계획을 세우기 시작했다.

산을 오르고 하이킹을 하면서 최고의 몸 상태를 유지했다. 남극 대륙의 고유한 특성에 맞추어 몸을 만들고, 적응시키고, 최적화하고자 식이요법과 웨이트트레이닝을 병행했다. 근육량을 늘리는 데 집중하여 운동했다. 장기간에 걸친 남극 대륙 원정은 어떤 방식으로 진행되든 체중 감소가 필연적이었다. "체중이 빠질 것을 예정하고 몸집을 키워 두어야 합니다."라고 말하면서 1kg, 2kg, 몸무게를 늘렸다. 남극에 가기 전에 더 많이 증량해 둘수록 체중이 빠지면서 버틸 수 있는 기간이 늘어날 것이다.

신체 훈련을 하는 동안에도 정신력을 키우고 유지하려 애썼다. 콜린은 트레이너의 도움을 받아 "심장박동수가 최고조에 이를 때까지 심장강화운동을 했다."고 설명했다. 그런 다음 "두 발을 얼음 통에 담그고 무릎 위에는 20kg 중량을 올린 상태에서 월싯wall sit을 했다". 너무 힘이 들어 몸이 떨리고 정신이 흐릿해졌지만 콜린은 지친 뇌가 내리는 지시를 따라 덜덜 떨리는 손가락으로 무릎 위 작은 레고 조각들을 이리저리 끼워 넣으려 애를 쓰며 조립해 나갔다. 피곤한 정신의 지시를 따르기 위해 고군분투했다. 정신력은 항상 육체적 힘보다 강력해야 한다. 콜린은 주어진 불편한 상황을 정신력을 발휘해서 극복하는 습관을 쌓아 나갔다.

여름이 끝날 무렵, 콜린은 이제 필요한 힘을 갖게 되었다고 생각했다. 다만, 장비와 펄크를 실제 얼음 위에서 연습해 볼 만한 곳이 없었다. 그래서 빡빡했던 일정에서 짬을 내어 굳이 그린란드 여행을 추가했다. 여행 내내 콜린 오브레이디는 6만 5천 명이 넘는 인스타그램

팔로워를 위해 실시간 영상과 아름다운 사진을 올렸다. 그리고 난관을 극복하는 것과 예기치 못한 상황에 직면해서도 침착함을 유지하는 법에 관한 글을 썼다.

다만, 이 여행이 또 다른 모험을 위한 준비과정이라는 걸 밝히지는 않았다. 콜린 오브레이디는 스키를 타고 그린란드를 횡단하는 모험이 보다 거대한 계획의 일부분이라는 사실에 대해 어떠한 힌트도 주지 않았다.

2018년 9월 14일, 그린란드 탐험을 마무리 지으며 콜린 오브레이디가 비로소 침묵을 깼다. "제가 이곳에 온 이유는 제 인생에서 가장 야심차고 까다로운 계획에 대비해서 훈련하기 위해서였습니다. **전 이제 준비를 마쳤습니다!** 새로운 계획에 대해서는 곧 발표할 예정입니다."라고 그가 적었다.

이 거대한 계획이 무엇인지에 대해서는 아직 발표하지 않았다.

❄

2018년 10월 17일 영국 런던

루 러드에게 2018년 10월 17일은 의미 깊은 날이었다. 남극에서 육군 팀을 성공적으로 이끈 공로를 인정받아 육군 정복을 차려 입은 루가 버킹엄 궁전에서 영국 여왕이 수여하는 훈장을 받았다.

하지만 마치 훈장을 받는 정도로 만족하지 않는 듯이 루 러드는 그날 밤 바로 런던에서 파티를 열고 새로운 원정 계획을 발표했다. 루는 자선기금을 위한 모금에 더하여 여행 경비로 사용할 자금을 20만 달러 넘게 모금했다. 후원자, 친구, 친지, 동료 군인 들이 찾아와 새로운 모험의 시작을 축하했다. 조명이 환히 비추는 무대 위에 선 루 러 드가 이야기를 시작할 때 모두가 귀를 모아 경청했다. 루는 역사적인 최초가 되기 위한 도전에 나서기 전에 마지막으로 앞으로 전개될 여 행에 대해 설명했다.

가슴 벅찬 날이었고 중요한 밤이었다.

하지만 벅찬 감동이 여기서 끝은 아니었다.

수천 킬로미터 떨어진 지구 반대편에서 또 한 사람의 모험가도 자기 자신만의 벅찬 밤을 보내려 하고 있었다. 콜린 오브레이디가 매 우 특별한 소식을 자신의 인스타그램에 게시했다.

"내 인생 최대 프로젝트 발표: '불가능한 최초'The Impossible First. (…) 11월 1일, 얼음을 향해 출발."

몇 분 지나지 않아 '좋아요'가 수천 개 달렸다. 이제 세상 사람들 모두가 알게 되었다.

남극 대륙을 단독, 무조력, 무지원으로 횡단하겠다는 목표를 세 운 사람은 루 러드 대위만이 아니었다.

이제는 경주가 되었다.

"참으로 이상하게도 (…)
내 마음이 가장 끌린 것은 [북극 탐험가들이]
견뎌 낸 고통이었다. 이들이 겪었던 것과 같은 고난을 나도 한번
경험해 보고 싶다는 이상한 야심이 내 마음 안에서 불타올랐다.
(…) 그것도 남모르게. 내 생각에 반대하실 게 분명하기에
감히 어머니께 이런 생각, 북극 탐험가가 되기로 완전히 굳힌
나의 마음을 털어놓을 수는 없었다."

– 1927년 로알 아문센 –

---------------------✳---------------------

"나의 이야기를 들어 보면 (…)
한 사람의 인생 행로가 얼마나 기묘하게 바뀔 수 있는지를
알게 된다."

– 1905년 스콧 대령 –

CHAPTER 3

착수

아문센·스콧: 1890년-1909년

❄

1899년 6월 영국 런던

로버트 팰컨 스콧은 살면서 단 한 번도 남극 여행을 꿈꿔 본 적이 없었다.

그가 썼던 표현을 그대로 빌리자면, “조금의 거리낌 없이 털어놓을 수 있는데 나는 극지 탐험을 그다지 좋아하지 않는다”. 스콧은 얼음이나 추위를 싫어했다. 남극 탐험 중에 써 내려간 그의 일기는 지구 끝에서 맞이한 “끔찍한” 땅에 대한 묘사로 가득 차 있다. 그렇지만 1899년, 서른한 번째 생일을 맞이한 다음 날이자 자리를 제안받은 지 이틀 만에 스콧은 영국 최초의 남극 탐험대를 이끌 대장 임무에 지원했다.

스콧이 그 이유를 밝힌 적은 없다. 하지만 임무를 떠맡도록 이끈 게 무엇이든, 그것이 매우 강력한 동기였음은 틀림없다.

어쩌면 명성을 원했는지도 모르겠다. 20세기 초, 극지방 탐험에 관한 소식은 언제나 신문에 대서특필되곤 했다. 여행을 마치고 귀환한 선장들은 용감하고 대담한 사나이로 칭송받았고, 순회강연을 통해 각종 상과 찬사를 받는 것은 물론 부자가 되기도 했다. 돈 또한 매우 매력적인 동기가 될 수 있었다.

그게 아니라면 일신상의 이유가 동기로 작동했을 수도 있다.

과거의 비극으로부터 벗어나려면 멀리, 저 멀리 떠나야만 했을 수도 있다. 스콧 대령의 아버지와 남동생이 14개월 간격을 두고 예기치 못한 죽음을 맞이한 터였다. 남겨진 어머니와 미혼의 누이들을 부양해야 할 경제적 책임은 오롯이 자신의 몫이 되었다. 남극 탐험 과정에서 받게 될 임금은 가족의 생활을 돌보는 데 도움이 될 것이다. 이처럼 힘겨웠던 한 해를 뒤로 한 채 멀리 떠나고 싶어 하는 스콧을 비난할 사람은 없었을 것이다.

어쩌면, 망자들의 유령에게서 벗어나고 싶은 마음 이상으로 자기 자신으로부터 도망치고 싶었는지도 모른다. 스콧은 침대에서 나올 수 없을 만큼 깊은 우울증, 어둡고 침잠하는 나날들과 평생 싸워 왔다. 남극은 새로운 변화, 새로운 시작이 될 수 있었다. 완전히 새로운 곳에서 전과 다른 새로운 사람으로 거듭날 기회가 될 수 있었다. 어쩌면 지구 맨 밑바닥의 어둠은 런던의 그것과는 다를지도 몰랐다.

그가 자원했던 이유가 무엇인지, 그 속내를 정확하게 알 수는 없지만 스콧은 1901년 영국 남극 탐험대 대장으로 선발되어 디스커버리호에 올랐다.

탐험대의 목표가 남극점 도달이라고 기록된 적은 한 번도 없었다. 가장 근접한 표현이 "지리 탐험대는 (…) 남극을 향해 나아가야 한다."라는 지시 정도였다. 그럼에도 스콧과 그의 후원자들이 나눈 대화를 보면 서로 통하는 무언가가 있었다. 그들 모두가 하나같이 지구의 맨 밑바닥 땅이 조국인 영국 차지가 되기를 원했다. 원정대가 내세운 공공연한 목표는 기록 갱신이 아닌 과학이었다. 그러나 명시적인 지시가 없었다 해도 스콧 사령관은 알고 있었다. 무엇을 위해 매진해야 하는지.

1901년 7월 31일 원정대가 런던을 떠났다. 템스강에서 디스커버리호가 출항할 때 강변 양안에는 많은 사람들이 몰려나와 환호했다. 그로부터 23주 후 디스커버리호는 남극 대륙에 도착했다.

스콧은 그레이트 배리어Great Barrier(1953년 로스 빙붕Ross Ice Shelf*으로 이름이 바뀌었다.)를 따라 수백 킬로미터를 훑으며 항해했다. 공중으로 60에서 90m까지 솟은 그레이트 배리어는 미지의 땅으로 진입하지 못하도록 가로막으며 바다와 땅 사이를 가르는 수직 빙벽이었다. 그레이트 배리어를 처음 본 날 스콧은 "우리의 눈앞에 펼쳐진 광활함에 경외감이 더욱 커졌다."라고 적었다.

스콧은 배에서 내리지 않고 거의 한 달 동안 단단한 땅을 찾아 연

---

* 　제임스 로스 경(Sir James Clark Ross)이 1841년 최초로 발견한 거대한 유빙 덩어리로 얼음판 두께가 최대 800m, 면적은 프랑스만 하다. 남극 대륙과 이어져 바다에 떠 있는 거대한 빙하 장벽으로서 거기서부터는 더 이상 남극점을 향해 진입하기 어렵게 만들기에 처음엔 그저 '배리어(Barrier, 장벽)'라고 불리다가 훗날 여러 꾸밈어가 붙어 'Great Ice Barrier(거대한 얼음 장벽)' 등으로 불렸다. 이 지점에서 출발하여 극점에 도착하려면 크게 세 영역을 지나야 했다. 일단 그레이트 배리어에 올라 빙붕 지역을 횡단한 다음, 거대한 계곡을 뒤덮은 가파른 빙하를 거슬러 올라가 남극횡단산맥에 진입하고, 고도가 3,000m 이상인 남극 고원에 도달해야 한다. 극점은 남극 고원에 위치한다.

훼일스만 오른쪽이 그레이트 배리어 로스 빙붕이다. 왼쪽 아래의 검은 점들이 사람이고 가운데 있는 배는 19세기 미국인 탐험가의 이름을 딴 현대적인 쇄빙선, 너새니얼 B. 파머호다. [마이클 반 워트Michael Van Woert/위키미디어 공용]

안을 항해했다. 남극에서는 겨울이 시작되는 4월에 태양이 지평선 아래로 사라지고 8월에 봄이 오기 전까지는 다시 뜨지 않는다. 밤, 그리고 겨울과 함께 찾아오는 혹한 속에 베이스캠프를 떠나 모험을 감행할 수 있는 사람은 아무도 없었다. 다시 봄이 올 때까지 탐험 활동이 전면 중단되기에, 스콧이 이끄는 원정대에게는 겨울을 나기에 적당한 보금자리를 지을 안전하고 평온한 땅이 필요했다.

바람이 잔잔한 맥머도만McMurdo Sound 근처의 바위 해안에서 스콧은 마침내 한 자락의 빈터를 발견했다. 대원들이 힘을 모아 사람들이 거처할 오두막과 동물들이 눈바람을 피할 우리를 지었다. 이제 길고 긴 극지의 어둠을 뚫고 태양이 다시 모습을 드러낼 때까지 기다릴 일만 남았다.

봄이 돌아왔을 때, 극점을 향해 전진했지만 개들에게 불행한 변고가 생겼고 스콧 일행은 내내 설맹과 괴혈병(제1장에서 언급함)에 시달렸다. 결국 극점 도달에는 실패하고 말았다. 그렇지만 디스커버리 원정대는 놀라운 팀워크와 동료애를 발휘했다. 스콧은 극점을 공략하는 마지막 단계에서 에드워드 에이드리언 윌슨 박사Dr. Edward Adrian Wilson*와 어니스트 섀클턴Ernest Shackleton**, 두 사람을 데리고 갔는데 이 두 사람 모두 훗날 유명세를 떨쳤다. 하나는 살아남아서, 다른 하나는 세상을 떠남으로써.

세 사람은 식량과 연료가 부족하여 결국 발길을 돌리지 않을 수 없는 순간까지 남극점을 향해 나아갔다. 그들은 자신들 앞에 서 있는 산은 볼 수 있었지만, 그 산들을 둘러싼 빙하의 갈라진 틈새, 크레바스를 피해갈 수 있는 길을 찾기 힘들었다. 섀클턴은 자신이 괴혈병에 걸렸다는 것을 감지하고도 할 수 있는 한 최선을 다해 비틀거리며 걸었다.

"우리는 (…) 우리의 한계까지 밀어붙이기로 결심했다." 스콧은 이렇게 썼다. 결국 섀클턴이 쓰러지고 말았지만 그를 부축해 이동하면서 스콧과 윌슨 박사는 한마디도 불평하지 않았다.

---

*　외과의사이자 동물학자이며 재능 있는 화가이기도 해서 탐험 과정을 수채화로 남기기도 했다. 스콧과 함께 디스커버리 원정대는 물론 이후 테라노바 원정대에도 함께 했던 평생의 친구다.
**　아일랜드 출신의 뱃사람으로 어려서부터 민간 상선을 타고 바다 경험을 많이 쌓았다. 섀클턴은 평생 네 번 남극 탐험에 도전했다. 먼저 스콧이 이끄는 디스커버리 원정대에 참여했다. 그 후 독자적으로 님로드호 원정대를 이끌어 남위 88° 23'에 도달하여 인간의 발이 닿은 최남단 기록을 세웠으나 식량이 부족했기에 극점 공략을 포기하고 돌아 나왔다. 스콧의 테라노바호에는 함께하지 않았다. 스콧은 님로드호 원정 후 섀클턴이 작성한 보고서를 참고했고, 남극점까지의 루트도 섀클턴이 갔던 길을 그대로 따라갔다. 세 번째, 인듀어런스호의 대장이 되어 다시 남극을 찾았다가 부빙에 갇힌 배가 난파된 상황에서 634일 만에 28명의 대원 모두와 살아 돌아온 일로 유명해졌다. 이후 다시 퀘스트호를 타고 남극 탐험에 나섰으나 사우스조지아 섬에서 심장마비로 사망했다.

디스커버리호 탐험 당시 스콧의 베이스캠프인 헛포인트의 통나무집. 2012년에 촬영한 사진. [세르게이 타라센코Sergey Tarasenko/위키미디어 공용]

극점 팀 3인이 베이스캠프로 돌아왔을 때 식량과 보급품을 실은 구조선이 맥머도만에 정박해 있었다. 신선한 음식을 충분히 섭취하고 안정을 취했음에도 새클턴의 건강은 나아질 기미가 없었다. 새클턴 본인이 완강하게 반대했음에도 스콧은 고민 끝에 자신의 동료를 구조선에 태워 고국으로 떠나보내기로 결정했다. "우리 모두에게 유감스럽게도"라며 스콧은 아쉬움을 표했다. 남극과 같은 환경에서 이미 쇠약해진 기력을 회복하기란 너무 어려운 일이었다.

그 뒤 1년 동안 스콧과 다른 대원들은 남극에 그대로 남아 빙원을 건너 여러 차례 다른 지역을 여행했다. 다만, 남극점을 다시 목표로 삼지는 않았다. 이미 극점 정복을 시도했으나 실패한 터였고 탐험할 다른 곳은 너무 많았으며 수행해야 할 일도 많았기 때문이다.

세 번째 해가 저물 즈음, 스콧은 고국으로 소환되었다. 대원들에

남극점을 향해 출발하기 직전, 디스커버리 원정대의 섀클턴, 스콧, 윌슨 박사(1902년 11월 2일). [위키미디어 공용]

게 원정 중단을 발표하는 스콧의 두 눈에 눈물이 고였다. 애초에 디스커버리호 원정대를 이끄는 지휘관으로 지원했던 동기가 무엇이었든, 스콧은 그렇게 슬픔에 잠겨 남극을 떠났다.

스콧이 집으로 돌아오는 여정을 막 시작했을 무렵, 섀클턴은 이미 런던으로 귀향한 상태였다. 섀클턴은 디스커버리호를 타고 떠났던 남극 원정대 중 처음으로 집으로 돌아왔고, 더불어 누구보다 먼저 다시 남극점을 찾아 떠났다.

1908년 님로드Nimrod호를 타고 남극으로 돌아온 섀클턴은 다시 한번 남극점 공략에 나섰다. 이번에는 개가 아닌 조랑말을 이용했다. 섀클턴과 그가 이끄는 대원들은 광활한 빙원인 그레이트 배리어 위를 질주했고, 산지로 진입할 수 없게 그들을 막아섰던 크레바스와 들쭉날쭉한 얼음 울타리들pressure ridge을 통과할 수 있는 길 하나를 마침내

눈밭이나 얼음 사이의 깊고 넓은 틈, 크레바스. [마운틴스트로mountainstroh/플리커]

찾았다.

그들은 200km가 넘게 이어진 널찍한 빙하를 따라 걸은 뒤 2.4km 높이를 올라 남극횡단산맥을 가로질러 남극 고원까지 이르는 길을 발견하고는 비어드모어 빙하*라고 이름 지었다. 썰매 주자들은 이 루트가 자신들을 위해서 만들어진 양 매끄러운 푸른 얼음 위를 날 듯이 이동했다.

하지만 빙하의 정상에서 남극 고원으로의 이동은 또 다른 이야기였다. 섀클턴 일행은 희박한 공기 속에서 숨을 헐떡이며 고산병에 시달렸으며 식량 배급까지 줄여야 했다. 이에 섀클턴은 급기야 목표 지점을 180km 앞두고 발길을 돌리기로 결정했다. 남극점에 매우 근접했지만, 후퇴하기로 용단을 내린 덕분에 대원들 모두 안전하게 고국으로 돌아갈 수 있었다.

극점에 도달하지 못했지만 섀클턴은 인류 최초로 그곳에 닿을 수 있는 길을 찾았다. 런던으로 돌아온 후 자신이 찾아낸 모든 것에 대해 자유롭게 쓰고 말했으며, 새롭게 발견한 사실들을 원정대 보고서에 담아 발표했고 다음 원정대가 쓸 수 있도록 지도를 만들어 건넸다. 이제 전 세계가 지구의 맨 밑바닥에 도달하는 길을 알게 되었다. 이런 상황에서 스콧이 그곳으로 되돌아가기로 결심한 것이다.

스콧은 자신의 경험에 섀클턴이 새롭게 파악한 지식을 더했고, 동력 썰매에 관한 계획을 세웠다. 두 번째 원정에서는 모든 것이 달라 보였다. 이번에는, 자신이 극복해야 할 도전이 어떤 것인지 알고 있었

---

*   Beardmore Glacier. 처음 발견한 섀클턴은 '깨진 유리로 만든 것 같은 사다리 모양의 얼음 산'이라고 표현했고 스콧은 '절망의 구렁텅이'라고 불렀던 험준한 빙하.

다. 이번에는 준비를 마쳤다.

❄

1890년 노르웨이 크리스티아니아

로알 엥겔브렉트 그라브닝 아문센Roald Engelbregt Gravning Amundsen의 어머니는 막내아들이 집을 떠나는 걸 원치 않았다. 어머니의 바람은 평범했다. 학교에 가거라, 육지에서 일자리를 구하거라, 집에서 멀리 떠나지 말거라. 로알의 아버지와 세 명의 형은 모두 상인이 되어 바다로 나갔기에 막내아들만은 그녀 곁에 머물기를 바랐다.

로알은 어머니를 실망시킬 수 없었다. 집안의 막내아들이기에, 어머니가 그토록 솔직하고 공공연하게 속내를 밝혔기에. 스스로는 탐험가가 되기를 간절하게 소망했지만 18세 때 크리스티아니아에 남아 의대에 진학하기로 했다.

하지만 마지못해 어머니의 말씀을 따르면서도 로알은 북극으로 모험을 떠날 날에 대비하고 훈련하기를 한시도 게을리하지 않았다. 학교 시험을 (가까스로) 통과하는 와중에도 로알은 "날씨가 아주 험악한 날에 침실 창문을 활짝 열고 자겠다고 고집했다". (부득이하게) 의과대학에 입학하기는 했지만 저녁마다, 그리고 주말마다 산으로 스키를 타러 갔고, "빙판과 눈밭을 이동하는 기량을 쌓고 미래의 거창한 모험에 대비해 근육을 단련했다". (대체로) 빼먹지 않고 강의를 들었지만 로알은 "손에 넣을 수 있는 [북극 탐험에 관한] 주제를 다룬 책을 모두 섭렵했다".

로알은 효심이 깊은 아들이었기에 의과대학 2학년 때 어머니가 돌아가시자 진심으로 애도했다. 다만, 다음 학기가 시작되었을 때 곧바로 학교를 그만두었다.

새로이 자유를 얻었지만 북극 탐험가로서의 삶은 여전히 로알을 비껴가고 있었다. 로알 아문센은 수년에 걸쳐 여러 탐험대의 대장에게 자신을 소개하는 편지를 보냈지만 하나 둘, 거절당하기 일쑤였다. 로알처럼 경험이 일천한 사람을 원하는 탐험대는 없는 한편, 그를 고용해 주는 사람이 없는 한 경험을 쌓을 기회를 얻을 수 없는 것 또한 분명했다.

다른 사람이었다면 이쯤에서 포기했을지도 모른다. 하지만 로알 아문센은 달랐다. 마침내 3년 만에 남극으로 향하는 벨기에 탐험대에서 무급이긴 하지만 일자리를 얻었다. 비록 목표 지점인 북극으로부터 가장 먼 곳일지라도 로알은 실제의 탐험대에 참가할 수 있는 기회를 잡기로 했다.

여행은 끔찍한 재앙이었다. 무지하고 무능력한 선장과 일등항해사 때문에 배가 부빙 사이에 갇혔고, 그 속에서 남극의 겨울을 고스란히 견뎌야 했다. 필요한 의복이나 식량이 제대로 준비되지 않았기에 선원 모두가 추위와 굶주림에 시달렸다. 위험천만한 빙산 사이에서 고립되어, 가시지 않는 어둠의 공포 속에서 괴혈병으로 인한 심각한 부작용까지 더해지자 결국 두 명의 선원이 정신이상 증세를 보이기에 이르렀다.

무능력한 지도력에 염증을 느낀 로알 아문센은 남극을 떠나 처음으로 만난 항구에서 곧바로 배에서 하선했다. 그때부터였을 것이다. 로알은 남의 지시를 따르는 사람이 아니라 스스로 결정하는 사람이 되겠다고 결심했다. 자신을 소개하는 편지를 쓰고 일자리를 구걸하는 시대는 끝났다. 충분치 못한 준비, 권위적인 명령, 선원들 사이의 불화로 로알의 첫 번째 항해는 실패가 예정되어 있었다. 로알 아문센은 자신이 탐험대를 이끌게 된다면, 이런 것들이 원인이 되어 실패하는 일은 없게 하리라고 다짐했다.

아문센은 노르웨이 주변 해역을 서둘러 몇 차례 여행하여 항해장 자격증을 취득할 수 있는 시간을 모았다. 그는 더 이상 시간을 낭비하지 않았다. '선장'이라는 새로운 직위를 얻은 뒤에는, 북서항로*를 탐험하겠다는 계획을 발표했다.

유럽인들이 북아메리카 대륙 위쪽의 북극해를 이용해서 대서양에서 태평양으로 이어지는 항로를 찾으려고 애쓴 지 어언 500년이 지났지만, 실패를 거듭하고 있는 상황이었다. 미로처럼 복잡한 좁은 해로와 자그마한 섬들은 아직 지도에 표시되지 않았고, 우뚝 솟은 빙산과 뾰족뾰족한 암초들이 숨어 있는 얕은 뱃길은 이 해역을 빠져나가려고 하는 배들을 위험에 빠뜨리기 일쑤였다. 아문센은 북서항로를 두고 "과거의 항해가들이 하나같이 풀지 못한 당황스러운 수수께끼"라고 표현했다. 북극 해역은 난파한 선박의 잔해와 생존을 위해 반란과 식인을 일삼은 뱃사람들 이야기로 악명 높았다.

누구라도 미로 같은 이 해역을 요리조리 빠져나갈 수 있는 길을 찾는다면 그 최초의 탐험가는 역사책에 이름이 새겨질 터였다. 북서항로 찾기는 모험이었다. 도전, 불확실성, 피할 수 없는 역경과 고난, 그리고 그에 대한 대가로 막대한 보상을 받을 수 있는 기회. 로알 아문센이 오랜 시간 갈망해 온 그런 모험이었다.

---

* 　북대서양에서 캐나다 북극해를 빠져나와 태평양으로 나가는 항로.

이후의 생애 동안 내내 그랬지만 로알 아문센이 새로운 항로를 찾아 출항할 준비를 마쳤을 무렵 그는 막대한 빚을 지고 있었다. 얼마 간의 자금은 조달할 수 있었지만 마음껏 항해하기에 충분할 만큼의 돈을 모으기란 불가능해 보였다. 로알의 배 요아Gjøa**가 정박해 있던 항구에 빚쟁이들이 나타나 기웃거리는 바람에 한밤중 폭풍우가 거세 게 몰아치는 틈을 타서 서둘러 출항해야 했을 정도였다.

출발은 극적이었지만 캐나다에 이르는 나머지 여정은 평화로웠 다. 북서항로 개척을 목표로 삼기는 했지만 출항 전 모은 자금이 너무 빈약했던 터라 극지 연구에만 전념했다. 아직 해도가 작성되지 않은 수역을 항해하기에 앞서 캐나다 북부 지방에 정박하여 2년 동안 자기 및 기상 자료를 수집하며 시간을 보내야 했다. 로알은 자신이 머문 자 그마한 만을 '조아헤이븐'Gjøa Haven이라고 이름 붙였다.

이처럼 일정이 지연되는 경우에도 로알 아문센은 이런 상황을 자 신에게 유리하게 이용할 만큼 꿋꿋했다. 그는 극지환경에서 살아남는 법을 가장 잘 아는 사람들, 다시 말해 극지 원주민들로부터 배울 수 있는 모든 것을 배우려고 애썼다.

요아호가 정박한 지 2주가 지난 어느 날 지평선 위로 느릿느릿하 게 다섯 명의 남자들이 나타났다. 아문센과 그의 대원들은 그 사람들 을 보려고 달려 나갔다. 작은 벌판을 사이에 두고 이편과 저편의 무리 는 낯선 상대를 마주했다.

아문센이 먼저 용기를 내어 외쳤다. "테이마TEIMA!"

** 어선을 개조한 작은 배. 로알 아문센은 여섯 명의 선원들만을 이끌고 요아호를 타고 1903년 오슬로 를 출발하여 북아메리카 대륙 위쪽을 지나 1906년 알래스카에 도착함으로써 최초로 북서항로 개척에 성 공하여 큰 명성을 얻었다.

요아호의 갑판 위에 서 있는 사람들[미국 의회도서관]

아문센이 읽었던 어떤 탐험가가 쓴 회고록에 '테이마'가 이 지역 말로 '안녕하세요?'라는 인사를 의미한다고 했고, 자신의 부하들에게 도 원주민을 만났을 때 어떻게 인사해야 하는지 세심하게 일러놓은 터였다. 이내 그의 대원들도 따라서 차례로 외쳤다. "테이마!" "테이 마!" "테이마!" 이국의 인사말이 공중에서 흩어졌다.

그런데 원주민 남자들은 몹시 어리둥절한 채로 가만히 서서 낯선 외부인들을 바라보았다. 원주민들은 잠시 뒤 앞으로 나아가면서 모두 한 목소리로 외쳤다. "마닉웃미manik-ut-mi!"

그 노력이 가상하긴 했지만 아문센은 부하들에게 잘못된 표현을 가르치고 있었던 것이다.

하지만 다행스럽게도 양쪽 무리는 말로써 올바로 표현하지는 못 했지만 환영한다는 상대의 의도를 알아보았다. 그리고 아문센이 조아헤이븐에 머무는 동안 두 무리의 사람들은 친구가 되어 우호적인 관계를 이어 나갔다. 이 다섯 명의 원주민 남자들이 말을 전하면서 다른 부족민들도 찾아와 조아헤이븐에서 야영하고 가기도 했다.

매번 만날 때마다 유럽인들은 원주민들에게서 새로운 지식을 배웠다. 아문센은 원주민이라면 익히 알기 마련인, 혹독한 추위 속에서 살아남는 법을 배우길 간절히 원했다. 넷실리크Netsilik 이누이트인들은 썰매의 바닥면(러너runner)을 최대한 넓게 얼음으로 코팅하면 눈밭 위에서도 썰매가 쉽게 미끄러진다는 걸 가르쳐 주었다. 요아호의 선원들은 원주민들의 순록 가죽 옷과 자신들이 가져온 옷을 바꾸어 입기도 했는데 원주민의 것이 더 따뜻하고 편안했다. 아문센은 훗날 넷실리크 부족의 "모피 의복이 이 같은 날씨에는 가장 적합했다."라고 쓰기도 했다.

넷실리크 이누이트인들이 지은 눈집도 혹독한 날씨 속에서 유럽인들의 텐트보다 훨씬 나았다. 아문센은 친구인 테라이우Teraiu를 구슬려 눈집을 짓는 방법을 배웠다. 오후가 되면 아문센은 대원들과 함께 연습 삼아 눈집을 지었다. "테라이우가 (…) 고개를 말없이 저었다. 우리가 정신이 나갔다고 생각하는 게 분명했다. 때로는 양팔을 뻗어 엄청난 수를 표현하며 소리쳤다. '이글루 아미치우이-아미치우이-아미치우이Iglu amichjui-amichjui-amichjui!' 집이 어마어마하게 많다는 뜻이었다." 하지만 아문센에겐 낭비가 아니었다. 미래에 대비한 생존 훈련이었다.

아문센과 대원들은 이 작은 항구에서 정박한 채 2년의 세월을 보냈다. 허송세월이 아니라 극지 환경에서 생존하는 데 도움이 될 최선의 수단을 준비하는 시간이었다.

넷실리크 원주민들은 아문센과 대원들에게 귀중한 생존 기술을 가르쳐 주었다.[노르웨이 국립도서관]

1905년 8월, 아문센과 대원들은 다시 요아호에 올라 북서항로를 구불구불 항해하며 위험천만한 북극해의 수많은 섬들 사이를 조금씩 헤쳐 나아갔다. 들쭉날쭉한 바위들이 고작 몇 센티미터 아래에서 요아호의 선체를 찢으려 위협했고, 유럽인들이 기록한 적도, 본 적도 없는 안개 자욱한 해역에서는 한 치 앞을 분간하지 못하는 채로 전진해야 했다.

수심이 매우 얕아서 가장 위험했던 마지막 3주간의 항해에 대해 아문센은 이렇게 회상했다. "나는 잠을 잘 수도, 음식을 먹을 수도 없었다. 삼켜 보려 했지만 음식이 목에 걸려 넘어가지 않았다. 발생할 수 있는 모든 위험을 예측하고, 곳곳에 놓인 함정을 피해 가려니 온몸의 신경이 한없이 긴장되었다."

3주에 걸쳐 느릿느릿 항해한 끝에 마침내 뱃고물 쪽이 아니라 뱃머리 쪽으로 다가오는 다른 배를 발견했다. "저 멀리 서쪽에서 서서히 모습이 드러내는 포경선이라니, 얼마나 장엄한 광경이던지." 당시 아문센의 심정이었다. 그 배는 태평양에서 왔고, 이제 나머지 항로는 분명했다. 조종이 손쉬운 소형 배를 이용해 소수의 대원들만을 데리고 항해한다는 아문센의 계획과 그의 지도력 덕분에 다른 모든 탐험가들이 실패를 맛보았던 바다에서 끝끝내 항로를 찾는 데 성공한 것이다. 요아호가 해냈고, 아문센과 일행은 대서양에서 출발해 북극해를 거쳐 태평양으로 진입한 최초의 유럽인으로 기록되었다. 아문센은 단숨에 영웅이 되었다.

로알 아문센은 미국과 영국 등지에서 강연회를 열거나 인터뷰를 하며 장시간 머물며 느긋하게 고국으로 돌아갔다. 아문센은 수 세기 동안 미답의 영역이었던 북극해를 정복했고, 머무는 곳마다 유명인으로서 환영받았다. 그러는 동안에도 넷실리크 원주민들에게 배운 교훈을 결코 잊지 않았다. 북서항로 개척은 어린 시절부터 꾸었던 꿈이었고 로알은 소년 시절의 꿈을 이루었다.

이제 더 큰 꿈을 꿀 차례였다.

"남극 고원에 올라 파란 하늘 아래 서면
자신이 한없이 작아집니다.
끝도 없이 이어진 광활함 가운데 하나의 작은 점같이 느껴지죠.
360도 어디를 둘러보아도, 보이는 건 하나도 없습니다.
나무 한 그루, 건물 한 동 없죠.
이 막막한 빛의 바다 속에서 나 자신만이 유일한,
그리고 미미한 존재입니다."

- 2019년 1월 콜린 오브레이디 -

✳

"이곳에선 일이 잘못되기라도 하면
단 몇 분 만에도 생사를 오갈 수 있습니다.
이를테면 텐트를 펼치는 단순한 작업조차도,
그 순간 바람에 낚아채이기라도 한다면 (…) 그 순간 끝이죠.
텐트는 마치 낙하산처럼 저 멀리 날아가 버립니다.
단 몇 초 만에도 생명을 위협하는 상황이 벌어질 수 있습니다.
특히 단독 횡단이라면 (…) 멍청해지거나 대담해질 필요가 있는데,
어쩌면 두 가지 다 필요하기도 하죠!"

- 2018년 10월 루 러드 -

착수

오브레이디·러드: 2018년 봄-가을

❄

2018년 봄, 영국 헤리퍼드

루 러드는 열두 살 때부터 남극 대륙을 꿈꿔 왔다. 어느 날 수학시간에 말썽을 일으켜서 벌을 받게 되어 교장실에서 혼자 기다리는 동안 하늘색 표지의 얇은 책 한 권을 집어 들었다. 다섯 명의 남자가 온통 눈으로 뒤덮인 언덕 위에 영국 국기인 유니언잭을 꽂고 있는 그림의 표지였다. 『스콧 대령: 역사적인 모험』Captain Scott: An Adventure from History 이라는 책이었다. 이렇게 해서 반세기 전에 벌어진 남극점을 향한 경주에 사로잡힌 후로 루를 둘러싼 현실 세계가 사라졌다. "충격이었습니다. 이 장대한 여정에 대해 알게 된 뒤 완전히 정신을 놓을 지경이었지요."라고 소회를 말했다. 책을 다 읽은 루는 새로운 무언가를 발견했다. 나도 언젠가, 남극 대륙을 직접 눈으로 보리라고 다짐하고 있는 자기 자신이었다.

　루 러드는 모험을 떠날 기회가 자신을 찾아올 때까지 앉아서 기다리는 성격이 아니었다. 자신이 모험을 찾아 나서기로 했다. 열네 살 나이에 루는 혼자서 엄마 집이 있는 잉글랜드를 떠나 아빠 집이 있는 스코틀랜드까지, 800km가 넘는 거리를 자전거를 타고 여행했다. 자신이 남극 탐험에 도전할 자격이 있음을 입증하고 싶었다. 열여섯 살에 육군에 입대했고, 코소보, 아프가니스탄, 이라크, 노르웨이 등지에서 30년 이상 복무하며 보안 및 극한지 전투 전문가가 되었다. 루 러드는 결혼해서 세 자녀를 두었다. 매 순간이 흥분과 도전의 연속이었다.

　그러나 인생에서 일어난 이 모든 중요한 사건들에도 불구하고 루 러드는 남극을 향한 상념을 멈춘 적이 없었다. 자신을 그곳으로 데려다줄 기회를 늘 찾고 있었다.

　그러던 2007년 어느 날 잡지에서 동료 군인인 헨리 워슬리가 남극 탐험에 함께 나설 동료를 구한다는 광고를 발견했다. 이때까지 남극의 얼음을 밟아 본 적도, 눈으로 본 적도 없었지만 루 러드는 자신이 이 얼음과 바람의 땅을 사랑하게 되리라고 확신했고, 수백 킬로미터 거리를 직접 썰매를 끌어 이동한다는 헨리의 제안에 즉각 응답했다. 루는 이렇게 기억했다. "제게 온 첫 번째 기회였죠. 매우 극단적인 여행 속으로 곧바로, 똑바로 직진했던 셈이었습니다."

　(2장에서 설명했듯이) 루 러드는 신출내기였던 반면 헨리 워슬리는 전문가였다. 루 러드는 집에 있는 동안 자료를 충분히 숙지하고 철저히 준비하면서 출발 날짜를 애타게 기다렸다. 그런데 출발을 불과

몇 달 앞두고 군에서 갑자기 아프가니스탄 배치를 명 받았다.

루 러드는 하릴없이 타는 듯이 뜨거운 사막으로 가야 했다. 하지만 그곳에서도 모든 것을 얼려 버릴 듯이 춥고 거센 바람이 부는 또 하나의 사막, 남극에 대비한 훈련을 계속 이어 나갔다. 그는 펄크와 연결할 하네스를 근무지로 가지고 갔고, 그곳에서 영국의 집에서 연습할 때 사용했던 것과 비슷한 커다란 오프로드 자동차용 타이어를 찾아냈다. 6개월 동안, 근무 시간 중에 짬이 날 때마다 타이어를 끌고 먼지바람을 일으키며 칸다하르 비행장 주변을 몇 번이고 돌고 또 돌았다. "여러 나라 군인들과 베이스캠프를 함께 썼어요. 미국인도 있었고 캐나다인도 있었지요. 순찰 차량이 나를 지나쳐 갈 때는 하나같이 머리를 내밀고 '이봐 친구, 지겹지도 않아?'라며 놀리고는 했습니다." 루는 웃으며 자신의 기이한 훈련 방법을 설명했다. 하지만 아무리 놀림을 받아도 루는 중도에 포기하지 않았다. 남극은 그의 꿈이었다.

남극 탐험을 일주일 앞두고 아프가니스탄 근무를 마쳤다. 칸다하르에서 남극까지, 루 러드는 하나의 사막을 뒤로하고 기온차가 80도가 넘는 또 다른 사막을 향해 떠났다.

남극은 숨이 막힐 정도로 아름답고, 순수했으며, 무결했다. "지극히 광활하고 황량했습니다. 가혹한 환경을 오롯이 혼자의 힘으로 마주해야 한다는 게 실감 나기 시작했습니다. 지구상에 이와 같은 곳은 어디에도 없지요."라고 루는 당시의 소감을 말했다. 진정한 자기 자신에 대해 생각해 보고 알아내기 좋은 그런 공간이었다. 살면서 그토록 오래도록 포기하지 않았던 꿈, 그 꿈은 머릿속에서 상상할 때보다 실제가 훨씬 더 좋았다.

그렇게 첫 번째 탐험을 마친 뒤 루는 자신이 이곳으로 되돌아오

남극의 산맥 [크리스토퍼 미셸Christopher Michel/ALE]

리라는 걸 알았다. 루의 마음속엔 한 점의 의심도 없었다. 그의 마음을 사로잡은 얼음의 매력은 좀처럼 그를 놔주지 않았다.

두 번째로 남극을 찾은 것은 헨리를 추모하고자 동료들과 함께 팀을 이루어 돌아온 때였다. 그리고 루 러드의 세 번째 여행은 이전과 다른 도전이 될 것이다. 그동안 여럿이 시도했지만 아무도 성공하지 못한 기록, 최초의 단독 횡단 여행. 성공 여부는 알 수 없었다. 헨리 워슬리는 목숨을 잃었고, 벤 손더스는 실패를 인정하며 물러섰다. 두 사람 모두 전문가였다. 아마추어였거나 실전 경험 없이 체육관에서 몸을 만든 운동선수들이 아니었다. 하지만 세계의 맨 밑바닥에서는 삶보다는 죽음이 자연스럽게 다가온다. 선배들이 실패를 경험한 이곳에서 어떻게 하면 루 러드가 성공할 수 있을까?

루 러드는 컨디션 조절이나 지구력이라는 면에서 헨리나 벤보다 앞설 수는 없다고 생각했다. 아울러 루는 앞선 두 번의 탐험에서 스스로 자신의 펄크를 끌고 이동했었다. 그러면서 건강을 유지하는 방법을 체득했다. 세 번째 탐험의 성공 여부가 훈련 프로그램에 달린 것 같지는 않았다.

식단도 완벽하다고 스스로 판단했다. 아마도 하루에 1만 칼로리 이상 소모할 것으로 예상되지만, 끌 수 있는 무게는 기껏해야 하루에 6천 칼로리 분량일 것이다. 매일, 자신이 소비하는 에너지의 3분의 2만을 섭취하게 될 것이다. 키가 180cm가 넘는 루 러드는 지난 번 탐험에서 16kg가량 체중이 감소되었다.

6천 칼로리를 섭취하려면 자신에게 어떤 식단이 가장 효과적인지 루는 잘 알고 있었다. 아침으로 크림을 많이 넣은 1천 칼로리의 죽을 먹고, 저녁에는 냉동 건조한 식품과 고당도 디저트, 에너지 셰이크를 먹는다. 썰매를 끄는 동안에는 마카다미아 너트, 에너지바, 치즈, 살라미 소시지 등을 잘게 잘라 간식 주머니에 넣어두고 계속 꺼내 먹는다.

"한 시간마다 한 번씩 한 줌 가득 쥐고 입에 털어 넣어야 합니다. 끊임없이 칼로리를 섭취해야 하거든요." 루 러드의 설명이다. 탐험 초반에는 체력이 채 소진되기도 전에 이렇게 많이 먹어야 한다는 게 고역이었다. 하지만 탐험이 막바지에 이를 무렵엔 이 많은 양을 다 먹고 나서도 잠자리에 들 무렵이면 허기를 느꼈다.

루 러드는 남극에서 차츰차츰 굶주린다는 게 어떤 것인지 이미 잘 알고 있었다. 이제 그 고통을 받아들일 준비를 마쳤다. 하지만 성공하려면 무언가 변화가 필요했다. 헨리 워슬리와 벤 손더스가 했던 그대로를 반복하면서 최초가 되기를 희망한다는 건 어폐가 있었다. 루의 훈련, 경험, 영양은 이미 정해져 있었다. 남아 있는 유일한 변수는 경로였다.

남극 탐험에서 루트 짜기란 결코 간단한 일이 아니었다. 무엇보다 남극 대륙을 덮은 빙원의 상당 부분은 크레바스라고 부르는 깊고 넓은 균열로 가득 차 있다. 끝을 알 수 없는 무無를 향한 것만 같은 깎아지른 단면 사이의 검은 공간이 수백 미터 아래로 이어진다. 남극 대륙에서는 오래된 크레바스가 닫히고 새로운 크레바스가 열리는 가운데 얼음이 1년 내내 이동하고 있다. 루트를 선택할 때 가장 중요하게 고려해야 할 요소는 크레바스와 마주칠 위험을 최소화하는 것이었다.

다음으로, 시작 지점과 마지막 지점 모두에서 펄크를 끌 수 있어야 했고 물론 비행기 이착륙이 가능해야 했다. 남극의 베이스캠프에서 출발 지점까지, 그리고 종료 지점에서 다시 베이스캠프까지 비행기로

루 러드가 이끈, 헨리 워슬리를 추모하는 원정대가 선택했던 경로인 허큘리스만과 남극점 사이에 설치한 텐트들. [칼 알비Carl Alvey/ALE]

이동할 계획이었으므로 비행기가 착륙할 수 있는 조건이어야 했다.

끝으로, 남극 대륙을 횡단하는 탐험이므로 남극 대륙에 대한 정의가 정립되어야 했다.

남극 대륙은 얼음으로 덮여 있다. 육지 위에서 빙하를 형성한 얼음이 해안선을 넘어 해수면 위 수백 킬로미터까지 뻗은 경우가 있는데, 우리는 이걸 빙붕氷棚, ice shelf이라고 부른다. 이러한 빙붕은 실로 거대하다. 남극 반도의 서쪽에 있는 (1953년까지는 그레이트 배리어라고 불렸던) 로스 빙붕의 경우 거의 프랑스 전체 면적과 맞먹는다. 한편, 로스 빙붕의 반대편에 있는 론Ronne 빙붕도 면적은 로스 빙붕과 비슷한데 두께가 150m에 달한다. 비록 바다 위에 떠 있지만 이런 얼음 덩어리들은 육지처럼 단단하다.

'남극'의 경계는 빙붕의 맨 끝일까, 아니면 바위가 울퉁불퉁한

(육괴라고 부르는) 땅의 맨 끝일까? 이 문제는 오랜 시간 논란 거리였다. 남극을 횡단한다고 할 때, 어디서부터 어디까지로 정의할 것인가?

루 러드는 고심 끝에 남극 횡단은 빙상 전체가 아니라 육지를 가로지르는 것이라고 결론 내렸다. 2016년 탐험 당시에도 육괴의 가장자리에서 시작했었고, 이번에도 같은 지점인 허큘리스만을 출발점으로 삼기로 했다. 비행기가 접근하기 쉽고, 루 러드 자신이 이곳의 지형에 이미 익숙했기 때문이다.

종료 지점에 관한 한, 루 러드는 일단 자신이 무엇을 선택하지 **않을지를** 정확히 알고 있었다. 2016년 탐험 당시에는 섀클턴 빙하 Shackleton Glacier 기슭에서 여행을 마쳤는데, 다시는 그렇게 하지 않으리라 다짐한 바 있었다.

섀클턴 빙하는 말 그대로 크레바스 밭이었다. 몇 번이고 반복해서, 하루에도 수차례 발아래 땅이 꺼져 버렸고, 어김없이 얼음 사이로 추락했다. 그때마다 루를 구한 것은 펄크의 고정장치와 연결된 밧줄, 그리고 동료들의 신속한 구조였다. 이는 여럿이 함께하는 탐험대로서도 두려운 상황이었다. 하물며 혼자 여행해야 하는 경우라면 정말 위험했다.

그에 비하면 레버렛 빙하는 훨씬 더 안전한 선택지였다. 남극점에서부터 루가 선택한 종료 지점을 지나 로스 빙붕의 맨 끝까지, 전체 빙하를 따라 미국 국립과학재단이 남극횡단로 South Pole Overland Traverse, SPOT를 설치해 둔 터였다. 길이나 도로라고 부르긴 어렵고, 비교적 교통량이 많은 빙판 정도일 뿐이지만 빙하를 따라 발달한 모든 크레바스를 메워두었고, 얼음의 변화 양상을 주의 깊게 살피고 있었다.

"한 여자의 남편이자 세 아이의 아버지로서 이번 여행에서는 무엇보다 안전을 최우선으로 생각했습니다."라고 루 러드가 설명했다.

루 러드는 마침내 마음을 정했다. 허큘리스만에서 남극점을 통과해 레버렛 빙하 아래까지. 루가 익히 알고 있는 장소와 가장 안전한 경로의 혼합이었고, '최초'가 되기 위한 최적의 조합이었다.

그리고 마지막 전략으로서, 루 러드는 자신의 도전을 일찌감치 발표하기로 했다. 이미 남극 탐험을 경험하고 준비가 철저한 루 러드가 먼저 나섰으니 기록을 세울 '최초'가 되고자 그에게 도전하려 했던 경쟁자들이 두려워서 지레 포기할 법도 했다. 루가 자신의 몫을 차지할 때인 것만 같았다.

2018년 4월 1일 그는 자신의 웹사이트에 다음과 같이 공지했다. "헨리가 남긴 유산에 바치는 마땅한 경의로서 그의 여정을 마무리하고자 남극 대륙으로 떠나려고 합니다." 이제 전 세계가 그의 계획을 알게 되었다.

수개월이 지나는 동안 어느 누구도 그에게 도전하는 이는 없는 것 같았다. 하지만 지구의 거의 반 바퀴 떨어진 곳에서 콜린 오브레이디가 조용하게 자신의 계획을 추진하고 있었다.

❄

2018년 여름, 미국 오리건주의 포틀랜드

콜린 오브레이디는 상상할 수 있는 거의 모든 점에서 루 러드와 달랐다. 2018년 여름, 루는 49세였지만 콜린은 33세로 보다 젊었다. 루는 직업군인이었지만 콜린은 프로 운동선수이자 모험가였다. 루는 이미 두 차례에 걸쳐 남극에서 장거리 원정을 성공적으로 완주했다. 콜린의 경우 남극에 한 번 가 보기는 했지만, 남위 89° 지점에서 극점까지 마지막 110km 구간만 스키를 타고 이동한 것이 고작이었다. 하나의 모험과 기회를 바라보고 있었지만 두 사람이 이 세상을 바라보는 관점은 완전히 달랐다.

이처럼 배경이 다른 만큼 두 사람의 전략과 준비 과정도 차이가 났다.

남극 대륙을 육괴로 정의했을 때의 이점은 콜린도 깨달은 바였다. 다만, 종료 지점이 아닌 출발점에서 빙하 그리고 빙하의 극적인 고도변화를 활용하는 것이 더 합리적이지 않을까라고 생각했다. 여행 초반, 건강할 때라면 콜린은 단 며칠 만에 높이가 거의 3km에 달하는 남극 고원까지 단숨에 등반할 수도 있었다. 빙하를 마지막 종료 지점으로 삼는다면, 한 달 이상에 걸쳐 등반하는 고통스런 과정을 의미할 터였다.

사실, 남극을 횡단한 최초의 여성 탐험가로 기록된 펠리시티 애스턴Felicity Aston도 같은 방향으로 여행했다. 높은 고도를 올라야 하는 지점을 초반에 공략했고, 두 차례 재보급을 받으면서 새로운 기록을 달성했었다.

중요한 차이점이 있다면, 펠리시티는 다른 누구와 경주하지 않았다는 점이다.

레버렛 빙하 기슭은 12월 초까지 블리자드blizzard*와 강풍, 위험할 정도의 기온 하강으로 날씨를 예측하기 어려운 곳이다. 만의 하나 이런 날씨를 만나게 된다면 비행기가 이륙할 수 없으므로 출발 지점까

---

* 강한 바람과 함께 눈보라가 몰아치는 현상. 한번 시작하면 며칠 동안 지속되기도 하고, 바람이 약해 졌다 강해졌다 변화가 심하다.

지 가지 못할 수도 있었다. 콜린이 그렇게 허송세월하는 동안 맞은편의 루 러드는 여행을 시작하게 될 것이다. (날씨에 관한 한 허큘리스만이 확실히 안정적이다.) 혹시 모를 장시간의 출발 지연을 감수하고 전략적으로 일찌감치 높은 고도를 오르는 편이 유리하다고 판단하는 건 엄청난 도박이었다.

이에 비해 종료 지점을 결정짓는 건 보다 쉬웠다. 남극점을 거쳐 가는 탐험대들이 가장 흔히 이용하는 메스너 스타트Messner Start는 일종의 랜드마크였다. 남극점에서 가장 가까운 육지의 가장자리이기도 했다. 콜린은 루와 경쟁하리라는 걸 알았기에, 자신이 누릴 수 있는 모든 이점을 활용하기로 했다.

콜린의 루트도 정해졌다. 레버렛 빙하의 기슭에서 출발해서 남극점을 거쳐 메스너 스타트까지. 다만 날씨가 허락할지 여부는 운에 맡겨야 했다.

반면에 음식에 관한 한 콜린 오브레이디는 운에 맡기는 법이 없었다. 양질의 유기농 식품은 콜린의 여행에서 꼭 필요한 연료가 되어 줄 것이다. 혹독한 환경에서 한 달이 넘는 기간 동안 수백 킬로그램에 달하는 펄크를 끌어 달라고 자신의 신체에 요구하려면 정밀한 칼로리 계산이 필요했다. 콜린은 과학에서 도움을 얻기로 했다.

콜린은 이미 여러 경주에 참여하면서 '스탠더드 프로세스'Standard Process라는 회사가 생산하는 영양 보충식과 식품을 이용해 왔다. 남극 탐험을 앞두고 콜린은 이전에는 없던 새로운 제품, 다른 누구도 아닌 자신의 신체적 특성에 정확하게 맞춰진 식품을 개발해 달라고 스탠더드 프로세스에 요청했다.

콜린 오브레이디는 거의 1년에 걸쳐 유산소성 운동능력과 무산

소성 운동능력을 측정하는 각종 테스트를 받았다. 애팔래치안 주립대학교 산하 인간 수행력 연구소Human Performance Lab의 과학자들은 실내 자전거와 러닝머신에서 콜린이 발휘하는 최대 주력, 악력, 장력, 제자리 높이뛰기 능력을 측정했다. 콜린은 수영복과 수영모자만 착용하고 바디 포드Body Pod라는 장치 안에 들어가기도 했다. 바디 포드는 얼핏 우주선 캡슐이 떠오르는 달걀 모양의 장치인데 근육과 체지방 구성을 매우 정확하게 측정할 수 있다. 이렇게 확보한 데이터는 콜린에게 어떤 훈련이 필요한지, 그리고 훈련 중에 섭취한 음식이 그의 건강에 어떤 경향을 미쳤는지를 판단할 수 있는 기준 측정값으로 활용되었다.

헨리 워슬리의 직접 사망 원인은 장내 감염이었다. 극심한 스트레스에 노출되었던 탓에 헨리의 면역 체계가 오작동하여 자신의 내장을 공격했다는 것이 스탠더드 프로세스 소속 과학자들의 판단이었다. 같은 불상사가 되풀이되지 않도록 콜린은 200회 이상 혈액 검사를 받았고, 과학자들은 검사 결과를 통해 콜린의 신체에서 약간이라도 염증이나 알레르기 반응을 일으킬 수 있는 음식을 파악하려고 애썼다. 훗날 콜린은 이렇게 설명했다. "남극에서는 우리 몸이 극심한 스트레스를 받으니까, 가장 깔끔하게 제 몸에 흡수되는 식품을 찾으려고 애썼습니다."

그 결과 스탠더드 프로세스는 전에 없던 새로운 에너지바를 개발했다. '콜린바'Colin Bar의 탄생이었다. 크랜베리와 대추야자, 치아씨, 호박씨, 완두콩 단백질 분말, 견과류 등을 코코넛 오일에 버무린 식물성 에너지바로서 코코아 가루를 첨가해 풍미를 약간 더했다. 자신의 이름을 딴 콜린바를 두고 훗날 콜린은 "맛이 꽤 괜찮았다."고 평가했다.

이처럼 한 개인을 위해 에너지바를 개발한 것은 최초였다. 덧붙

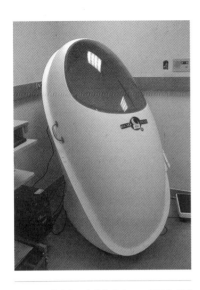

체성분을 측정하는 장치인 바디 포드. 콜린은 예정된 경주에 대비해 최적의 영양 계획을 세우고자 과학 장비를 이용했다. [미국 국립보건원/위키미디어 공용]

여, 탐험 중 영양 공급을 위해 주문 제작한 것 또한 최초였다. 아침 식사로는 오트밀, 점심엔 라면, 저녁에 단백질 파우더와 치킨 수프를 곁들인 냉동 건조 식품을 섭취하여, 매 끼니 1,250칼로리를 하루 네 번 이상, 총 7,000칼로리를 섭취한다는 계획이었다.

훈련 방법 역시 그가 선택한 이동 경로, 식품만큼이나 독창적이었다. 그는 체육관에서 육체적, 정신적으로 훈련하는 이외에 자연 속에서 계속해서 기록을 갱신해 나가고 있었다. 2018년 6월과 7월, 콜린은 단 21일 만에 미국 50개 주의 최고봉을 모두 등반하여, '50 봉우리 챌린지'50 Peaks Challenge 신기록을 달성했다.

이 모든 과정을 거치는 내내 콜린은 인스타그램에 새로운 소식을 꾸준히 올리면서 자신의 팔로워들과 함께했다. 다른 사람들이 난관을 극복하고 몸을 더 많이 움직이도록 영감을 주는 것이 자신의 사명이라 여기기에 훈련 과정도 공개했다.

콜린 오브레이디는 인스타그램에 다음과 같이 기록했다. "이 여행은 나 자신만을 위한 것이 아닙니다. 우리의 내면에 잠들어 있는 아직 개발되지 않은 잠재력을 일깨워 발휘하도록 돕는 일이 보다 중요합니다."

미국 각 주의 최고봉을 등반할 때는 지역 주민들을 초청해서 그것이 1.5km 거리든, 하루 또는 전체 등반 과정이든 함께 등산했다. 콜린은 비밀을 만들고 싶은 욕망을 내내 뿌리쳤다. 다만 다음에 시도할 거창한 계획에 대해서는 여전히 비밀로 남겨 두고 있었다.

탐험 경로, 식품, 그리고 훈련 방법이 정해진 뒤에도 콜린의 전략에는 한 가지 요소가 더 남아 있었다. 바로 깜짝 발표. 그가 무엇을 계획하고 있는지 아무도 모른다면 그의 전략을 추측하거나 모방하려는 시도를 할 수 없을 것이다. 칠레로 떠나기 직전 마지막 순간에 최초의 기록을 세우려는 '임파서블 퍼스트'Impossible First 프로젝트를 발표할 예정이었다.

이제 콜린은 준비되었다. 남은 건 남극 대륙뿐.

"하루도 빠짐없이,
우리들이 착용한 스키에 감사를 표할 일들이 일어났다.
대원들은 서로에게 곧잘, 이 훌륭한 도구가 없었다면
우리가 과연 어디에 가 있을까 묻곤 했다.
'저기 어디 크레바스의 밑바닥으로 떨어졌겠지.'가
가장 흔한 대답이었다."

– 1911년 11월 29일 로알 아문센 –

✳

"가짜 얼음층이 많이 발견된다.
이건 일견 딱딱해 보이지만 조랑말이 올라서서
전체 무게가 가해지면 7~10cm가량 푹 꺼져 버리는 지표층을 말한다.
이 불쌍한 짐승들에게는 매우 힘겨운 상황이다.
대원들이 발을 디딜 때도 주저앉아 버리는 부분이 많아서
행군이 점차 힘들어지고 있는데……"

– 1911년 11월 22일 스콧 대장 –

준비

아문센·스콧: 1910년 12월 1일-1911년 4월

❄

1910년 12월 남극 대륙의 해안가

스콧 대령은 자신의 전략은 바뀌지 않았다고, 즉 시종일관 남극점에 가장 먼저 도달하기로 결심하고 있었다고 주장했다. 경주가 가열되었지만 개의치 않았다. 스콧은 참을성 없는 사내였다. 그는 이미 할 수 있는 최선을 다해 빨리 가고 있었다.

하지만 작은 얼음 조각과 얼지 않은 물이 뒤엉켜 슬러시 같던 바닷물이 순식간에 단단히 뭉쳐 빠르게 움직이는 유빙 덩어리로 변하자 스콧의 결의는 잔인한 농담이 되었다. 테라노바호가 얼음에 갇혀 꼼짝하지 못하게 된 것이다. 스콧은 일기에 "우리는 갇혔다."라고 썼

남극의 총빙 사이에 갇힌 1900년대 초기의 선박. [프랭크 헐리Frank Hurley/위키미디어 공용]

다. 돛은 전혀 힘을 쓰지 못했으며 증기 동력 엔진을 사용하는 것조차 "순전히 석탄 낭비"였다.

3주간 그저 가만히 앉아 기다릴 수밖에 없었다. 그 시간은 길고 도 고통스러웠다. "속절없이 긴 시간을 흘려보내며 기다리는 때만큼 인내심이 필요한 시간도 없을 것이다."라고 스콧은 적었다. "하는 일 없이 기다려야 하는 건 끔찍하다." 대원들은 부빙 위로 내려가서 스키 연습을 했다. 펭귄들이 장난을 치거나 빙산 위에서 미끄러지는 모습을 지켜보기도 했다. 하지만 이런 소일로는 극점에 조금도 가까워질 수 없었다.

12월 30일이 되어서야 비로소 부빙 사이로 햇볕이 내리쪼이면서 열린 미로 같은 물길을 헤쳐 나갈 수 있었고 테라노바호는 마침내 자유로워졌다. 테라노바호는 "멋지게 해냈다. 다른 어떤 배보다 훌륭하게 얼음 사이를 빠져나왔다". 스콧은 디스커버리호 원정대를 이끌던 당시 그랬던 것처럼 맥머도만을 향해서 항로를 정하고선 이렇게 적었다. 1911년 1월 4일, 디스커버리호의 베이스캠프였던 헛포인트에서 북쪽으로 20km 정도 떨어진 곳에서 베이스캠프로 삼기에 적당한 장소를 발견했다. 스콧은 그곳에 부대장 '테디' 에번스* 대위의 이름을 따서 '에번스곶'Cape Evans이라고 이름을 붙였다.

비좁은 바다 여행에서 해방된 것에 감사해하며 사람과 동물이 힘을 모아 서둘러 베이스캠프를 설치했다. 조랑말들, 그리고 두 팀으로 나뉜 개들이 테라노바호에서 오두막 건축부지까지 반복해서 오가며 짐을 옮겼다. 싣고 온 세 대의 동력 썰매 중 두 대도 가동되었다. (한 대는 하역하는 도중 안타깝게도 바닷물 속으로 가라앉았다. 아무도 다치지 않은 게 천만다행이었다.) 동력 썰매가 계속 고장 나는 바람에 썰매 한 대당 엔지니어 한 사람이 필요했지만 스콧은 동력 썰매를 이용해서 무거운 짐을 실어 나를 수 있다는 사실에 마음이 흡족했다.

노련한 헨리 로버트슨 바워스Henry Robertson Bowers 대위는 수많은 상자 속 내용물과 위치를 거의 백과사전처럼 완벽하게 정리하여 머릿속에 기억하고 있었다. 착륙 8일 만에 테라노바호의 물품을 모두 하역했고, 다시 닷새 뒤에는 새로 지은 통나무집으로 이주했다. 통나무집은 너비 15m, 깊이 7.5m, 높이 2.7m 크기였다. "상상했던 안락한 집이 완성되었다."고 스콧은 기록했다.

---

*   Teddy Evans. 테라노바 탐험대에는 성이 '에번스'인 대원이 두 명 있었다. 하나는 부대장인 에드워드 에번스이고, 다른 하나는 스콧과 마지막 극점 공략을 함께한 에드거 에번스다. 부대장인 에드워드 에번스는 본래 이름보다는 '테디'라는 애칭으로 널리 불렸다. '테디' 에번스는 스콧이 앞서 이끌었던 디스커버리 탐험대에도 참여했었다.

스콧 원정대가 사용했던 모터가 달린 신개념 동력 썰매 중 하나. 눈 위에서 달릴 수 있도록 설계된 무한궤도가 보인다. [허버트 폰팅Herbert Ponting/위키미디어 공용]

아름답고 의욕이 충만한 시간이었다. 대원들은 모험에 대한 약속과 이듬해 여름이면 극점 정복에서 승리하리라는 희망에 들떴다. 스콧과 함께 다시 남극을 찾은 윌슨 박사는 일기에 이렇게 썼다. "모두의 지각을 뛰어넘는 하나님의 평강이 요즘 이곳을 다스리고 있다." 윌슨 박사는 수채화 그림을 그리며 시간을 보냈는데, 대원들은 자신들을 멈춰 서게 만드는 남극의 아름다운 풍경들을 그림으로 그려 달라고 조르고는 했다.

배에서 내린 물품을 정리하고 통나무집 짓기를 마무리하는 동안 스콧은 대원들에게 보급품 저장소를 세우기 위해 떠날 채비를 하라고 지시했다. 이듬해 여름 본격적으로 남극점을 공략할 때 대원들이 운송할 짐을 최대한 줄이려면, 겨울이 오기 전에 극점으로 이어지는 루트를 따라 전략적으로 중요한 여러 지점에 식량과 연료를 비축해 두어야 했다. 작업할 수 있는 여름 한철 동안 극점으로부터 1,110km 떨어진 남위 80° 지점에 주요 보급 기지를 설치하고, 에번스곶의 통나무집에서 남위 80°에 이르는 루트상에 소규모의 저장소를 여럿 설치하는 게 목표였다.

저장소 설치 작업은 헨리 바워스가 책임지고 진행했다. 바워스

위험천만했던 한겨울 여행에서 돌아와 기운을 차리고 있는 윌슨 박사, 바워스, 체리개러드. [위키미디어 공용]

는 훗날 전설이 되다시피 한 놀라운 체력을 십분 활용하며 주어진 일을 차분하게 처리했다. 한순간의 망설임도 없이, 목록에 따라 테라노바호에서 짐을 내리자마자, 곧 있을 여행에 대비해 새롭게 짐을 쌌다. 그리고 본인이 맡은 업무 말고도 저장소 설치를 위해 떠나는 길에서 조랑말을 이끄는 마부를 자처했다. 저장소 설치조가 오두막을 떠날 때까지 헨리 바워스는 72시간 동안 잠을 자지 않고 버텨 냈다.

저장소 설치 여행은 그 자체로는 대단할 것 없는 소소한 작업이었다. 그렇게 멀리까지 나아가는 것은 아니므로 생명을 잃거나 팔다리 하나를 걸어야 하는 위험에 빠질 일은 없었다. 그러나 이 과정이 이듬해 여름, 극점을 향한 진짜 경주를 앞둔 리허설과 같다는 사실을 대원들 모두 잘 알고 있었다. 극점 공략을 희망하는 사람이라면 일종의 선발전과 같은 저장소 설치조에 합류해야 했다.

스콧은 혼자만의 판단으로 누가 합류할지를 결정했다. 그가 선택한 몇 명은 누가 보아도 분명해 보였다. 개 조련을 책임지는 세실 미어스Cecil Meares가 썰매개 팀 중 하나를 이끌기로 했다. "동물을 대할 때 더할 나위 없이 훌륭하며 지치지 않는 헌신을 보여 주었던"이라고 스콧이 기록한, 조랑말 담당 로런스 "타이터스" 오츠Lawrence "Titus" Oates는 조랑말 팀 중 하나를 맡았다.

테라노바호의 대원 중 몇몇은 앞서 디스커버리호 원정대에도 참여한 이들이었다. 윌슨 박사와 테디 에번스는 이미 스콧이 잘 알고 신뢰하며 높이 평가하는 동료였다. 체격이 건장한 토머스 크린Thomas Crean 역시 썰매를 끌 때 큰 도움이 될 터였다. 이 세 남자들이 조랑말 팀의 일원이 될 것은 분명했다.

이에 반해 스콧이 저장소 설치조원을 발표했을 때 뜻밖이라고 여겨진 사람도 몇 있었다. 스콧에게서 높은 평가를 받은 헨리 바워스가 그중 하나였다. 앱슬리 체리개러드 또한 예상치 못한 인물이었지만 스콧은 원정대에 참여하고 싶어서 돈을 주고 배표를 사려고까지 했던 체리개러드에게서 강한 인상을 받았다. 이런 선택은 경험에 근거한 것이었다. 스콧은 장교인지 일반 선원인지를 불문하고 대원 모두에게 기회를 주었고, 그들 각자가 보여 준 힘과 능력을 바탕으로 판단했다. 스콧의 의사결정 방식이 결코 민주적이랄 수는 없었지만 여기에 사적인 감정이 개입되지는 않았다.

1911년 1월 26일 스콧은 "대원들이 훌륭하게 작업을 수행해 준 데 대해" 전체 원정대에 감사하고자 작별 인사를 겸해 짧은 연설을 했다. 일기에는 "하나하나가 맡은 일을 잘 처리했다. 배를 타면서 이들보다 나은 동료들을 본 적이 없다."라고 평가했다. 그러고 나서 스

스콧 원정대의 썰매개 팀 야영 장면. 왼쪽에 보이는 썰매 앞에 있는 동그란 장치가 슬레지 미터sledge-meter
다. 스콧 팀과 아문센 팀은 이 장치를 이용해서 이동 거리를 측정했다. [허버트 폰팅/위키미디어 공용]

콧은 열두 명의 대원, 스물두 마리의 개, 여덟 마리의 조랑말로 구성
된 저장소 설치조를 이끌고 출발했다.

썰매개들은 열한 마리씩 두 개 팀으로 나누어 총 220kg 중량의
보급품을 실은 썰매를 끌었고, 조랑말은 한 마리당 270kg 중량의 보
급품을 끌었다. 총 중량이 약 2.6톤에 달하는 보급품 중에서 개인용품
으로 허락된 무게는 의복을 포함하여 단 5.5kg이었다.

조랑말들은 처음부터 몹시 힘겨워했다. 그레이트 배리어 위에 쌓
인 눈은 깊고도 부드러웠다. 개들은 별다른 어려움 없이 앞으로 나아
갔지만 육중한 조랑말들은 눈밭에 파묻히기를 반복했다. 빙원의 가
장자리에서 충분한 거리를 두고 멀어지자마자 스콧은 행군을 멈추고
첫 번째 저장소를 설치하기로 결정했다. 그리고 이곳을 '세이프티 캠
프'Safety Camp라고 불렀다.

대원들은 저장소를 '보급품 창고'depot라고 불렀다. 체리개러드의

표현을 빌리자면 "식량과 연료를 묻어 두고 그 위에 대나무 막대를 꽂아 깃발 하나 매어 놓은 게 다인 눈 둔덕"을 일컫기엔 상당히 거창한 표현이었다. 제대로 세운 창고와는 거리가 멀었지만 날씨가 맑을 땐 끝없이 펼쳐진 백색 지평선 멀리로, 몇 킬로미터 밖에서도 쉽게 눈에 띄었다.

조랑말들을 끈기 있게 재촉하면서 대원들은 정남쪽을 향하기에 앞서 크레바스 벌판을 피해 동쪽으로 갔다. 이곳에도 저장소를 설치하고 '코너 캠프'Corner Camp라고 이름을 지었다.

보급품을 정리하자마자 거센 블리자드가 몰아친 것을 감안하면 제 시간에 저장소를 설치한 셈이었다. 텐트 안은 따뜻하고 편안했다. 체리개러드는 "그 덕분에 휴식을 취할 수 있으니 때로는 눈 폭풍이 반갑기도 했다."라고 토로했다. 하지만 텐트 밖에서는 미친 듯이 불어대는 바람에 눈가루가 나부껴 새하얀 혼돈을 만들어 내며 사방에 쌓이고 있었다.

조랑말들의 상태는 참담했다. 테라노바호가 열대 지역을 통과하는 동안 겨울털이 모두 빠진 상태였는데 얇은 여름털만으론 혹독한 추위를 견딜 수가 없었다. 블리자드가 나흘 동안 지속된 탓에 조랑말 세 마리가 병이 들어 더 이상 앞으로 나아가지 못했다. 날씨가 개자마자 테디 에번스는 병든 조랑말 세 마리를 몰아 에번스곶으로 되돌아갔다. 대원들은 조랑말을 살리고자 온갖 노력을 기울였다. 이듬해에 극점을 공략하기 위해서는 조랑말이 매우 중요했기 때문이다.

그런데 불운은 세 마리의 조랑말을 잃는 것만으로 끝나지 않았다. 지시가 잘못 전달되는 바람에 남아 있는 조랑말 중에서도 가장 약한 말이 어쩌다 보니 가장 무거운 짐을 떠안게 되었다. 조금씩, 조금씩 일행으로부터 뒤처지더니 조랑말이 급기야 눈밭에 주저앉고 말았다. 그러자 이번엔 썰매개들이 무방비 상태에 이른 지친 조랑말에게 달려들어 공격하기 시작했다. 스콧과 대원들이 채찍과 막대기를 휘두르며 개들을 떼어 놓으려고 애썼지만 개들이 가여운 조랑말의 살을 물어뜯는 걸 말리기엔 역부족이었다. 조랑말은 깊은 상처를 입어 더 이상 썰매를 끌 수 없었다. 이로써 저장소 설치 여행을 출발할 때 여덟 마리이던 조랑말 중에서 절반인 네 마리가 임무를 수행할 수 없게 되었다.

야성이 살아 있는 사나운 개들은 내내 허기졌고 몹시 따분해했다. 텅 빈 하얀 지평선은 밋밋하고 아무 변화가 없었다. 물고 당길 놀잇감 하나 없는 상황에서 개들은 여러 날 고된 노동을 하고도 별다른 보상을 받지 못하고 있던 터였다. 에번스곶에 있을 때보다 훨씬 더 많이 먹였지만 매일 하루 종일, 수백 킬로미터의 짐을 끄는 노동의 대가로는 조금도 충분치 않았다. 채찍질과 고함 속에 고된 일을 수행하기는 했지만 그 값을 치르라는 듯이 개들의 야성이 되살아났다.

조랑말들은 하나둘씩 쓰러졌고, 개들은 굶주리고 있었다. 급격한 상황 변화 없이는 남위 80°에 이르지 못하리라는 점이 분명해지고 있었다.

스콧은 선택해야 했다. 조랑말을 죽여서 고기로 사용하고, 이미 계획된 남위 80°라는 목표 지점에 저장소를 설치하고 이듬해 여름의 극점 공략은 전적으로 개들에게 의지할 것인가? 아니면 목표에서 후퇴하여 보다 낮은 위도에 최종 저장소를 설치하고 일단 에번스곶으로 돌아가서 훗날을 도모하며 조랑말들을 보살필 것인가?

이대로 조랑말들을 포기할 수 없다는 게 스콧의 최종 결정이었다. 조랑말들은 섀클턴이 앞선 탐험에서 선택한 이동수단이었다. 이는 스콧이 조랑말들을 살려 두기로 결심할 만한 충분한 이유가 되었다. 스콧은 이듬해까지 충분한 시간을 주어 겨울털이 두텁게 자라면 조랑말은 매우 유용해질 거라고 고집했다. 차마 조랑말들을 죽일 수 없었던 것이다.

대원들은 목표했던 남위 80°에서 58km 못 미친 지점에 '원톤 저장소'One Ton Depot를 설치했다. 약 990kg 상당의 식량과 연료, 장비를 옮겨 놓은 후 눈을 덮어 2m 높이로 둔덕을 쌓은, 최대 규모의 저장소였다. 작업을 마친 뒤 그들은 에번스곶의 기지를 향해 출발했다.

그런데 맹렬한 바람과 블리자드로 인해 코너 캠프 인근에서 옴짝달싹 못하는 사이에 쇠약해진 조랑말들이 하나둘 죽기 시작했다. 눈폭풍 속 여행은 조랑말들을 더욱 더 쇠잔하게 만들었기에 일행은 행군을 중단해야 했다. (조랑말들과는 달리 개들은 상태가 괜찮았다.) 일행이 에번스곶으로 터덜터덜 돌아왔을 때, 처음 여행을 떠났던 여덟 마리의 조랑말 중 단 두 마리만이 살아서 돌아왔다.

저장소 설치를 위한 여행은 엉망으로 끝났다. 이듬해로 예정된 극점 공략에 대비해 보급품을 운반해 놓기는 했지만 계획했던 지점에 미치지 못했다. 그래도 긍정적인 면을 찾자면 모든 대원이 살아서 돌아왔다는 사실이었다.

하지만, 타격은 여기에서 끝나지 않았다.

스콧 일행이 저장소 설치 작업을 위해 떠나 있는 동안 테라노바호가 그레이트 배리어의 동쪽 끝에 위치한, 당시까지는 잘 알려지지 않았던 훼일스만Bay of Whales을 탐험하고 돌아왔다. 스콧으로서는 미리 짐작할 수 없는 일이었는데, 그가 원톤 저장소에서 에번스곶으로 돌

스콧은 시베리아산 조랑말에 큰 기대를 걸었다. [허버트 폰팅/위키미디어 공용]

아왔을 때 테라노바호도 예기치 않게 기지로 돌아와 있는 상태였다. 테라노바호 팀이 발견한 사실을 전해 들은 스콧은 자신의 일기에 "지금까지 일어났던 변고의 충격이 모두 별것 아닌 일이 되었다."라고 썼다.

테라노바호의 선원들이 훼일스만에 다다랐을 때 이미 그곳에 정박해 있던 낯선 배 한 척을 발견했던 것이다.

아문센 팀이었다.

영국의 테라노바호가 훼일스만을 향해 진입할 무렵 노르웨이인 대원들은 프람호에서 보급품을 하역하는 작업을 거의 마무리 짓던 참이었다.

스콧의 테라노바호를 발견한 아문센과 대원들은 영국인 선원들에게 깊은 인상을 주려는 심산인 듯 빙판 위에서 전속력으로 썰매개들을 지쳤다. 이런 노력은 효과가 있었다. 테라노바호의 선원들은 개들이 썰매를 끌면서 그토록 빨리 달릴 수 있다는 걸 처음 알게 되었다.

두 배의 선원들은 테라노바호와, 노르웨이인들의 베이스캠프인 프람하임Framheim으로 상대를 초대해 식사를 대접해 가며 며칠을 함께 보냈다. 테라노바호에 탑승해 본 아문센과 그의 대원들은 정돈되지 않은 더러운 배 상태에 경악하는 한편 음식이 매우 풍성하다는 데 감탄했으며 그들을 초대해 준 테라노바호의 선원들이 "지극히 친절"했다며 칭찬을 아끼지 않았다. 한편, 영국인 선원들은 노르웨이인들이 데려온 썰매개들과 스키 실력에 깊은 인상을 받았지만 아문센 일행이 동력 썰매를 보고 불안해한다는 사실에 위안을 얻었다. (영국인들은 동력 썰매가 고장이 잦다는 사실은 비밀에 부쳤다.)

양국의 선원들은 또한 어느 쪽도 무선 기술 장치를 구비하지 않았음을 알게 되었다. 이듬해에는 남극점을 향한 경주가 펼쳐지기도 하겠지만, 본토로 안전하게 먼저 귀환하는 팀이 이 경주의 우승자가 누구인지 전 세계에 발표할 수 있는 셈이었다.

테라노바호는 이내 탐험을 이어 갔고 에번스곶으로 귀환한 뒤에는 스콧 대장에게 아문센의 위치를 전달했다. 훼일스만의 노르웨이인들은 그들 나름대로 최선의 준비를 다하고 있었다.

❄

1911년 1월 남극의 훼일스만

아문센이 이끄는 프람호는 단 사흘 만에 총빙 구역을 통과한 후 1911년 1월 14일 훼일스만으로 진입했다. 스콧보다 출발이 늦었지만 도리어 그 덕분에, 대부분의 총빙이 녹아서 갈라진 뒤라서 남극 바다를 손쉽게 통과했던 것이다. 사실 얼음이 언제 단단히 얼고 언제 녹아서 깨어질지 정확한 시기가 알려진 것은 아니므로, 그런 때에 총빙 구역을 통과한 것은 순전히 아문센 일행의 행운이었다. 다만 아문센은 자신이 잡을 수 있는 행운을 하나도 놓치는 법이 없었다.

썰매개를 다루는 법부터 의복 선택까지, 북극에서 2년을 보냈던 아문센의 경험은 다방면으로 도움이 되었고, 그들은 남극 여행에 잘 대비할 수 있었다. 하지만 그게 다는 아니었다. 아문센이 북극 주변에서 탐험했던 지역 중에 그레이트 배리어 같은 곳은 일찍이 없었다.

아문센은 손에 넣을 수 있는 남극에 관한 모든 보고서와 회고록을 탐독했다. 하지만 섀클턴이 남긴 문서와 스콧이 작성했던 보고서 어디에도 해발고도 60m까지 치솟은 얼음 장벽을 오르는 방법을 알려주는 자료는 없었다.

그레이트 배리어는 전설인지 사실인지 구분하기 어려운 채로, 낮은 어조로 회자되던 남극의 신비였다. 아문센은 다음과 같이 회상했다. "신비로운 장벽! 자연이 빚은 이 놀라운 형상에 대해서 언급한 모든 기록이 예외 없이 (…) 두려운 경외심을 표하고 있다."

그레이트 배리어. 남극 바다와 단단한 지표 사이를 가르는 수직의 얼음 벽. 스콧이 그 정상에 올랐음은 분명했다. 섀클턴 역시. 그런데 어떻게?! 일말의 희망을 품고, 아니 어쩌면 기도를 되뇌며 아문센은 자신도 길을 찾으리라 다짐하며 빙벽의 기슭 쪽으로 향했다.

그리고 마침내 빙벽 아래에 선 아문센과 대원들은 웃음을 터뜨리고 말았다. 그레이트 배리어를 마주한 순간, 안도감이 훼일스만 주변을 감쌌다. 그레이트 배리어의 어느 지점은 60m 높이였지만 다행히, 고작 4~6m 정도의 낮은 둔덕 높이인 곳도 있었던 것이다. 그리고 아문센이 프람호를 정박시킬 계획을 세운 훼일스만, 바로 그곳에는 단단히 쌓인 눈이 경사로를 이루고 있었다. 아문센의 표현을 빌리자면 "그래서 다소 완만한 오르막길 같았다". 그레이트 배리어에 관한 소문이 진짜 빙벽 자체보다 외려 부풀려졌던 것이다. 아문센은 눈 쌓인 비탈길을 몇 걸음 오름으로써 손쉽게 전설을 물리쳤다. 대원들은 이를 앞으로 그들의 여행에 대한 길한 징조라고 여겼다.

프람하임Framheim('프람호의 집'이라는 뜻)은 그레이트 배리어 위에 설치한 캠프였다. 스콧 대령이 단단하고 바위가 많은 땅인 에번스곶에서 베이스캠프를 설치하기로 결정했던 반면 아문센은 위험을 감수하면서 얼음 위에 기지를 설치하기로 마음먹었다. 바위 위에 터를 잡는 것이 좋겠다는 게 대원 모두의 일치된 판단이었지만 훼일스만 주변에는 단단한 땅이 없었다. 그런데 아문센은 훼일스만을 고집했다. 보다 남쪽에 위치해서 극점에 가까운 데다 배가 들고 나기 쉬웠다. 스콧의 팀보다 거의 1도가량 극점에 가까웠다.

아문센은 그런 자신의 생각을 밀어붙이며 명령하지는 않았다. 절대권력을 휘두르는 리더로 인해 생애 첫 남극 탐험이 재앙으로 끝난 경험이 있었던 터라, 아문센은 그런 실수를 되풀이할 생각이 없었다. 어떤 결정을 내려야 할 때면 자신의 계획을 알려주고 대원들과 함께 논의했다. 훼일스만을 베이스캠프로 삼는다면 출발부터 스콧 팀에 비해 매우 유리하지만 그로써 감수해야 할 위험에 대해서도 감추지 않고 허심탄회하게 털어놓았다. 결정을 내려야 할 때가 되면 모두에게 투표권을 주었다. 결국 대원들은 빙벽의 가장자리로부터 3km 안쪽에 베이스캠프를 설치한다면 모두가 안심하리라는 데 동의했다.

베이스캠프로 삼을 장소를 선택하고 닻을 내렸으므로 이제 개들이 일할 차례가 되었다. 아문센은 썰매개들 중에서 가장 건강하고 뛰

프람하임을 짓고 있는 대원들을 재현한 상상화. 텐트는 개들의 거처이자 남극의 겨울을 나는 동안 필요한 보급품을 저장하는 용도로 쓰였다. [노르웨이 국립도서관]

어난 개 여덟 마리를 골라 배에서 프람하임까지 운반할 270kg의 짐을 실은 썰매에 묶었다. 철썩하고 채찍을 휘두르며 고함을 내지르자 썰매가 앞으로 나아갔다.

그러곤 이내 멈췄다.

개들은 주저앉아 어리둥절한 표정으로 서로를 바라보았다. '이게 무슨 뜻일까, 이 무거운 걸 끌어당기라는 걸까?' 아문센은 다음과 같이 적었다. "[프람호 선상에서] 반년 동안 놀고먹으며 지낸 개들은 다른 할 일이 아예 없는 줄 알았나 보다." 이곳까지 오게 된 이유가 있다는 것을 개들은 모두 잊은 듯했다.

한 발자국이라도 앞으로 나아가게 하려고 아문센과 대원들은 개들이 이해할 수 있도록 필요에 따라 소리를 지르거나 채찍을 휘두르고 심지어 때리기도 했다. 가혹한 처우였고, 속도는 더뎠다. 아문센이 머릿속으로 빠르게 계산해 본 결과 이런 속도라면 그의 팀이 프람하임에서 극점까지 이동하는 데는 거의 1년이 걸린다는 결론이 나왔다.

개들이 더 빨리 움직이고 더 열심히 일하도록 만들 필요가 있었다. 개들이 본래의 상태로 돌아올 때까지 계속해서 채찍이 등장했다. 아문센과 그의 대원들은 개들이 새로운 환경을 정복할 수 있도록 열심히 훈련시켰다.

그렇다고 프람호 대원들의 감정이 메마른 것은 결코 아니었다. 대원들은 개들의 목소리를 모두 구별할 수 있었고, 짖는 소리만으로도 배가 고픈지, 발정이 났는지, 아니면 지치거나 놀고 싶은 건지 바로 알아챘다. 한 마리가 하네스 줄에 발이 엉킨 후로 발에 동상이 걸렸을 때 아문센은 30분 동안 직접 보살피며 개의 발을 쓰다듬고 괜찮은지 확인했다. 대원들과 마찬가지로 썰매개들도 팀의 일원이었던 것이다.

프람호에서 짐을 모두 내리고 프람하임이 안정적으로 자리 잡자 이내 저장소 설치 작업이 시작되었다. 스콧과 마찬가지로 아문센도 가능하면 최대한 극점에서 가까운 남쪽까지 저장소를 설치하기로 했다. 다른 점이 있다면 단 한 번의 여행으로 필요한 모든 보급품을 운송하기보다는 여러 번의 짧은 여행을 준비했고, 건강한 썰매개들과 대원들을 교대로 참여시켰다.

첫 번째 여행은 원만하게 진행되었다. 영하 10℃의 날씨 속에 개들은 얼음을 즐기며 잘 달렸다. 아문센과 대원 셋, 세 대의 썰매를 끄는 썰매개들이 세 팀을 이루어 길을 떠났다. 팀장이 아닌 대원은 개들 앞에서 스키를 탔다. 선두주자가 길을 열었다. 썰매개들은 아무 것도 지향점이 없는 상태보다는 앞서가는 선두를 뒤쫓는 데 익숙했기 때문이다.

선두주자의 뒤를 잇는 첫 번째 썰매는 주요 길잡이가 되어 선두가 정확한 방향으로 가고 있는지 진로를 확인했다. 아문센은 최고의 썰매개 운전사인 헬메르 한센Helmer Hanssen에게 이 임무를 맡겼다. 한센은 요아호에서부터 아문센과 함께했고, 썰매개를 모는 방법에 관한 한 최고인 넷실리크 원주민들에게서 썰매개 운전법을 전수받았다. 매일 썰매개 팀을 위해 앞서 길을 열었고, 그 덕분에 모두가 무리에서 낙오되지 않고 올바른 방향을 유지할 수 있었다.

일행은 남위 80°에 도달하여 750kg 분량의 페미컨pemmican(말린 고기나 어분에 동물성 지방, 건조한 우유나 채소, 오트밀 등을 섞어 만든 초창기의 에너지바), 바다표범 고기, 고래의 지방, 말린 생선, 마가린과 비스킷을 비축해 두었다. 날씨는 화창했고, 개들은 썰매를 힘차게 끌었으며, 대원들은 활기찼다. 이런 와중에도 아문센은 상황이 잘못될 수 있는 가능성을 계속해서 탐색했다.

이동 중에 무거운 회색의 혼탁한 공기, 안개와 거의 흡사하지만 안개가 아닌 무언가가 내려앉는 경우가 종종 있었다. 아무런 특징 없는 지평선은 썰매개들의 앞에서 외롭게 스키를 지치는 선두주자를 끊임없이 혼란스럽게 만들었다. 아문센은 이렇게 기록했다. "우리가 어디쯤 와 있는지 전혀 확신할 수 없다. 그림자도 없다. 어디를 가도 한결같은 풍경이다." 한센이 재빨리 경로를 되잡고 있었기에 일행이 궤도에서 이탈하지는 않았다. 아무 지형지물이 없는 곳에서 길을 찾아 나아갔는데, 차후에 지나갔던 길을 다시 찾기란 훨씬 더 어려울 터였다.

경로 찾기란 아문센이 해결할 수 있는 문제였다. 그는 돌아갈 때

홀로 스키를 타고 앞서 나가며 길을 찾고, 썰매개들을 이끈 대원. 스키 부츠를 여민 바인딩은 당시로서는 최신 기술이었다. [노르웨이 국립도서관]

를 대비해 길에 표시를 해 두기로 했다. 처음에는 대나무 깃발을 꽂아 두었는데 깃발이 다 떨어지자 "썰매 위에 놓인 말린 생선 묶음에 눈길이 갔다. 표식으로 삼을 만한 걸 찾았다."라고 아문센이 기록했다. 아문센 자신도 지적했듯이 물고기를 이용해서 길을 표시하기로는 세계 최초였을 것이다.

스키를 지쳐 프람하임으로 돌아간 후에는 재빨리 썰매를 다시 채우고 장비를 정비했다. 남극에서 시간은 결코 탐험가의 편이 아니었다. 1911년 2월 22일, 여덟 명의 대원이 총 일곱 대의 썰매를 끄는 42마리의 개들과 함께 남위 83° 지점에 저장소를 설치하기 위해 출발했다. 시즌 중 가장 긴 여행이었다.

두 번째 저장소 설치조의 여정은 출발부터 첫 번째 설치조의 여행과는 영 딴판이었다. 첫 번째 여행은 순조롭게 진행되었고 개들 덕분에 작업이 더욱 손쉽게 끝났다. 두 번째 여행에서는 이송할 짐을 늘리기로 결정했다. 하지만 그 추가분이 너무 많아서 개들은 간신히 썰매를 움직일 수 있었다. 게다가 부드럽게 흩날리는 눈가루 위로 다시 눈이 내려 쌓이면서 쉽게 바스러지는 얇은 층을 이룬 까닭에 이동이 보다 까다로웠다. 발밑에서 얇은 얼음 층이 깨지면서 개들의 발바닥은 상처가 나고 피로 물들었다. 영하 15℃에서 시작했던 기온도 빠르게 떨어지더니 영하 30℃, 3월 초에는 영하 40℃를 기록했다. 개들도 견디기 힘든 혹한이었다.

좋은 면을 보자면 대원들이 말린 물고기를 발견했다는 점이다. 그때마다 대원들은 안도의 한숨을 쉬었다. "새하얀 눈과 대비되어 눈에 띄고 매우 쉽게 찾을 수 있었다."고 아문센은 회상했다. 이처럼 경로를 표시해 두면 여행이 좀 더 손쉬워진다는 걸 깨달은 아문센은 또 다른 계획을 세웠다. 각 저장소마다 본래의 이동 경로인 남북로와 직각을 이루는 동쪽과 서쪽, 양 방향으로 약 9km마다 깃발을 세워 두기로 결정했다. 깃발에 번호를 매기면 누구든지 저장소를 기점으로 자신이 어디에 위치하는지 알 수 있었다. 피로와 굶주림에 설맹 증상까지 겹치면 아무리 뛰어난 사람이라도 길을 잃기 십상이었다. 대원 모두가 이 표식이 삶과 죽음을 가르는 경계가 될 수 있다는 걸 알고 있었다. 대원들은 남위 80° 저장소에 첫 번째 깃발 세트를 설치하고 다시 앞으로 나아갔다.

대원들은 계속해서 채찍을 휘둘렀다. 개들은 힘이 다했고, 짐의 무게나 혹독한 날씨를 견딜 수 없었다. 발바닥이 갈라지고 속살이 드러났다. 하지만 인간들은 계속해서 개들을 몰아대고 있었다. 아문센

아문센과 대원들은 짐을 실은 썰매를 개들이 끌게 하고 사람은 그 옆에서 스키를 지치며 여행했다. [위키미디어 공용]

은 단호했다. "극점을 향한 우리의 싸움은 전적으로 이번 가을 작업에 달려 있다. 가능한 한 남극점 가까운 곳에 상당량의 물품을 비축해 두어야 했다." 남극점을 향한 경주에서 그리고 돌아오는 여정에서 살아남으려면 이 음식들이 필요했다.

하지만 결국 여행을 계속하는 것은 무의미했다. 더 멀리 간다면 개들은 죽음을 피할 수 없을 터였다. 아문센은 계획을 변경하고 목표했던 남위 83°에서 110km 떨어진 남위 82° 지점에 마지막 저장소를 설치하기로 했다. 일행은 이곳에 620kg 분량의 보급품(대부분 개 사료)과 썰매 한 대를 남겼다. 그 위에 눈을 덮어 3.7미터 높이의 둔덕을 쌓고 대나무 깃대와 깃발을 더 높이 설치해 위치를 표시했다. 그리고 첫 번째 저장소에서처럼 동쪽과 서쪽으로 숫자를 매긴 여러 개의 깃발을 꽂았다. 그런 다음 베이스캠프로 돌아왔다.

빈 썰매에 올라타고 편안하게 귀환한다는 게 애초의 계획이었지만 개들을 위해서 이내 포기했다. 대원들은 동료 개들이 비틀거릴 때는 다독여 주고 그들이 일어나지 못할 때는 일으켜 세워 주며, 그들 옆에서 스키를 타고 이동했다. 저장소를 설치했으니 더 이상 개들에게 가혹하게 굴지 않았다. 그렇지만 이런 보살핌에도 귀환하는 도중에 여덟 마리의 개들이 죽고 말았다.

그해 여름에 다시 새로운 개들로 교대하여 짧은 여행을 한 번 더 다녀왔다. 바다표범 고기를 가능한 한 많이 가져다 남위 80° 지점에 두고 돌아왔다. 고기는 얼어붙은 채로 보관될 것이다. 남극점을 향한 진짜 여행에서 개들을 위해 준비된 식량 저장소는 진가를 발휘하게 될 터였다.

대원들이 베이스캠프로 돌아왔을 때에는 어느새 겨울이 다가오고 있었다. 다른 대원들이 저장소 설치 여행을 다녀오는 동안 천성이 명랑한 요리사 린드스트룀Lindström은 프람하임을 아늑하게 꾸며 놓았다. 따뜻한 음식, 일거리, 행복한 개들, 길고 어두운 남극의 밤을 수놓는 천상의 빛과 같은 남극광까지. "솔직히 말해서 난 지금까지 이렇게 잘 살아 본 적이 없었다."라고 아문센은 적었다. 겨울이 끝날 무렵 아문센과 대원들, 개들은 모두 충분한 휴식을 취하고 잘 먹어 건강을 되찾았다.

이제 그들에게 필요한 것은 태양뿐이었다.

"외부 지원 없이 단독으로

남극을 횡단한다는 건

물론 나의 체력을 시험하는 일이 되겠지만

보다 중요하게는

나의 정신력에 대한 시험이 될 것입니다."

- 2018년 10월 20일 콜린 오브레이디 -

✳

"난관은 피할 수 없습니다.

그 와중에도 정신을 집중하고 긍정적인 태도를

유지할 수 있는지가 관건입니다. 아직 해야 할 일이 많은 저는

끊임없이 왜 이 길을 가고 있는지 묻고 답을 찾았습니다.

초기 극지 개척자들이 남긴 유산을 기념하기 위해서,

헨리를 추모하기 위해서,

그리고 미래의 탐험가를 꿈꾸는 젊은이들을 위해서."

- 2018년 7월 17일 루 러드 -

CHAPTER 6

준비

오브레이디·러드: 2018년 10월

❋

2018년 10월 칠레 푼타아레나스

루 러드가 미신을 믿는 사람이었다면 그는 결코 영국 땅을 떠나지 못했을 것이다. 칠레행 비행기에 탑승하기 바로 전날, 그의 아내는 예기치 않게 수술대에 올라야 했다. 스물한 살 된 아들은 해병대에 복무 중이어서 작별인사를 나눌 수 없었다. 공항에 배웅 나온 것은 두 딸뿐이었다. 아빠와 포옹하는 스물네 살과 스물한 살 딸들의 뺨에 눈물이 흘러내렸다. 불길한 징조처럼 느껴질 수도 있었다.

그가 가족과 작별한 횟수는 셀 수 없을 정도였다. 하지만 혼자서 떠났던 적은 없었다. 그에게 이 여행을 마칠 힘이 있을까? 마지막 여

칠레 푼타아레나스 [오스카 오야르조Oscar Oyarzo/위키미디어 공용]

행 당시 헨리 워슬리의 나이는 루보다 고작 몇 살 위였다. 루는 반드시 가족 곁으로 돌아오겠다고 약속했다. 하지만 과거의 헨리도 똑같이 약속했었다.

2018년 10월 26일, 루 러드는 칠레의 푼타아레나스를 향하는 비행기에 몸을 실었다. 남극 대륙에서 가장 가까운 항구 도시 중 하나인 푼타아레나스는 문명 세계에서 미지의 세계로 이동하는 마지막 기착지였다. 마젤란 해협과 접한 도시에는 밝은 색상의 건물들과 지붕 낮은 집들이 반짝이는 것처럼 보였다. 세계 최남단 도시 중 하나인 이곳에서 루 러드는 그의 생존을 보장해 줄 남극의 물류운송사 ALE Antarctic Logistics and Expeditions를 찾아갔다.

지금까지 그 누구도 온전히 혼자 남극점에 도달하지는 못했다. 루 러드가 경로를 짤 때 ALE의 전문가들이 그의 계획을 점검하고 크레바스 위치나 얼음 유속을 기록한 상세 지도를 토대로 개선해야 할 점을 제안했다. 만에 하나 루가 아프거나 부상을 당하면 그는 ALE 소속 의사에게 전화를 걸어 문의할 수 있었다. 최악의 상황에서 그를 데리러 와 줄 사람도 역시 ALE의 구조팀이었다. 헨리의 경우에도 그랬던 것처럼.

루는 칠레에 가면서 탐험 매니저인 웬디 설Wendy Searle과 동행했다. 자신도 극지 탐험가로서 2020년 남극 단독 여행을 계획하고 있던 웬디는 루의 진척 상황을 감독하고 경로의 상태를 추적하며 루의 블로그에 매일의 상황을 새롭게 올려 주기로 약속했다. "남극에서의 하루를 마칠 즈음이면 영국은 한밤중이기 때문에 루는 내게 전화해서 음성 메일을 남길 거예요. 그냥 평범한 음성 메일이에요."라고 웬디는 설명했다. 그러면 웬디가 내용을 받아 적어 온라인에 게시하고 루의 블로그 구독자들은 이를 통해 진척 상황을 알 수 있다. 이런 방식으로 루의 일상은 하루하루 고향에서의 삶과 이어질 것이다.

푼타아레나스에 도착하자마자 루 러드와 웬디 설은 곧장 일을 시작했다. 루가 사용할 펄크와 식품, 연료, 여러 벌의 스키는 두 사람에 앞서 화물 비행기를 통해 이미 도착했다. 루가 당도했을 때는 ALE가 이 모든 장비를 보관해 둔 터였다. ALE의 산뜻한 초록색 창고는 시멘트로 된 바닥, 벽돌로 지은 벽, 쇠기둥이 받치는 지붕으로 세워졌다. 루와 웬디는 그곳에서 식품과 장비를 꼼꼼히 살폈다.

보급품을 살피지 않는 시간에는 여러 과의 전문의들을 만났다. 루는 매우 건강했지만 얼음 위에서는 무슨 일이 생길지 알 수 없었다. 응급 상황에 대비하는 것이 최선의 방어책이었다. ALE의 계획 수립 및 탐험 관리자인 스티브 존스Steve Jones는 ALE 소속 의사들이 "루의 의료 상자에 들어 있는 모든 비품을 기록한 목록 전체를 요구"한다고 설명했다. 응급 상황에서 그들은 "이걸 가지고 있나요?" "저걸 구비하고 있나요?"라고 물으며 시간을 낭비할 수 없기 때문이다. 의사들은 모든 걸 미리 파악하고 있어야 한다.

ALE는 남극으로 가려는 모든 승객들이 예정된 출발일보다 최소한 닷새 전까지는 푼타아레나스에 도착해 있어야 한다고 규정하고 있다. 막바지에 준비해야 할 것이 많기도 하지만, 남극 대륙 자체의 기상 조건에 따라 일정이 조정될 수 있기 때문이다. 남극의 기상과 환경은 예측이 불가능하고 순식간에 바뀔 수 있다. "이튿날 기상 조건이 악화될 것으로 예상되는데 전날 밤 모든 준비를 마친 상태라면, 우리는 바로 출발할 수 있는 권한을 가지고 있습니다." 이것이 스티브 존스의 설명이었다. 남극 대륙으로 향하는 사람들은 이륙 허가를 받는 즉시 모든 준비를 마쳐야 했다.

모두가 예외 없이.

루 러드와 콜린 오브레이디의 만남은 피할 수 없는 일이었다. 콜린이 남극 탐험 계획을 선언한 순간부터. '최초'가 되기 위한 경주에서 이른 출발은 매우 중요한 데다, 남극의 경우 출발점에 도달하는 방법이 하나뿐이었기 때문이다.

두 사람은 우연에 맡기기보다는 자기들만의 방식으로 상대를 대면하기로 결심했다. 벽면처럼 바닥도 울퉁불퉁한 바위가 그대로 노출된 푼타아레나스의 한 지하 바에서 술을 한잔하기로 한 것이다. 두 탐험가가 마침내 조우했다. 소나무 판재를 덧댄 벽면과 둥그런 창틀 덕분에 항해하는 기분을 느낄 수 있는 그런 공간이었다.

불편하고 어색했다. 두 사람은 경쟁하는 입장이었고 상대의 전략을, 루의 경험을, 그리고 콜린의 젊음과 강인함을 조심스럽게 살폈다. 남극으로 향하는 이유와 동기는 달랐지만 목표는 같았다. 각자 자신이 '최초'가 될 수 있다고 생각하지 않았다면 두 사람은 그곳에 가지 않았을 것이다.

하지만 어색함은 그리 오래가지 않았다. 두 사람은 다른 점보다는 닮은 점이 더 많았다. 남극으로 가려는 사람도 몇 없지만, 그중에서도 펄크를 끌고 가는 사람 수는 더 적다. 단독 여행에 나선 사람의 수는 손가락으로 꼽을 수 있을 정도다. 라타베르나La Taberna 주점의 테이블 앞에 앉은 두 사람을 제외하고 지금까지 단 두 사람(헨리 워슬리, 벤 손더스)만이 단독으로 무조력, 무지원 남극 횡단 여행에 나섰었다. 루 러드와 콜린 오브레이디는 다른 누구보다 서로를 이해할 수 있었다. 두 사람 사이의 우정은 그들의 만남만큼이나 피할 수 없는 운명이었다.

각자의 경로를 확인하다 보니 자신들이 탐험 중에 만날 수도 있음을 깨달았다. 드넓고 막힘없는 지평선 한가운데서 미소, 격려의 말 한마디, 반갑게 손을 흔들게 될 수도 있었다. 두 사람은 향후에 다시 만나게 될 것이 분명했다.

두 사람은 그날 밤, 진정한 친구까지는 아니라 해도 허물없는 분위기에서 헤어졌다. 각자 자기 여행을 준비해야 했다. 남극 대륙으로 떠날 날이 며칠 남지 않았다.

도시 저편의 한 에어비앤비Airbnb 숙소에서 콜린 오브레이디도 루 러드와 비슷하게 막바지 준비가 한참이었다. 아내 제나Jenna가 함께 칠레로 와서 콜린의 최종 점검을 돕고 있었다. 루에게 웬디가 있는 것처럼 콜린에게는 제나가 탐험 매니저 역할을 맡아 주었다. 제나의 "걸출한" 조직력과 기획력이 아니었다면 "이 프로젝트는 그저 한낱 꿈에 머물렀을 것이라고" 콜린은 두말 않고 인정했다.

ALE를 제외하면 제나는 콜린과 세계를 잇는 하나뿐인 연결고리가 될 것이고, 짧은 위성전화 통화나 문자, 이메일이 두 사람 사이의 유일한 의사소통 방법이 될 것이다. 두 사람은 보급품을 들여다보고 또 들여다보면서 마지막 시간을 둘이서 함께 소중히 보내기로 했다.

다행히 콜린바도 무사히 칠레에 도착했다. 콜린바는 본래 혹독하게 추운 남극의 기온에 맞추어 생산된 제품이기 때문에 운송 중에 열기에 노출되면 끈적끈적하게 녹아버릴 수도 있었다. 푼타아레나스까지 이를 무사히 운반하는 유일한 방법은 얼음상자를 이용하는 것이었다. 이제 별 탈 없이 전달되었고 콜린은 아내 제나와 함께 콜린바를 작은 조각으로 나누었다. 실온에서야 부드럽게 씹어 먹을 수 있지만 영하 30℃ 정도에서는 무심코 한입 베어 물다가 이빨이 부러질 수도 있었다.

계획을 세우고 짐을 싸는 가운데 콜린은 자신이 이름 붙인 '임파서블 퍼스트' 탐험에 관한 글을 인스타그램에 꼬박꼬박 올리고 세계 여러 나라의 학생들과 트윗을 교환했다. 콜린은 언제나 사람들에게 참여를 독려하고 남들이 저마다 세운 불가능한 목표를 달성할 수 있도록 돕고자 했다. 처음 SNS 활동을 시작했을 때 북극곰에 관한 댓글과 질문이 상당히 많았다. 콜린은 "얼어붙은 남극 대륙의 안쪽에는 생명체가 전혀 살지 않습니다."라고 답했다. "저기 얼음 위에 서면 오로지 나와 내 생각만 존재하리라"는 사실을 인지한다는 건 가혹한 진

남극 해안에는 북극곰이 아닌, 펭귄들이 살고 있다. [제이슨 아치Jason Auch/위키미디어 공용]

실이라고도 썼다. (아무튼 북극곰은 남극이 아닌 북극에서만 산다.)

2018년 10월 31일 이른 아침, 마침내 출발한다는 연락이 왔다. 날씨는 쾌청했고 비행기는 대기 중이었다. 남극이 기다리고 있었다.

루 러드와 콜린 오브레이디 모두 ALE 직원과 함께 일류신Ilyushin-76TD 제트기에 몸을 실었다. 일류신은 본래 시베리아에서도 가장 외딴 지역까지 비행할 수 있도록 설계된, 날개폭이 50m에 달하고 네 개의 엔진을 갖춘 대형 화물 항공기로서 이를테면 통학버스 한 대를 통째로 실을 수 있을 정도로 컸다. 조종사와 부조종사가 조종석에서 비행기를 조종하는 한편, 비행기 앞코의 아래쪽에 어지럽게 난 창문 안쪽에는 항법사가 앉아서 지구에서 가장 외딴 지역으로 갈 수 있도록 길을 안내했다.

남극의 푸른 얼음 활주로 위에 착륙하고 있는 일류신-76TD. [애덤 운가르Adam Ungar/ALE]

　　네 시간 반 동안의 비행이었다. 콜린과 루는 남극 대륙의 유니언 글레이셔 캠프Union Glacier Camp로 향하는 시즌 첫 제트기 비행기 안에서 ALE 소속 승무원들과 함께 딱딱한 의자에 앉아 있었다. 일행은 "스키웨이"skiway라고 불리는 자연적으로 형성된 활주로 역할을 하는 푸른 얼음 위에 착륙했다. 비행기는 미끄러지지 않고 별 탈 없이 정지했다. 영하 9.5℃ 이하에서 얼음은 미끄럽지 않다.

　　일행은 남극 대륙에 발을 내디뎠다. 얼음, 산, 눈, 태양. 친숙했던 단어이지만 이곳에서는 본래의 의미가 사라지는 듯했다. 앞으로 몇 달 동안은 이곳을 집으로 삼아야 했다.

　　ALE의 기간요원들이 며칠 전 스키가 부착된 소형 비행기를 타고 도착해 있었다. 각종 건조물들을 제자리로 옮기는 것이 그들의 임무였다. 유니언 글레이셔 캠프는 여름 한 계절만 운영되고 매년 1월 말에는 완전히 해체된다. 탐방객을 수용하는, 이중벽으로 된 조개껍질처럼 접고 펼치는 텐트도 모두 철거하여 다음 시즌을 위해 보관한다. 비행기를 이용해 남극 대륙 밖으로 손쉽게 운송할 수 없는, 보다 크거나 육중한 구조물들은 산속의 은신처로 옮겨 놓는다. 겨우내 제자리에 그대로 둔다면 모든 장비가 눈더미 속에 파묻힐 것이다. 이제 새로운 시즌을 맞아 조기 파견된 ALE의 직원들이 구조물들을 다시 세우고 모든 필수품이 구비되어 있는지 확인했다.

"[콜린과 루의] 출발을 연기할 만한 사유가 전혀 없습니다." 스티브 존스가 확인해 주었다.

두 탐험가는 처리해야 할 그들 나름의 일로 분주했다. 푼타아레나스에서처럼 두 사람은 다시 한번 자신들의 물품을 점검하고 의사들에게 진료를 받았다. 통신 팀과도 만나서, 하루를 마치고 텐트에 있을 것으로 예상되는 시간을 신중하게 선택하여 각자 야간 통화 시간을 신청했다.

ALE는 탐험 중인 원정대의 상황을 면밀히 점검했다. 과학자이든 탐험가이든 또는 관광객이든, 탐험 중인 모든 원정대에게는 매일 밤 10분 동안 전화를 걸 수 있는 시간이 주어졌다. 원정대는 위도와 경도로 표시한 자신의 위치, 텐트 밖에서 보낸 시간, 이동한 거리, 그리고 신체적·정신적·기술적 문제가 발생하지는 않았는지 매일 빠짐없이 보고했다. 의사들은 일주일에 한 번 전화를 건네받아 심도 깊은 의학적 질문을 던졌다. 야간 전화 통화는 선택 사항이 아니므로 빼먹으면 안 되었다.

어떤 이유로든 원정대가 전화를 받지 못하면 "시계가 똑딱거리기 시작합니다."라고 스티브 존스가 말했다. ALE에 연결하고자 할 때

탐방객용 텐트와 서비스 건물이 나란히 설치된 ALE 유니언 글레이셔 베이스캠프. [크리스토퍼 미셸/ALE]

사용하는 다른 일련의 번호들이 있긴 하다. 하지만 그와는 상관없이, 원정대가 전화를 받지 못하는 동시에 24시간 카운트다운이 시작되고 24시간마저 지나면 그 뒤로는 ALE가 추가적인 대응에 나선다. 48시간 동안의 연락 두절은 긴급 수색과 구조팀 출동을 의미했다.

야간 전화 통화 외에도 ALE는 비콘beacon*의 신호 또는 GPS 위치 추적기를 확인하거나 소셜미디어를 점검하여 모든 원정대의 위치를 하나하나 추적했다. "[원정대] 사람들이 트위터, 페이스북, 인스타그램, 홈페이지, 블로그, 음성 녹음 등에 보내는 모든 것……을 그저 관찰하는 것이 아니라 면밀하게 조사하고 우리에게 보고한 내용과 대조합니다."라고 스티브 존스가 설명했다.

보고하는 것을 깜빡 잊었을 수도 있는데 혹시 코에 동상이 생겼는가? 장비가 보고된 것보다 상태가 나빠 보이거나 파손되었는가? 정신력이 약해진 사실을 ALE에 보고하지 않았지만, SNS를 통해 속내를 드러내지는 않았는가? 이 모든 사항을 ALE는 필수적으로 파악해야 했다. 도움을 주고받을 수 있는지와 생사의 여부 모두가 이런 세세한 정보에 달려 있었다.

루 러드와 콜린 오브레이디는 인간이 간신히 생존할 수 있는 극한의 광야로 향하려는 참이었다. 유니언 글레이셔 캠프에 설치된 텐트에 홀로 남은 두 남자는 구조와 지원이 필요한 상황은 만들지 않겠노라 다짐했다. 두 사람은 모든 물품을 다시 확인했다. 의사들을 만나다시 진료도 받았다. 부엌에서 조리된 마지막 음식을 먹고 캠프에 설

---

*   비콘이란 표지판이나 신호를 의미하는 'beacon'에서 따온 명칭으로, 반경 50~70m 정도의 범위 안에 있는 사용자의 위치를 찾아 메시지 전송이나 모바일 결제 등을 가능하게 해 주는 통신 기술을 가리킨다.

치된 전화기를 이용해서 마지막 작별인사를 고했다.

그러고 나서 모든 준비가 끝났다.

이제 날씨가 쾌청하기를 기다리는 일만 남았다.

출발을 기다리며 탐험가인 루 러드와 운동선수인 콜린 오브레이디는 대화를 나누었다. 콜린에겐 괜찮은 아이디어가 있었다. 시작 단계에서 높은 고도를 오른다는 전략을 포기하는 것이다. 하지만 날씨… 여기 유니언 글레이셔 캠프는 날씨가 짓궂기라도 하면 수 주간 이동하지 못할 수도 있었다. 그리고 허큘리스만에서 출발하기로 한 루의 계획은 지리적으로 적절했지만 메스너 스타트에서 극점으로 가는 경로가 좀 더 직진에 가깝고 짧지 않을까? 같은 경로에서 정면 승부를 하는 것이 보다 합리적이지 않을까? 두 사람의 대화가 길어지고 출발일이 지연될수록 총력 경주가 보다 의미 있는 것처럼 느껴졌다.

같은 경로에서 경주하는 것은 또 다른 큰 이점이 있었다. 항공편을 공유할 수 있으므로 비용을 상당히 절약할 수 있었다. 유니언 글레이셔 캠프와 레버렛 빙하 사이를 잇는 항공료는 10만 달러였다. 전체 원정에 소요되는 비용 중 가장 큰 부분을 차지했다. 하지만 항공편을 함께 이용할 수 있다면 항공권 가격을 반으로 줄일 수 있었다.

비용 절감을 위해서든, 아니면 스포츠맨십을 발휘해서든, 경로를 바꾼다는 게 일리가 있었다. 두 사람이 이 문제를 두고 논의를 거듭한 끝에 루가 본래 계획했던 방향을 그대로 따르되, 출발 지점과 종료 지점의 경우에는 콜린의 선택을 따르기로 결국 결정했다. 시작부터 끝까지 전면적인 경쟁이 될 터였다.

2018년 11월 3일, 날씨가 쾌청하게 개었다. 정오가 막 지났을 무렵 루와 콜린이 나란히 트윈오터Twin Otter 스키비행기에 탑승했다. 유니언 글레이셔 캠프에서 메스너 스타트까지 90분 동안 약 430km 거리를 이동하는 비행이었다. 마침내 비행기가 눈 덮인 평원에서 스스로 활주로를 만들며 얼음을 가르고 착륙했다.

먼저 콜린이 내렸다. 콜린은 루와 포옹했다. 남극점에 도달하기까지 인간과의 마지막 접촉이었다. 그러곤 비행기가 빙붕 아래로 2.4km 거리를 서서히 이동하는 동안 두 손을 흔들며 인사했다. 그다음으로 루가 내릴 차례였다. 이번엔 루가 비행기에서 걸어 나오며 자신의 펄크를 챙겼다. 고통스러울 정도로 푸르고 맑은 하늘을 배경으로 아무 것에도 방해받지 않은 적요한 흰색의 지평선. 온전히 혼자뿐인 그 자신 앞에 남극이 펼쳐졌다.

속내를 털어놓은 적은 없지만 두 사람 모두 결승선을 볼 수 있으리고 자신하지는 않았다.

제2편

경주

Roald Amundsen • Robert Falcon Scott

Colin O'Brady • Lou Rudd

"'우리는 운이 좋았습니다.'라고 비스팅이 말했다.
'크레바스들이 좁아서 썰매가 지나갈 수 있는 길은 이곳뿐입니다.
우리가 조금만 더 왼쪽으로 갔더라면 (…)
우리 중 아무도 살아남지 못했을 것입니다.
저쪽에는 지표랄 것이 없고 종잇장처럼 얇은 층이 덮고 있습니다.
그 아래쪽은 별로 보고 싶지 않을 겁니다. (…)
거대하고 뾰족한 얼음들로 가득합니다. 떨어지기라도 한다면
아마 바닥에 닿기 전에 그 창 중 하나가 우리의 몸을 꿰뚫을 겁니다.'"

– 1911년 10월 21일 로알 아문센 –

---

*

"안개가 잦아들기를 기다리며 텐트에 앉아 일기를 쓰고 있다.
최악의 크레바스 지역에서 야영을 해야 하니 분통이 터진다.
오늘 아침 테디 에번스와 에드워드 앳킨슨Edward Atkinson가
[크레바스에서] 하네스 길이만큼이나 추락했다.
우리도 모두 반쯤 몸이 떨어진 상태였다.
[대열의] 첫 주자이니 나도 언제든 [추락할] 가능성이 있다.
발을 내딛는 어디에서 땅이 주저앉을지 모르니
무척 긴장되는 건 사실이다."

– 1911년 12월 21일 스콧 대령 –

CHAPTER 7

여정

아문센·스콧: 1911년 5월-1911년 12월

❄

1911년 8월 남극 훼일스만

개들이 준비되었다. 사람들도 준비되었다. 썰매도 이미 준비를 마쳤다. 하지만 아문센과 그의 대원들이 아무리 프람하임 주변을 맴돌며 하늘을 쏘아본들 계절의 변화를 서두를 방도는 없었다.

대원들은 날마다 온도계를 확인했으나 -50℃. -40℃. "가장 좋을 때도", 아문센이 체념한 듯 말한 것처럼 "남극의 날씨는 세계 최악이다".

아문센 팀은 그저 스콧 팀 역시 악천후로 고생하기를 바라며 기다리는 것 말고는 할 수 있는 일이 없었다.

겨우내 프람하임의 대원들은 그레이트 배리어의 눈밭 안에 굴을 만들어 저장 공간으로 삼거나 작업을 위한 공간을 마련했다. [위키미디어 공용]

그리고 9월 6일, 천만다행으로 온도계가 -29℃를 가리켰다. 이튿날인 9월 7일에는 더할 나위 없이 만족스러운 -21℃! 마침내 때가 온 것이다.

아문센은 타고난 달변가는 아니었다. 처음 길을 나서기 전에 무언가 대원들에게 할 말을 생각해 보려 했다. 리더로서 무엇이든 말해야 한다는 **의무감**을 느꼈다. "짧은 시를 지어 보려고 했다. '지칠 줄 모르는 인간의 정신' '경외감을 불러일으키는 신비로운 얼음의 광야', 하지만 썩 훌륭하진 않았다."라고 그는 기록했다. "하나같이 검은색으로 칠해진 썰매들을 보고 있자니 다른 무엇도 아닌 시신을 담는 관이 연상된다는 결론에 도달한 뒤로는 시를 쓰려는 노력을 포기했다."

아문센의 침묵 속에, 일행은 여름의 태양이 처음 지평선 위로 떠

프람하임의 대원들이 다가올 여행에 대비해서 장비를 수선하며 시간을 보내고 있다. 오른쪽에서 세 번째가 아문센이다. [노르웨이국립도서관]

오르고 채 한 달이 지나지 않은 9월 8일, 경주를 시작했다. 개들이 달리고, 대원들이 소리치며 재촉하는 가운데 전체 팀이 하나가 되어 날듯이 얼음 위를 질주했다.

하지만 이내 마음이 너무 앞섰던 것으로 드러났다. 여행을 시작한 지 사흘 만에 기온이 -56℃까지 떨어졌다. 그러고선 날씨가 좀체 풀리지 않았다. 나침반 속 액체가 꽁꽁 얼었다. 결국 프람하임으로 되돌아왔지만 때늦은 결정이었다. 개 세 마리가 목숨을 잃었다. 대원 중 둘은 동상이 심해서 부츠 속에서 얼어서 썩은 발꿈치를 전부 절단해야 했다.

대원 중 일부는 크게 실망해 사기가 떨어졌고 심각한 육체적 통증에 시달리기도 했다. 비좁은 공간 속에 갇히다시피 하여 수개월 동안 생활한 모든 집단은 갈등을 겪을 수밖에 없는데, 실패로 돌아간 첫 출발로 인해 그들을 평온하게 보호해 주었던 허울이 산산이 조각나고 말았다.

아문센은 모두가 함께 출발하지 않는 것이 최선이라고 단독으로 결정하고 드물게 대원들에게 명령을 내렸다. 악감정을 품은 채 남극점까지 향한다는 건 치명적인 결과를 낳을 수도 있었다. 아문센은 세 명의 대원에게 동쪽 땅을 탐험하라고 지시했다. 그러고는 나머지 넷을 이끌고 남극점까지 향하기로 했다.

다시 기다림의 시간이 이어졌다.

이번에는 봄이 왔다는 또 다른 신호를 확인할 때까지 기다렸다. 동물들이 돌아왔다. 육중한 바다표범들이 프람하임 인근의 얼음 위로 올라왔다. 남극풀마갈매기 떼가 프람하임 주변을 맴돌기 시작했다. 아직 햇볕은 약했지만 아문센은 기쁨에 들떠 "그것은 분명한 빛, 진정한 한낮의 빛이었고, 매우 감사히 여겼다."라고 당시를 기억했다.

때가 왔다, 드디어.

1911년 10월 19일, 로알 아문센과 올라브 비욜란Olav Bjaaland, 헬메르 한센, 스베르 하셀Sverre Hassel, 오스카 비스팅Oscar Wisting이 개 52마리가 끄는 네 대의 썰매와 함께 남극점을 향해 출발했다. 준비된 출정행사는 없었다. "순식간에 우리의 길잡이들[썰매개들]에게 하네스를 채웠다. 그러고 나선, 마치 '내일 봐요'라고 말하는 듯 고개를 약간 끄덕여 보이곤 곧바로 출발했다." 홀로 프람하임을 지키기로 약속되어 있던 요리사는 심지어 오두막 밖으로 나와 작별인사를 나누지도 않은 채였다.

개들의 속도를 조절하는 게 일이었다. 대원들도 열정 넘치고 흥이 났지만, 개들은 활력 그 자체였다. 본래 썰매개 운전사들은 썰매를 출발시킨 뒤 따로 그 뒤를 따라갈 계획이었으나 이동이 너무 쉬웠고 개들이 매우 열정적이어서 그저 썰매에 올라타고 승차감을 즐기는 것으로 충분했다. 아문센은 깜짝 놀랐다. "개들이 잘 해낼 것이라고 예상은 했지만, 이렇게까지 훌륭할지는 몰랐다. (…) 스키를 타고 극점까지 내달리다니. 한 번도 꿈꿔 본 적 없는 일이었다." 귀중하고도 귀중한 개들은 마치 그레이트 배리어의 얼음 위를 달리기 위해 창조된 생명체 같았다.

남위 82°에 도착했을 무렵엔 개들이 너무 빨리 지치는 불상사가 발생하지 않도록 강제로라도 쉬게 해야 한다고 결정했다. 이 지점부터 그레이트 배리어가 끝나는 지점까지 대원들은 약 13~15km 구간마다 눈과 얼음 덩어리를 이용해서 둔덕을 쌓았다. 개를 멈추게 하는 것이 주된 목표였지만 돌아오는 길에 이 둔덕이 길을 잃거나 쇠약해진 팀원들이 다시 길을 찾을 수 있도록 도울 것이라고 생각했다. 아문센은 항상 최악의 상황을 예측하고 대비하려고 애썼다.

하지만 그런 아문센도 미처 예측하지 못하는 일이 있었다. 이전에 그들은 저장소 설치 임무를 수행하며 그레이트 배리어 위에서 이동하는 법을 연습한 바 있었다. 그러나 그레이트 배리어를 지나 지금 눈앞에 놓인 길은 한 번도 가본 적이 없었다. 아문센 팀은 산을 지나 남극 고원을 오르는 길을 찾아야 했다. 고원으로 오르는 알려진 유일한 경로인 비어드모어 빙하는 400km 이상 떨어져 있었다.

아문센이 비어드모어 빙하 경로를 이용하길 꺼렸던 이유가 거리가 멀어서만은 아니었다. 아문센은 스콧이 섀클턴의 경로를 따를 계획임을 알고 있었고 명예를 걸고 이미 오래전부터 "스콧의 경로는 고려의 대상이 아니다."라고 선언했던 터였다. 아문센 팀은 다른 길을 찾아야만 했다.

11월 8일 밤, 일행이 밤을 보내기 위해 이동을 멈추었을 무렵 여러 개의 봉우리들이 지평선을 뚫고 떠올랐다. 일행은 그레이트 배리어와 남극 고원 사이를 가로막고 있는, 산이라는 장벽에 점점 더 가까이 다가가고 있었다.

일행이 산에 가까이 다가갈수록 바위가 점점 더 많이 보였다. 멀리 남쪽으로 보이는 산들은 하얀 설산이었다. 코앞에 펼쳐진 산도 설산이었다. 하지만 그 중간에서 "우리 모두를 놀라게 한 것은 한쪽 면이 드러나 있었다는 점이다 (…) 우리는 훨씬 더 많은 눈이 쌓였으리라고 예상했었다". 거무스름한 바위 절벽이 새하얗기만 한 남극의 경관과 대조를 이루고 있었다. 눈이 쌓여 있지 않다면, 썰매를 끌 수 없었다. 지나갈 만한 길을 찾을 수 있을지도 의문이었다.

아문센 일행은 눈 위를 멈춤 없이 달릴 수 있는 경로를 찾아 가면서 하나의 가느다란 경로를 선택했다. 바위와 절벽을 갈지자(之)를 그리며 돌아서 마침내 거대한 빙하 지역에 도착했고 그곳을 악셀하이베르그Axel Heiberg(영어식 표기: 액슬하이버그)라고 이름 붙였다. 대원들은 그레이트 배리어에서 바라보았던 경관이 자신들이 오를 수 있는 길이었다고 믿으며 앞으로 나아갔다. 속으로 잔뜩 긴장하고 있었지만 내색은 하지 않았다.

등반을 시작한 날짜가 11월 17일이었다. 개들은 용맹하게 앞으로 나아갔다. 첫날에만 18km가 넘는 거리를 이동하면서 고도 기준으로 610m가량을 올랐다.

오르고 내리는 길이 반복되었다. 한번은 240m 고도를 내려갔다

아문센 일행을 두렵게 만든 경관과 유사한, 눈이 쌓이지 않아 거무스름한 산의 경사면. [크리스토퍼 미셸/ALE]

가 다음 날에 다시 380m를 오르기도 했다. 오르막길이 힘이 들었던 한편 내리막길은 위험천만했다. 길고 가파른 경사면을 내려올 때는 속도를 통제하기 어려웠다. "이런 일이 생기면, [썰매가] 개들을 덮칠 수도 있거니와 앞서가던 썰매와 충돌하여 부서져 버릴 수도 있었다." 라고 아문센은 기록했다.

일행은 브레이크 역할을 할 수 있도록 썰매의 바닥면에 밧줄을 감았다. 내리막길이 완만해 보이면 가느다란 줄을 몇 바퀴만 감았고, 경사가 가팔라 보이면 두꺼운 밧줄을 여러 차례 감았다. 이 모든 작업은 그저 앞길이 어떻게 펼쳐질지에 대한 짐작에만 의존했다. 아문센 일행은 정찰대를 보낼 시간이 없었다.

한 발짝 한 발짝 내딛는 모든 걸음에 엄청난 대가를 치르고 있는 것처럼 느껴졌다. 개들의 수를 두 배로 늘리고 대원 전체가 달려들어

4대의 썰매 중 2대만을 끌면서 천천히, 고통스럽게 경사면을 기듯이 올랐다. 두 팀이 다시 돌아와 남은 2대의 썰매를 끌고 비탈길을 다시 올라야 했다. 방법은 이것뿐이었다. 평평한 평원의 일부 구역도 썰매를 끌기엔 힘겨운 푸석푸석한 눈밭이었다. 개들은 순식간에 배가 고파져서 매일 저녁으로 450g의 페미컨을 충분히 먹은 뒤에도 썰매의 나무 부분을 갉아 먹기 시작했다.

일행은 기다시피 하며 한 걸음 한 걸음 마지막 높은 봉우리를 향했다. 남극 고원으로 이어지는 마지막 오르막길을 앞둔 전날 밤에는 불길한 신호라도 주듯이 천둥 같은 소리를 내며 눈사태가 일어났다. 이튿날인 1911년 11월 20일, 모든 것을 끝내 버리길 바라는 열망 속에 일행은 단일팀을 썰매에 연결했고 개들이 충분한 힘을 발휘하기를 기도했다.

마치 개들도 이해하고 있는 것 같았다. 얼음에 발톱 자국이 새겨지도록 긁고 당기면서 기어이 마지막 능선을 기어올랐다. 거리로 보면 하루 만에 27km를 이동하고, 고도를 기준으로 보면 수직으로 1.8km 가량을 올라 마침내 남극 고원에 도달했다.

그렇지만 이런 성과를 축하하고 반기는 이는 하나도 없었다. 산 정산에 오르면 이곳 야영지의 이름이 '푸줏간'(부처스숍Butcher's Shop)이 되리라는 건 오래전부터 계획된 일이었다. 일행은 등정을 마쳤고, 이제 더 이상 오를 곳은 없었다. 앞으로 남은 여정에서는 그렇게 많은 수의 개들이 필요치 않았다. 필요한 건 신선한 고기였다.

대원 중 유일하게 썰매개 팀을 맡지 않은 아문센은 텐트가 완성되자마자 그 안으로 들어가 버렸다. 우당탕하는 요란스런 소리를 내며 난로에 불을 켜기 위해 서둘렀다. 물이 끓자 냄비 속에 재료를 던져 넣고는 "유난히도 부지런을 떨며 휘저어서" 스푼이 냄비 옆면에 닿아 연신 쟁그랑하는 소리가 들렸다고 그는 회상했다. 그럼에도 그가 혼자서 만들어 내는 불협화음이, 평원을 가로지르며 날카롭게 울리는 첫 번째 총성보다 클 수는 없었다.

"용맹스럽고 충실한 우리의 조력자 24마리가 사망선고를 받았다."라고 아문센은 회상했다. 4명의 썰매꾼들이 저마다 자신의 개들 중 6마리씩을 총으로 쏴서 도살했고, 죽은 개의 내장을 살아남은 굶주린 개들에게 던져 주었다. 살코기는 나중에 대원들과 개들이 먹을 수 있도록 조각내어 얼렸다.

"우리는 목표점에 도달하기 위해 조금도 주저하지 않기로 약속했었다."라고 아문센은 냉정하게 회상했다. 하지만 "우리가 고원에서 처음 야영했던 날, 여느 때 같으면 그날 저녁 텐트 안에는 편안한 농담과 웃음이 가득했겠지만 실제는 그렇지 않았다. 외려 우울과 슬픔만이 공간을 가득 채웠다. 우리는 우리의 썰매개들을 그토록 아끼게 되었던 것이다." 개들의 희생은 꼭 필요했다. 음식이었고 생명이었다. 익히 아는 사실이었지만 그래도 대원들은 눈물을 흘렸다.

휴식과 신선한 고기를 먹은 덕분에 며칠 동안 사람도 개도 활력을 되찾고 여행을 계속 이어 나갈 수 있었다. 자그마한 언덕과 오르막이 여전히 그들의 앞에 있기는 했지만 가장 힘들었던 산들은 등 뒤에 있었다. 팀은 하나였고 강건했다. 여러 개의 산을 넘어 해발고도 3.3km까지 올랐다. 남극 고원에 오르는 데 성공한 것이다.

이제 남극점이 바로 코앞이었다.

❄
1911년 10월 남극 에번스곶

길고 추운 겨울 내내 스콧 대령은 다시 한번 자신만의 어둠과 싸워야 했다. 저장소 설치를 위한 여행에서 조랑말들을 잃고 두 마리만 겨우 살려서 돌아온 뒤로 그의 주변에는 우울한 분위기가 감돌았다. 물론 모든 대원이 무사한 것은 다행이었다. 하지만 조랑말들을 잃었다는 사실에 좌절했다. 게다가 훼일스만에서 아문센 일행을 발견했다는 소식에 이어 난감한 사실이 확인되었다… 아문센 팀의 기지가 있는 훼일스만은 스콧의 기지가 있는 에번스곶보다 1도가량 극점에 가까웠던 것이다!

사실 아문센 입장에서 보면 위험이 따르는 결정이었다. 당시까지 남극 고원으로 이어지는 유일한 경로로 알려졌던 비어드모어 빙하로부터 훼일스만은 멀리 떨어져 있었다. 하지만 훼일스만에 기지를 세운 덕분에 거의 110km 거리를 절약할 수 있었고… 그것은 스콧에게는 매우 심각한 타격이었다.

겨우내 고민한 스콧은 계획을 재조정했다. 극점까지의 여정은 네 가지 이송수단을 적절하게 이용한 복잡다단한 보급품 운송이 관건이 될 터였다. 우선, 두 명의 엔지니어와 그들을 돕는 두 명의 조수가 동력 썰매를 운전해 에번스곶을 떠나는 선발대가 될 것이다. 혹시라도 동력 썰매가 고장 나서 멈춘다면, 대원 넷은 다른 조원들이 따라잡을 때까지 썰매를 직접 끌어야 한다. 그런 다음 빠르면 11월 1일, 날씨가 풀린 뒤에 조랑말 팀이 2차로, 이어서 며칠 후 썰매개 팀이 3차로 출발할 것이다.

스키화/바인딩 결합 방식을 적용한 스콧의 스키. 스키 강사로 초빙한 트리그베 그란Tryggve Gran이 남극에서 발명하고 고쳐 나갔다. [노르웨이 국립도서관]

　　스콧은 테라노바호에 탑승한 총 65명의 대원 중에서 빙원을 가로질러 극점으로 향할 조원 16명을 선발할 생각이었다. 그런데 누구를 데리고 가느냐를 결정하기란 쉬운 문제가 아니었다. 스콧은 일기를 쓰면서 이곳저곳에 대원들에 대해서 기록해 두었다. 이 사람은 이런 어려운 일을 해내서 자기를 놀라게 했고, 저 사람은 저런 일 때문에 눈 밖에 났고 하는 사연을 세세히 담았다. 대원들은 자신들의 대장이 무슨 생각을 하고 있는지 정확하게 알 수는 없었지만, 대장이 겨울 내내 고민하고 있고 그에 따라 자신들의 운명이 결정되리라는 건 알고 있었다.

　　빛나는 별이 되고 싶은 욕심을 숨기지 않는 대원들도 있었다. 체리개러드와 바워스는 윌슨 박사와 함께 한겨울에 펭귄 알을 수집하려고 기지를 떠났다. 하마터면 목숨을 잃을 뻔했던 위험한 여행이었다.

스콧 대장은 두 사람의 용기에 감명을 받았다. "[바워스는] 긍정적이고 보물 같은 친구다. 절대적으로 신뢰할 수 있으며 체력이 엄청나다."라고 일기에 적었다. 오랜 친구인 윌슨 박사에 대해서는 최고의 찬사 일색이었다. "내가 만난 사람들 중에 가장 성격이 좋은 사람이다. (…) 무슨 일을 당해 보면 사람들은 [윌슨 박사가] 사리가 밝고 매우 명민하며 지극히 충성스럽고 무척 이타적이라는 걸 알 수 있다." 이 세 사람은 남극점을 향한 여행에 함께할 확실한 내정자였다.

몇 주 후에는 테디 에번스가 두 대원을 이끌고 코너 캠프 저장소를 점검하기 위해 8월의 황혼을 뒤로 하고 또 다른 겨울 여행을 떠났다. 스콧은 이들의 여행이 불필요한 고통을 자초하는 것이라고 생각했지만 어쨌든 허락해 주었다. 그리고 자신의 일기에 이를 기록했다.

남극점을 향한 여정의 첫 단계에 동참하게 된 대원들도 겨우 예선전을 통과하는 셈이었다. 스콧 대장은 탐험 도중에 일부 대원들을 베이스캠프로 돌려보낼 예정이었다. 에번스곶을 출발할 때는 열여섯 명일 테지만 스콧과 다른 세 명만이 남극점에 도전하는 것으로 계획되어 있었다.

9월 13일 스콧이 다음의 계획을 발표했다. 1911년 10월 24일, 테디 에번스, 버나드 데이, 프레더릭 후퍼Frederick Hooper, 윌리엄 래시리William Lashly로 구성된 동력 썰매 팀이 에번스곶을 출발한다. 동력 썰매는 처음에는 문제 없이 보급품을 끌었지만 1주일 만에 엔진이 고장나서, 11월 1일부터는 네 명의 대원이 335kg 무게의 보급품을 직접 끌어야 했다.

스콧이 윌슨 박사, 바워스, 오츠, 에드거 에번스Edgar Evans, 체리개러드, 토머스 크린Tomas Crean을 포함한 아홉 명의 대원들과 조랑말들을

스콧 팀의 에번스곶 통나무집 안 벙커침대(1911년 10월 9일). 이 사진을 촬영한 뒤 채 한 달이 지나지 않아 사진 속 대원 다섯 명 모두 극점 공략을 위한 여행을 시작한다. 윗줄 왼쪽부터 바워스, 오츠, 미어스. 아랫줄 체리개러드와 탐험대 의사 앳킨슨. [허버트 폰팅/위키미디어 공용]

이끌고 에번스곶을 떠난 날짜도 우연찮게 11월 1일이었다. 조랑말들을 타고 이동하기에 좀 더 수월하도록 햇빛이 낮게 드리운 밤에 여행했다. 대원들이 식사 시간을 조정해야 하는 것 말고는 모든 면에서 편리한 선택이었다. "자정에 점심식사를 하는 건 탐탁지 않았다. 하지만 대원들은 이어지는 행군을 즐겼다."라고 스콧은 일기에 적었다.

스콧 팀이 여행을 시작하고 일주일이 지난 11월 7일, 미어스와 디미트리Dimitri가 이끄는 썰매개 팀이 뒤이어 도착했다. 개들은 앞서 출발한 일행을 매우 빠른 속도로 따라잡았다. 예상보다 너무 빨랐다. 썰매개 팀이 좀 더 나중에 출발했다면 썰매에 싣고 운반 중이던 배급 식량을 축내지 않았을 것이다.

빙하 사이에 형성된 동굴을 탐험 중인 대원들. 뒤로 보이는 배가 테라노바호다. [허버트 폰팅/위키미디어 공용]

이동 속도는 더뎠다. 블리자드는 맹렬한 기세로, 쉴 틈 없이 순식간에 불어닥쳤다. 어느 하루는 "거의 볼 수 없거나, 아예 아무것도 보이지 않았다. 휘몰아쳐 날리는 눈이 얼굴을 향해 찌르듯이 날아왔다." 라고 스콧이 적었다.

조랑말들의 상태는 1년 전 저장소 설치 여행 때처럼 참담했다. 털이 길게 자라기는 했지만 미세한 입자 형태로 내려앉은 눈이 담요 안으로 파고들어 고운 털 아래의 피부를 자극했다. "사람들에게는 충분히 아늑하고 편안했지만 여기에 누워서 주위 환경에 그토록 영향을 많이 받는 조랑말들이 날씨 때문에 조금씩 쇠잔해져 가는 걸 보고만 있자니 매우 괴로웠다."라고 스콧은 토로했다.

반면에 개들은 별다른 불편함을 느끼지 않는 것 같았다. 눈을 깜빡일 때마다 눈 위를 덮어 보호하는 반투명막인 순막이 있어서 개들은 눈발이 매섭게 흩날릴 때에도 달릴 수 있었다. 게다가 체온을 따뜻하게 유지할 수 있고 빙판 위에서도 어렵지 않게 이동했다.

다만 썰매개들은 모두 함께 움직여야 했기에 가장 느린 개의 속도에 맞춰 전체 무리가 이동했다.

지난번 남극 탐험에서 섀클턴이 극점을 공략할 당시는 날씨가 좋았다! 같은 장소를 같은 계절, 심지어 같은 달에 이동하고 있었지만 섀클턴 팀의 여정 중에는 날씨가 개었던 반면 스콧 팀은 눈 폭풍 속을 여행했다. 그래서 섀클턴 팀의 조랑말들은 무탈하게 여행했으나 스콧 팀의 조랑말들은 눈과 바람 앞에 주저앉기 일쑤였다.

스콧은 전적으로 섀클턴이 전달한 보고서를 기반으로 탐험 계획을 세웠다. 남극점에 도달하고, 안전하게 귀환할 수 있는 유일한 방법은 섀클턴의 일정을 따르거나 그보다 앞서는 것뿐이라고 생각했다.

극점 공략에 나선 지 29일이 지났을 무렵, 스콧 팀은 섀클턴이 도달했던 지점보다 6일이 뒤쳐졌으므로 섀클턴 팀이 이동했던 속도를 그대로 따른다면 극점에 도달하지도 못하고 돌아와야 한다는 계산이 섰다. 스콧 일행은 속도를 높여야 했다.

조랑말들은 그 나름의 최선을 다하고 있었다. 조랑말 담당인 오츠가 온 마음을 다해 세심하게 보살폈지만, 날씨를 바꿀 수는 없는 노릇이었다. 조랑말들은 눈더미 속에 깊숙이 파묻히기 일쑤여서 대원들은 먹거나 자기 위해 이동을 멈출 때마다 매번 조랑말들을 눈구덩이에서 파내야 했다. 한 걸음, 한 걸음을 내디뎌 수백 킬로미터를 이동해야 하는 고달픈 여정이었다.

그 한 걸음, 한 걸음 내디디면서 대원들은 자신들이 디디고 있는 땅이 바뀌고 있다는 걸 깨달았다. 12월 3일, 체리개러드는 "그레이트 배리어 위에서 기복이 매우 심한 지대를 넘기 시작했다. 이쪽 마루에서 저쪽 마루까지 몇 킬로미터씩 떨어져 있었다."라고 기록했다. 오르고 내리기를 반복하는 길을 따라 대원들은 행군했다. 그런데 행군을 이어 나갈수록, 땅의 굴곡이 점점 더 좁아졌다. 3.5에서 4.5m 높이에 이르는 등성이들을 가로질러 건너려니 며칠이 걸렸다. 적어도 시선이 닿는 경계까지는 동쪽이든 서쪽이든 "들쭉날쭉한 능선이 그리는 기다란 흰색 선, 압력의 혼돈"이 펼쳐져 있었다. 바닥을 알 수 없이 깊이 파인 크레바스와 거대한 수직 빙벽. 거의 통과가 불가능할 정도인 전단대剪斷帶, shear zone였다. 산등성이를 따라 흘러내린 빙하가 바닷물 위에서 그레이트 배리어의 얼음벽에 부딪히면서 형성된 것으로 전체 루트에서 원정대에게 가장 위험한 지형이었다.

앞서 이 구역을 통과했던 섀클턴은 길을 찾았다. 피할 수 없는

얼음 울타리 옆에 서 있는 스콧 대령. [허버트 폰팅/위키미디어 공용]

거대한 크레바스의 서쪽으로 둘러 가면서 섀클턴은 자신이 걷는 경로를 표시해 두었다. 그런데 거센 눈 폭풍 속에서는 섀클턴이 표시해 둔 길을 찾을 도리가 없었다. 스콧 일행은 날이 맑게 개기를 간절히 바랐다. 딱 하루만이라도.

하지만 날씨는 오히려 믿기 힘들 정도로 계속 나빠지기만 했다. 바람은 날로 거세지고, 눈은 가차 없이 쏟아졌다. 스콧의 일기에는 당시의 비참함이 그대로 새겨져 있다. "우리의 상황은 점점 절망적이다. 직접 썰매를 끄는 에번스 휘하의 대원들이 오후에 썰매를 끌어 보려 했다. 스키를 신은 네 사람이 모두 달라붙어서야 썰매를 간신히 움직일 수 있었다. 발을 한 번 옮길 때마다 무릎까지 눈밭에 잠겼다. 온 사방에 눈이 한없이 깊이 쌓여 있다. [조랑말도] 시도해 보았는데 배 높이까지 빠져 버렸다……" 스콧 일행은 좀처럼 앞으로 나아가질 못

빙벽 옆에서 휴식을 취하고 있는 테라노바호의 썰매개 팀. [미국 의회도서관]

했다.

게다가 기온까지 상승했는데, 대원들은 온기를 싫어했다. 12월 8
일 스콧은 "기온이 여전히 영상에 머물러 있다. 모든 것이 짜증 날 정
도로 젖어 버리고 있다."라고 적었다. 얼음이 녹자 강을 이루면서 텐
트 안까지 물이 들어왔고, 모피가 수분을 흡수하면서 침낭과 부츠가
한없이 무거워졌다. 나흘 동안이나 앞으로 전혀 나아갈 수 없어서 식
량을 축내며 주저앉아 있을 수밖에 없었다. 향후 남극 고원에서의 험
난한 여정은 불을 보듯 뻔했다.

마침내 날씨가 개고, 기온이 다시 한번 영하로 떨어지자 대원들
은 조랑말을 몰았다. 크레바스를 피해 한 번은 이쪽으로, 다음엔 저쪽
으로 돌면서 조랑말들이 걸음을 옮길 때까지 채찍질해서 비어드모어
빙하 진입부의 발치까지 마지막 8km를 간신히 이동했다.

이곳의 샘블스 캠프Shambles Camp('아수라장 캠프')에 이르렀을 때,
날카로운 총소리가 침묵을 뚫었다. 대원들이 남아 있던 조랑말들을
향해 차례로 총을 쐈다. 개들은 며칠 더 갈 수 있겠지만 조랑말들은
그들이 할 수 있는 만큼 최대한까지 멀리 왔고, 대원들에게는 그 고기
가 필요했다. 지칠 대로 지친 조랑말들을 더 이상 채근할 필요가 없다
는 사실에 감사하며 대원들은 망설임 없이 방아쇠를 당겼다. 조랑
말들의 남은 사체는 조심스럽게 눈밭에 묻어 두었다. 귀환 길에 먹을
고기였다.

12월 10일, 사람이 끄는 썰매 3대와 썰매개 팀이 끄는 썰매 두 대
가 비어드모어 빙하로 진입하는 기다란 비탈길 입구 앞에서 출발했
다. 마지막 구간의 가장 가파른 수 킬로미터를 오르기까지 고통스러
운 여섯 시간이 걸리기는 했지만 이튿날 빙하에 도착했고, 그날 오후

에는 빙하 저부 저장소Lower Glacier Depot를 설치했다. 모두가 예상했던 것보다 훨씬 더 멀리까지 달려 나갔던 개들은 미어스, 그의 조수 디미트리와 함께 되돌아왔다.

여정을 시작한 이래 처음으로 사람의 힘에 전적으로 의지하여 앞으로 이동했다. 대원들은 더 무거워진 하중을 저주하기보다는 사람이 직접 썰매를 끄는 과정man-hauling의 순수성을 칭송했다. 윌슨 박사는 일기에 "하나님 감사합니다. (…) 우리는 더 무거운 짐을 끌기 시작합니다."라고 적었다.

주어진 환경을 탓하지 않는 대원들이었지만 스콧 팀이 어디를 향하든 그들을 뒤따르는 것 같은 혹독한 날씨만은 속수무책이었다. 썰매는 깊고 부드럽게 쌓인 눈밭 위에서 뒤집혔다. 눈 때문에 썰매가 고꾸라지면서 대원들이 다른 대원들을 덮치기도 했다. 어느 날 밤 스콧이 개탄하며 일기에 이렇게 적기도 했다. "이곳의 눈은 내가 지금까지 경험한 그 무엇보다 지독하다. (…) 한 발자국 내디딜 때마다 무릎 높이까지 빠지는 데다가 울퉁불퉁한 표면 때문에 썰매가 똑바로 서 있을 수가 없다." 썰매를 당기려고 애를 쓰는 사이 진땀이 나는 바람에 대원들의 고글이 뿌옇게 흐려졌다. 불편해진 고글을 벗으면 빙원에 고스란히 노출된 눈에 설맹 증상이 생기기 일쑤였다. 입술이 갈라져 피가 났고, 햇빛에 노출된 얼굴에는 물집이 생겼다가 딱지가 앉았다. 사람이 직접 썰매를 끄는 과정은 자긍심의 원천이기는 했지만 너무 힘에 겨워 견디기 힘들었다.

일행은 12월 17일 빙하 중부 저장소Mid Glacier Depot를 설치했다. 빙하 한가운데를 향해 이동하면서 그들은, 과거에 섀클턴 팀을 괴롭혔던 날카롭고 뾰족한 얼음들로 가득 찬, 바닥을 알 수 없는 깊은 크레바스에 빠지는 불상사를 피하기를 바랐다. 스콧은 대원들을 끈질기게 채근해 하루에 11시간 내지 12시간 동안 썰매를 끌게 했다. 스콧 자신이 가장 열심히 썰매를 끌고 있다는 걸 알기에 대원들은 대장이 요구하는 대로 최선을 다했다. 스콧은 매일 밤 섀클턴의 이동 거리, 위치와 자신의 위치를 비교했다. 마침내 섀클턴 팀을 따라잡고 있었다.

스콧으로서는 최종적인 극점 팀을 선발하기가 점점 더 어려워지고 있었다. 애초부터 스콧은 대원들을 "선하고 진실한 사람들"이라고 부르며 "단 한 명도 약한 부분이 없다."고 주장해 왔다. 혹독한 여행을 시작한 지도 한 달 하고 반이 지났건만 남은 대원들 모두가 계속 탐험을 이어 나가길 열망하고 있었기에 스콧은 그들 중에서 일부를 선택해야 했다. 스콧은 "누구를 선택하고, 누구를 탈락시켜야 하는 순간이 두려웠다. 이런 선택의 순간보다 더 마음 아플 일은 없을 것이다."라고 적었다.

스콧이 체리개러드와 다른 세 명의 대원에게 북쪽으로 귀환하라고 지시했을 때 그들은 몹시 실망했다. 비어드모어 빙하에서의 마지막 날에 빙하 상부 저장소Upper Glacier Depot를 설치하고 이튿날 아침인 1911년 12월 21일, 대원들은 극점 팀과 에번스곶을 향해 귀환하는 팀, 둘로 나뉘어 헤어졌다.

스콧 대령, 그리고 헨리 바워스, 토머스 크린, 테디 에번스, 에드거 에번스, 윌리엄 래시리, 로런스 오츠, 윌슨 박사, 이렇게 일곱 명의 대원들이 남쪽을 향해 나아가기로 했다. 스콧은 자신의 일기에 "우리는 모든 것을 고려하여 확률에 맞서 싸우고 있었다."라고 적었다.

아무도 밟지 않은 깨끗한 눈은 매우 고무적인 증표였고, 모든 이들의 사기를 북돋아 주었다. 노르웨이 팀 역시 남극 고원으로 이어지는 알려진 유일한 경로인 비어드모어 빙하를 선택했으리라는 게 스콧을 비롯한 대원 모두의 공통된 짐작이었다. 스콧 팀은 지금까지 썰매나 개, 사람이 지나간 흔적을 한 번도 보지 못했다. 일이 어떻게 돌아가고 있는지 정확히는 알 수 없었지만 아무튼 자신들이 경주에서 이기고 있다고 생각했다.

아문센이 이끄는 노르웨이 팀과 경주하는 동시에 과거 섀클턴의 이동 속도를 따라잡으려고 애쓰면서 스콧과 대원들은 매일 자신들을 한 걸음 더 밀어붙였다. 대원들은 스콧 대장이 한 팀만 극점에 도달한다는 계획에 따라 식량을 준비했음을 알고 있었고, 저마다 자신은 빼고 다른 대원들이 더 약하다고 생각했다. 그렇게 많은 양의 에너지를 소비하는 데 필요한 칼로리의 절반 정도만을 섭취하면서도 단 한 사람도 기지로 돌아가려 하지 않았다. 남극점이 그들 모두를 손짓해 부르는 듯했다.

"감격에 겨워

그리고 어쩌면 주어진 과제에 약간 겁을 먹은 채

나는 썰매에 짐을 싣고 하네스에 내 몸을 연결했다.

그리고 극점을 향해 남쪽으로 첫발을 내디뎠다.

'천릿길도 한 걸음부터'라는 옛말이

딱 들어맞는 순간이었다."

- 2018년 11월 3일 콜린 오브레이디 -

---- ✴ ----

"마침내 출발점에 섰다는 게 믿기 힘들고 마음이 벅차올랐다.

이 자리에 서기까지 너무나 많은 사람들에게 빚을 졌다.

나를 내려 준 조종사에게 작별 인사를 하고 비행기가 저 멀리

작은 점이 되어 사라지는 것을 가만히 서서 지켜보았다.

그리고 완벽한 침묵. 귀가 먹먹할 정도의 침묵.

정말 으스스했다."

- 2018년 11월 3일 루 러드 -

CHAPTER 8

여정

오브레이디·러드: 2018년 11월 3일–2018년 11월 18일

❄

2018년 11월 3일
메스너 스타트에서 북쪽으로 3km

루가 다시 이곳에 왔다. 마침내. 몇 날 며칠을 계획하고 수년에 걸쳐 훈련한 결과였다. 좀처럼 믿기질 않았다.

밝고 쾌청한 남극의 한낮이었다. 다시 한번 얼음 위로 나아가 자신의 눈앞에 펼쳐진 풍경과 마주하고, 미지의 것을 상대로 한 걸음, 또 한 걸음 자신을 시험하게 되었다는 사실에 가슴이 벅찼다.

옥의 티가 하나 있기는 했다. 그를 졸졸 따라다닐, 미국에서 온, 키 183cm짜리 녀석.

두말하면 잔소리지만 루 러드는 이 경주에서 이기길 바랐다. '최초의 횡단' 여행 타이틀은 영국인 탐험가에게 **돌아가야** 마땅하다. 이미 두 번을 시도한 바 있기도 하다. 하지만 루는 자신의 목표를 잘 알고 있었고 그에 집중했다. 끝까지, 결승점에 도달하고 헨리 워슬리를 기리는 일이 상대를 이기는 것보다 중요했다. 경쟁 심리가 발동하면 쉽사리 지치고, 피로는 부상으로 이어지기 마련이다. 초반부터 지나치게 힘을 들여 빨리 앞서 나가려 하면 실패로 돌아가기 쉽다.

루 러드는 자신을 돕는 팀원들에게 단호하게 지시했다. "내가 묻기 전에는 콜린에 관한 어떠한 것도 내게 알리지 말 것." 루 러드와 콜린 오브레이디의 전략은 서로 달랐다. 콜린이 어떻게 하고 있는지, 어디에 있는지에 따라 자신의 결정을 재고하고 싶지는 않았다. 루는 자신의 경험을 믿었다. 따져 보면 루는 콜린의 나이만큼 오랫동안 군대에서 복무해 왔다. 경쟁이 과열되고 있었지만 그건 중요하지 않았다. 루는 이미 자신이 할 수 있는 최대한 빨리 가고 있었다.

이제 드디어 움직여야 할 때가 왔다.

그의 앞에, 얼음 위에 놓인 펄크는 지금까지 그가 끌어 온 어떤 것보다도 컸다. 탄소-케블라* 복합소재로 제작한 썰매는 길이가 2.3m 정도였다. 빈 썰매의 무게는 7.5kg이다. 첫날, 모든 물품을 싣자 165kg이었다.

터무니없이 무거웠다. 불행히도 지면 상태가 좋지 않아 더 무겁게 느껴졌다. 2018년에는 공교롭게도 심각한 엘니뇨El Niño 현상이 나타나 모두의 예상을 뛰어넘을 만큼 눈이 깊이 쌓였다. 다른 해 같았으

---

*   Kevlar. 미국 듀폰(DuPont)사가 개발한 고강력 화학 섬유.

면 펄크가 얼음 위에서 쉽게 미끄러졌을 테지만 지금은 눈밭에서 연신 뽀드득 소리를 내며 몇 센티미터씩 주저앉았다. 앞으로 한 발자국씩 나아갈 때마다 루는 펄크의 무게에 더해 눈의 저항을 견디며 썰매를 끌어야 했다.

설상가상으로, 남극점까지 가는 길 전체가 오르막이었다. 막힘없이 펼쳐진 지평선은 그에게 아무런 기준점을 제공하지 않았기에 땅의 경사를 확인하기란 불가능했지만 루는 이를 느낄 수 있었다.

루 러드는 이를 악물고 하네스를 착용했다. "정말로 힘든 이동이었다."라는 말로 블로그의 첫 번째 글을 시작했다.

포기에 관한 한, 일말의 가능성도 생각하지 않았다. 집에서 누렸던 모든 것이 그리웠다. 매일의 샤워, 신선한 음식, 깨끗한 속옷, 실내 화장실 같은 일상 속 소소한 사치. 행복에 대한 이 모든 잡념을 박스에 넣듯이 모두 정리하여 결승선에 옮겨 놓았다. 그의 계획은 간단했다. "본래의 삶, 내가 알고 사랑하는 이들에게 돌아갈 수 있는 단 하나의 방법은 스키를 지치는 것뿐이다."라고 스스로에게 되뇌었다. 그가 갈망하는 일상으로 돌아갈 수 있는 유일한 길은 여행을 마치는 것뿐이었다.

첫째 날, 다섯 시간 동안 썰매를 끌었지만 이동 거리는 고작 7km 정도였다.

얼마 되지 않는 짧은 거리를 이동한 뒤에 그토록 엄청난 통증이 몰려왔다는 생각에 보통은 좌절하기 십상이다. 이동하는 동안 식량을 소비하기 때문에 날이 갈수록 펄크가 가벼워지리란 걸, 그리고 자신의 몸이 반복되는 썰매 끌기의 일상에 언젠가는 익숙해지리란 걸 머리로는 알지만 마음으로 납득하기란 쉽지 않았다. 결국 탐험은 정신력 싸움이었다.

루 러드는 평생 동안 적응력을 발휘하며 살아왔다. 어쩌면 이보다 더 가혹한 환경에서도 살아남았다. 상황이 아무리 악화된다 한들 남극에서는 적어도 자신에게 총을 겨누는 사람은 없지 않은가. 게다가 **밤새** 텐트 안에서 충분히 잘 수 있지 않은가. 노르웨이에서 군복무를 할 때는 "새벽 3시에 일어나 텐트 밖에서 보초를 서야 했다". 그때와 비교하자면 이번 탐험은 "그저 추운 날씨 속 캠핑"일 뿐이라고 표현했다. 그는 고된 생활에 익숙했다.

탐험 둘째 날 아침에 루가 일어나서 보니, "저 멀리 티끌처럼 보이는" 콜린이 한 시간 정도 거리가 뒤처진 채 그를 뒤따르고 있었다. 루가 처음으로 하루 종일 썰매를 끌고 나자 콜린은 다시 지평선 아래로 사라져 버렸다.

둘째 날도 첫째 날 못지않게 힘들었다. 식량을 먹어 치우는 동안 "펄크가 가벼워질 테니 앞으로 상황이 좋아질 수밖에 없다."는 사실에 집중하면서 긍정적인 태도를 유지하려 애썼다. 둘째 날에는 7시간 30분 동안 펄크를 끌었지만 이동 거리는 고작 15km였다. 이전에 탐험했을 때 하루 동안 얼마나 먼 거리를 주행했던가, 그렇게 비교하기보다는 자신이 오늘 이만큼이나 썰매를 끌었다는 사실을 자축했다. 가장 중요한 건 태도였다.

탐험을 시작한 이튿날에 벌써 루 러드는 남극 여행에서 가장 위험한 난관 중 하나인 사스트루기sastrugi를 만났다. 사스트루기란 극점으로부터 대륙 방향으로 불어오는 맹렬한 바람에 눈이 날카로운 물결 형태로 얼어붙은 울퉁불퉁한 요철 지형을 말한다. 때로는 높이가 1m 안팎에 이르기도 하는 '과속 방지턱' 역할을 하는 사스트루기로 인해

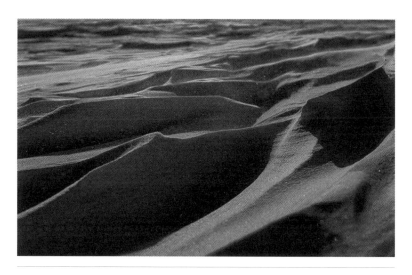

바람이 부는 방향으로 눈이 얼어 능선을 이룬 사스트루기. 때로는 높이가 1m 안팎에 이르러서 남극 탐험가의 여행을 어렵게 만든다. [NOAA 사진 도서관/위키미디어 공용]

펄크를 급히 정지시켜야 했고, 루는 어쩔 수 없이 "엉덩이를 잽싸게 움직이며 몸의 중심을 이리저리 바꾸어 다시 [펄크를] 움직이게 해야 했다. 정말로 하루 종일 이어지는 끊임없는 사투였다".

날씨가 쾌청한 때에도 사스투르기 지역에서 이동하려면 진땀이 났다. 기상 상태가 좋을 때에는 새하얗게 쌓인 눈이 눈부셔서 사스트루기의 높이와 깊이를 가늠하기 어려웠다. 한편, 바람이 불어 지면에 쌓인 눈을 휘저어서 보라를 날리며 하얀 구름처럼 휘감을 때에는 사스투르기의 능선들이 평평한 땅과 전혀 구분되지 않았다. 한 번, 두 번, 또다시 루는 넘어지기를 거듭했다. "어딘지도 모르는 눈밭에 대자로 누워 나 혼자 껄껄 웃어 댔다." 우는 것보다는 웃는 편이 훨씬 나았다.

1980년대 음악과 오디오북이 번갈아 흘러나오는 헤드폰을 머리에 쓰고 루 러드는 묵묵히 앞으로 나아갔다. 날씨가 좋을 때는 방향을 정하고 자신의 그림자 각도를 주시하면서 하루 종일 따라갔고, 화이트아웃*이 발생할 때는 가슴께에 매달아 둔 나침반을 응시하며 나아갔다. 어떤 상황에서든 한 발을 다른 발 앞으로 옮겨 가며 계속해서 앞으로 나아갔다.

❄

2018년 11월 3일,
탐험 첫째 날 메스너 스타트 북쪽으로 3km

메스너 스타트에 착륙하자마자 일이 잘 풀리지 않았다.

ALE 비행기가 아스라이 멀어지자 콜린 오브레이디는 부려 놓은 가방들을 펄크 위에 싣기 시작했다. 비행기에서 내리기 전에는 두고 내리는 짐이 없는지 하나씩 확인했었다. 이제 모든 짐을 펄크에 옮겨 싣고 안전하게 고정한 뒤 펄크 가운데 부분을 가로질러 끈을 하나씩 당겨 조였다.

그때, 탁 소리와 함께 끈 하나가 끊겼다.

단지 끈 하나였을 뿐이다. 남은 세 개의 끈이 부하를 유지하면 될 일이었다. 여행을 이어 나갈 수 있었다.

하지만 장비가 고장 나자 콜린은 한 발자국도 앞으로 내딛지 못했다.

---

* whiteout. 눈이 많이 내린 뒤 눈 표면에 가스나 안개가 생기면서 주변이 모두 하얗게 보여 원근감, 방향감각이 없어지고 시야가 상실되는 현상.

기어이 발을 내디디려 했지만 끔찍하게 무거웠다. 콜린은 소중하지만 값비싼 위성 전화기를 이용해서 눈물을 흘리며 제나에게 전화해서는 외치듯 말했다. "우리가 뭘 잘 몰랐던 것 같아." 콜린의 펄크는 루의 펄크보다도 18kg이나 더 무거웠다. 저 참전 용사는 이미 날 듯이 훨씬 앞서 나간 것만 같았다. 콜린이 보기에는 루가 아무 힘도 들이지 않고 스키를 지치고 있는 것처럼 보였다. 반면에 온 힘을 다했지만 콜린의 펄크는 꿈쩍도 하지 않았다.

제나는 침착했다. 몇 발자국만 내디뎌 보라고 충고했다. "그냥 시작만 해요." 첫날에는 그저 3km 정도만 썰매를 끌어 보라고 설득했다. "그러고 나서 텐트를 쳐요. 기분이 좋아질 거예요."

콜린 오브레이디와 루 러드, 두 사람 모두에게 공정한 경주가 될 수 있도록, 그리고 둘이 옆에 나란히 스키를 지치는 일이 발생하지 않도록 ALE 비행기는 두 사람을 공식적인 출발 지점에서 북쪽으로 3km가량 떨어진 지점에 2.4km 간격을 두고 각각 내려 주었다. 그 첫날, 콜린의 목표는 빙하와 빙붕 사이에 놓인 이정표인 메스너 스타트에 도달하는 것이었다. 콜린은 한 걸음, 한 걸음 싸움을 벌이듯 터벅터벅 몇 시간 동안 나아갔다.

탐험을 앞두고 고향인 오리건주 포틀랜드에서 훈련하면서 콜린은 극지 탐험 전문가인 딕시 당세르쾨르Dixie Dansercoer에게 조언을 구한 적이 있었다. 딕시가 콜린에게 가르쳐 준 가장 중요한 사항 중 하나가 하네스를 채운 채 걷는 방법이었다. 정상적인 걸음걸이로는 펄크를 살짝 잡아채서 끌어당길 수 있을 뿐이다. 딕시는 콜린에게 "오리걸음으로 걸어야 한다."고 알려 주었다. "마치 우리 몸이 완충장치가 되듯이 대퇴사두근을 좀 더 낮추어 낮은 걸음으로" 걸으라는 것이었다.

보기에는 다소 기이하지만 콜린은 뒤뚱거리며 조금씩 앞으로 나아가기 위해 고군분투했다.

그날 밤, 메스너 스타트에 도착하기는 했다. 콜린 오브레이디가 가진 모든 정신적·육체적 힘을 발휘한 끝에 가까스로 목표 지점에 도달했다. 첫날 이동 거리는 3km였다. 앞으로 가야 할 길은 대략 1,500km였다.

인스타그램에 올린 사진에서는 그가 감내한 고통을 내색하지 않은 채 여전히 용감한 표정을 지어 보였다. 그러면서도 "어쩌면 내게 주어진 과업에 조금 겁을 먹은 듯하다."라고 인정했다. 세상 사람들에게는 콜린이 '임파서블 퍼스트' 여정의 첫날을 시작하게 되어 흥분한 것처럼 보였다.

하지만 그날 밤 텐트 안에서 콜린은 다시 제나에게 전화를 걸었다. 두려움, 좌절감, 절망감이 목소리에서 묻어났다. 제나는 여전히 침착함을 유지한 채 이렇게 말했다. "내일은 흐름을 찾으려고 노력해 봐요. 단 30초 동안이라도요. 1분이면 더 좋고요. 당신 내면의 평화를 찾으려고 애써 봐요."

흐름. 정신과 신체의 상호작용. 두뇌와 신체가 서로 어떻게 반응하는가는 콜린이 오랫동안 관심 가져 온 주제였다. 그의 몸 못지않게 정신도 태국에서 입은 화상을 극복하는 데에 시간이 필요했다. 그 후로 콜린은 정신과 신체가 경계를 구분하지 않고 서로 협력하면서 특별히 애쓰지 않아도 애슬레티시즘athleticism이 발휘되는 상태를 추구해 왔다. 이는 그저 온 힘을 들여 1km, 2km 앞으로 나아가기만 하기보다는 그 과정에서 얻을 수 있는 또 다른 상賞이고 목표였다. 어쩌면 그다지 멀리 가지 못할 수도 있지만, 흐름을 찾으려고 애써 볼 필요는 있었다.

"우리는 스스로가 말하는 대로 된다." 콜린이 자주 하는 말이고 그는 온 마음을 다해 이 말을 믿고 있었다. 2일차 아침, 처음으로 하루 종일 펄크를 끌기 시작한 첫날 그가 즐겨 외던 주문이 떠올랐다. 탐험가 그랜드 슬램을 진행할 때 난관에 부딪칠 때마다 되뇌었던 말이다. "콜린, 넌 강해. 넌 할 수 있어."

콜린은 큰 소리로 여러 차례 되풀이하여 말했다. 스스로 진심으로 이 말을 믿게 될 때까지.

루 러드는 이미 그를 한참 앞서가고 있었다. 콜린은 여전히 더디게 한 발짝, 두 발짝을 떼어 놓으며 매 분 매 시간 패배감과 싸워 가며 앞으로 나아가고 있었다.

그런 다음 아홉 시간 동안 썰매를 끌고 가쁜 숨을 몰아쉬는 가운데 일순 평온함을 느꼈다. 마음이 진정되었고, 몸과 마음을 차분히 움직여대자 그 둘이 하나가 되었다. 마침내 흐름을 찾은 것이다.

그리고 이 평온은 1분 만에 온데간데없이 사라져 버렸다. 고립과 엄청난 무게라는 절망적인 현실이 다시 그를 짓눌렀다.

하지만 그걸 찾아냈다. 단 한순간이었지만. 그것만으로도 충분했다. 이는 앞으로 나아가 다시 흐름을 찾기로 마음을 다잡는 계기가 되었다. 바로 저기에 있었다. 자신의 발걸음 앞에. "마음을 진정"시킬 수만 있다면 다시 그 흐름을 찾게 될 것이다.

물론 남겨진 과업은 콜린의 마음을 짓눌렀다. 푹푹 파묻히는 눈밭에서 100kg이 넘는 펄크를 끌고 수백 킬로미터를 이동해야 하는 과업. 하루 12시간 동안 썰매를 끌어야 한다는 건 마주하기가 벅찬 일이어서 생각도 하기 싫었다. 콜린은 하루라는 시간을 나누어 90분마

스키가 장착된 ALE 사의 트윈오터 비행기가 남극 대륙 위를 비행하고 있다. [브라이언 알렉산더와 체리 알렉산더Bryan and Cherry Alexander/ALE]

다 쉬기로 했다. 약간의 물과 함께 콜린바 한 조각을 먹었다. 그런 다음 다시 90분 동안 썰매를 끌었다.

하루를 마치면 규칙적인 일상이 시작되었다. 텐트를 치고, 따뜻한 음식을 먹고, ALE에 전화하고, 그런 다음 제나에게 전화. 이튿날 이 모든 과정을 다시 시작했다. 한쪽 발을 천천히 다른 쪽 발 앞에. 조금씩 이동 거리를 늘려 갔다.

하지만 결코 쉽지 않았다. 콜린은 처음 3일 동안 매일 고글을 쓴 채로 울었다. 펄크를 끄는 일 자체가 너무 힘들었고 실패는 불을 보듯 뻔해 보였다. 그의 마음은 조바심치며 일이 잘못될 수 있는 온갖 경우의 수를 찾고 있었다. 콜린은 당시를 회상하며 훗날 이렇게 말했다. "마치 비행기 조종사들이 그러는 것처럼 안전 점검 목록을 지속적으로 확인해야 했다." "발 상태는? 양쪽 손은? 코는 괜찮은가? 발은 안녕한가? 손은?" 계속해서 신체의 어느 부분도, 아무것도 부상당하지 않았는지 확인하고 또 확인했다. 이런 일은 재미없고 무자비했다. 그것은 생과 사를 가르는 일이기도 했다.

그러나 콜린 오브레이디는 꾸준히 전진하고 있었고, 스스로에게 힘과 평온의 메시지를 전달하는 것도 잊지 않았다.

이런 노력은 효과가 있었다. 콜린이 루를 따라잡기 시작한 것이다.

닷새째 되는 날, 하루를 마칠 무렵 콜린은 지평선 위에 펼쳐진 루의 텐트를 보았다.

긴 하루였다. 콜린은 늘 그렇듯이 그날도 오전 6시 10분에 기상했다. 8시 30분엔 스키를 타고 있었다. 그러고 나서 다른 날처럼 12시간 동안 썰매를 끌고 일과를 마칠 무렵 저 멀리에서 루의 텐트를 보았던 것이다. 콜린은 그 자리에서 멈추지 않고 루의 텐트까지 나아갔다. 스키를 타고 15분이 걸렸다.

다음 날 콜린은 평소보다 일찍 일어났다. 화이트아웃. 바람이 그의 주위를 맹렬하게 휘젓자 사방으로 눈이 날렸다. 남극에서는 화이트아웃 현상이 너무 자주 발생하기에 이는 썰매를 끌지 않을 핑계가 될 수 없었다. 콜린은 한 치 앞을 분간할 수 없는 미지의 땅을 향해 나아갔다.

조우는 순식간에 이루어졌다. 그날 아침 콜린이 스키를 지치기 시작한 지 몇 분 지나지 않아 루 러드의 텐트에 가까워졌다. 자신이 아닌 다른 누군가의 기침 소리를 들을 수 있다는 것이 첫 번째 변화였다. 기침 소리는 매섭게 몰아치는 바람과 눈에 맞서 마찰을 일으키며 끌리는 펄크 소리를 뚫고 귀에 꽂혔다. 그런 다음에는 텐트의 지퍼를 내리는 소리.

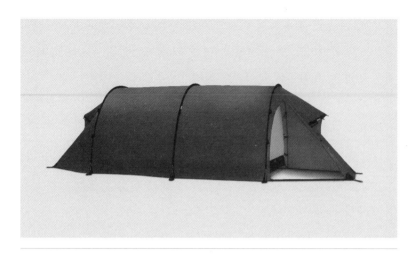

콜린 오브레이디와 루 러드 모두 탐험 내내 이 3인용 텐트를 사용했다. 그게 옷이든 스키든, 젖어서 밤새 말려야 하는 것은 무엇이든 텐트 안에 보관했다. [텐트 제조사인 힐레베르그Hilleberg]

누군가 다른 사람을 마지막으로 본 지 거의 일주일이 지난 때였다. 앞을 분간하기 힘들 만큼 흩날리는 눈보라 속에서 루 러드가 텐트를 열고 나와, 스키를 타고 지나가는 콜린 오브레이디를 향해 천천히 손을 흔들었다.

그러더니 루가 어느샌가 텐트를 해체하고 펄크에 짐을 싣고는 자신의 스키에 올라 콜린 오브레이디와 나란히 달리고 있었다. 아직 이른 시간이었고, 기상 조건은 가혹했다. 그렇지만 루는 얼굴에 웃음을 띠며 진심을 다해 인사를 건넸다. "이봐요, 좋은 아침이에요. 친구!"

루는 콜린의 하네스가 어디선가 꼬인 것처럼 벗겨진 것을 알아차리고 콜린에게 필요한 게 있는지 물었다.

콜린은 단박에 거절했다. 하네스는 괜찮다. 꼬인 것은 이미 알고 있다. 이는 내가 장비를 이용하는 남다른 방식일 뿐이다.

이런 대화를 나누면 안 된다고 생각했다. 걸려 있는 목표가 너무 컸다. 지금은 우리 둘 모두 '단독' 타이틀을 차지하기 위해 분투하고 있다. 다정하게 인사 나누는 정도도 콜린에겐 매우 위험하다고 느껴졌다.

콜린이 루를 향해 몸을 돌렸다. "루, 이젠 서로 대화를 삼가도록 합니다."

루 러드는 고글을 올리고는 자기보다 한참이나 어린 콜린 오브레이디를 바라보았다. 고개를 끄덕였다. 홀로인 채로. 도움을 받지 않고. 한순간이라도 다른 사람과 함께하지 않고. 이는 본래 의도했던 방식이었다.

두 사람은 서로에게서 떨어졌다. 800m 정도 떨어져서 하루 종일 앞서거니 뒤서거니 하며 나란히 이동했다. 기상이 좋질 않아 저 멀리 상대가 간신히 보이다 말다를 반복했다. 하루를 마칠 무렵 루 러드가 텐트를 설치하는 가운데, 콜린 오브레이디는 계속해서 스키를 지쳤다.

다음 날 아침에도 콜린은 일찌감치 일어났다. 다시 한번 화이트아웃 속으로 길을 떠났다. 마치 자신이 "탁구공 안에 갇힌" 느낌이었다. 루가 기상하기 전에 스키를 타기 시작한 덕분에 두 사람 사이의 간격이 점점 벌어졌다.

콜린 오브레이디는 대체로 조용히 혼자만의 여행을 이어 나갔다. 생각이 이리저리 떠돌고 꼬리에 꼬리를 물고 이어지더니 오래전 잊었다고 생각했던 여러 이야기와 추억 속 장면들이 떠올랐다. 다섯 살 때의 수영 경주, 고등학교 때 누이와 함께 차를 탔던 기억 같은 과거의 한때들. 남극의 화이트아웃을 뚫고 길을 찾으러 분투하며 몇 시간 동안 펄크를 끄는 동안 "모든 세세한 기억이 마음속 깊은 곳과 연결된"

것처럼 평소에는 대수롭지 않게 여긴 기억들이 되살아났다.

바로 이런 순간들이었다. 자신의 몸과 남극 대륙, 펄크가 하나로 연결된 것처럼 느껴지는 흐름의 상태. 콜린이 간절히 원하던 바였다. 지나친 소음 같은 세속의 것은 물론이고, 펄크를 끄는 고통에도 집중력을 흩뜨리고 싶지 않았다.

그런데 사실 남극 자체가 진정으로 고요한 공간이라고 할 수는 없었다. 주위를 둘러보면 언제나 눈밭 위에서 펄크를 끄는 다른 탐험가들이 눈에 띄었고, 자신의 스키도 얼음을 가르며 연신 소리를 냈다. 콜린이 몸을 움직이지 않을 때에도 남극 대륙은 자신의 소리를 낸다. 바람이 잦아드는 때가 없었다.

남극점에서 바다를 향해 경사면을 타고 돌진하는 캐터배틱 바람*이 썰매를 끄는 탐험가들에게 정면으로 불어왔다. 어떤 날은 다소 거세게 부는 산들바람 같았지만 강풍이 불 때는 찬바람에 기온이 −20℃에서 −80℃까지 급격히 낮아지기도 했다. 콜린의 고향 오리건주에서는 60℃의 온도 차이란, 해변에서의 무더위와 외출 시 두꺼운 털장갑, 따뜻한 부츠, 코트, 모자를 챙겨야 하는 계절의 차이였지만 남극에서는 이 정도의 기온 변화가 이처럼 극적으로 일어나고는 했다. 바람으로 인해 실제로 체감하는 추위는 훨씬 그 강도가 셌다.

어떤 날은 계속 날리는 눈발과 돌풍 때문에 코앞 몇 미터밖에 분간할 수 없을 때도 있었다. 고향의 제나는 콜린에게서 받은 메시지를 인스타그램에 올렸다. "날씨가 이렇게 나쁠 때는 그야말로 하루 종일,

---

* katabatic wind. 바람은 보통 기압 차에 의해 공기가 움직이면서 생기지만 남극에는 중력 때문에 부는 바람이 있다. 내륙 고지대의 공기가 냉각되면서 무거워지면, 이 공기가 중력 때문에 경사면을 따라 내려오면서 강하고 차가운 바람이 불게 된다.

가슴에 부착한 나침반만을 바라보고 있습니다. 나침반 바늘만이 올바른 방향을 알려 주기 때문이지요. 믿기 어려우면 그냥 눈을 감고 앞으로 죽 걸어가려 애써 보세요. 사실 거의 불가능한 일이랍니다. 나를 안내해 줄 나침반이 없었다면, 전 그야말로 눈을 감고 헤매고 있을 겁니다. 사위가 온통 하얀색뿐입니다."

이처럼 앞이 전혀 보이지 않는 상황에서도 콜린은 이동 거리를 늘려 가고 있었다. 이제는 하루 22~25km 이동이 일상이 되었다. 심지어 어느 놀라운 날에는 하루 만에 32km를 주행했다. 콜린은 강했다. 콜린은 할 수 있었다. 계속 움직이고 있었다.

14일째 되던 날 콜린은 갑자기 멈췄다. 그동안 보았던 다른 빙원과 크게 다르지 않은, 중요해 보이는 특별한 표식도 없는 어떤 빙원의 한가운데서. 그곳에서 콜린 오브레이디는 팔을 들어 환호했다. 마침내 항법상의 1차 이정표인 첫 번째 웨이포인트waypoint에 도착했던 것이다.

300km를 여행한 끝에 콜린은 자신의 GPS가 가리키던 위도와 경도에 도달했다. 바로 그곳이었다. 아무런 표시도 대피소 같은 것도 없었지만 콜린이 해낸 것이다.

콜린은 서쪽으로 30° 선회하여 나침반에 새로운 방향을 설정하고 계속해서 나아갔다.

2018년 11월 9일 남극 7일째

그날 아침 루 러드는 콜린 오브레이디가 그를 지나쳐 간 뒤에야 기상했다. 앞서 나간 이 미국 청년의 흔적은 보이지 않았다. 그래서 더 좋았다. 연신 어깨 너머를 확인하는 번거로움이 아니더라도 하루 종일 썰매를 끄는 일은 충분히 힘들었다. 길고 긴 경주였고, 그 와중에 무슨 일이든 일어날 수 있었다.

설혹 둘이 나란히 서 있다고 해도 루는 콜린을 볼 수 없었다. 바람이 얼굴 전체를 덮쳤고, 고개를 들 때마다 눈보라가 치고 올라와 얼굴을 찌르는 듯했다. 하루 일과를 시작하자마자 그의 안면 마스크가 착용한 그 자리에 그대로 얼어 버렸다. 곧바로 모양을 바로잡지 않으면 하루 종일 구겨진 부분이 얼굴을 찌르고 불편하게 만들 터였다. 루가 할 수 있는 일이란 그저 "고개를 숙이고, 오디오북을 켜고, 바람 속을 터벅터벅 걸어가는 것"뿐이었다.

운명인지 아니면 우연인지, 사상 최악의 날씨를 기록한 것은 공교롭게도 영국의 현충일인 영령英靈 기념일*이었다. 루는 공포스러운 전장에서 많은 친구를 떠나보내야 했었다. 강풍과 눈, 고독, 피로를 상대로 분투하는 와중에 실제의 폭력으로 희생당한 동료들을 추념하며 스스로에게 박차를 가했다.

이튿날, 텅텅 비어 버린 1차 식량 가방을 둘둘 말아 넣었다. 열흘이 지난 것이다. 그만큼의 무게도 사라졌다.

---

* 1·2차 세계대전의 전사자를 추도하는 날, 11월 11일.

유니언 글레이셔 캠프에 위치한 통신 시설물. 콜린과 루는 각자 밤마다 ALE와 통화했고, 1주일에 한 번은 의사와 상담했다. [크리스티안 이벌슨Christian Iversen/ALE]

루 러드는 일상의 리듬을 찾았다. 그렇다고 썰매 끄는 일이 쉬워졌다는 뜻은 아니었다. 지면은 아직 기대만큼 얼지 않았고, 눈이 높이 쌓여 펄크를 당기기 어려웠다. 역풍이 부는 가운데 바로 그 옆면으로도 바람이 불었다. 이런 각도는 좋지 않았다. 펄크를 계속해서 밀어댔고 "그 탓에 저항력이 추가되는 바람에 [펄크는] 1톤에 가까운 것처럼 무거웠다."라고 루는 적었다. 가장 추웠던 날에는 고글과 안면 마스크를 착용하고 후드 셔츠를 입고 꽉 조인 다음 위에 털 목도리를 둘렀다. 또한 스키 폴대를 잡는 손을 보호하려고 장갑을 여러 켤레 착용하고 그 위에 포기pogies라고 부르는 방풍 커버를 끼우는 등 여러 겹으로 옷을 껴입어도 얼음장 같은 공기의 사나운 입질을 무디게 하지는 못했다.

밤이라고 달리 피로를 달랠 방법이 있는 것도 아니었다. 외려 강풍에 텐트가 찢기지는 않을까 하는 걱정에 루 러드는 밤새 잠을 이루지 못했다. 바람이 매우 심했던 어느 날엔 한 시간에 한 번씩 몸을 일으켜 텐트의 폴대가 바람에 버티다 부러지지 않는지를 확인했다. 날씨가 너무 나쁠 때는 텐트 밖으로 나가 텐트 주변에 눈을 쌓아 올리곤 했다. 가장자리를 누를 수 있는 것이 있다면 뭐라도 이용해서 텐트가 날아가지 않도록 갖은 애를 써야 했다.

한번 밖에 나갔다 오면 영락없이 잠을 설쳤다. 한밤중 텐트 밖 풍경은 낮과 별반 다르지 않았다. 남극에서 여름밤이란 어둠을 의미하지 않았다. 결코 잦아들지 않는 햇빛 속에서 모든 것이 완벽하게 잘 보였다.

밤새 잘 잤든, 뒤척이기만 했든 상관없었다. 루 러드는 행군을 계속했다. 16일 차에 1차 선회 지점, 첫 번째 웨이포인트에 도달했지만 블로그에 특별한 기록도 남기지 않았다. 어차피 빙원 위에 한 점일 뿐이었다. 앞으로 가야 할 길이 수백 킬로미터 남아 있었다.

"이곳은 마치 전쟁터 같았다. 탄약은 거대한 얼음덩어리였다.
여기저기 흩어지고 쌓인 얼음덩어리들을 보고 있자니
격렬한 혼란을 표현한 그림이 떠올랐다. 하나님 감사합니다,
일이 벌어졌을 때 이곳에 없었다니 얼마나 다행인가라고
전쟁터를 바라보며 나는 혼자 생각했다.
지구 종말과 같은 광경이었을 것이다.
게다가 작은 규모도 아니었을 거다."

– 1911년 11월 28일 로알 아문센 –

✳

"이렇게 썰매를 당기기 힘들었던 적은 없었다.
썰매가 연신 삐거걱, 끽끽대는 소리를 냈다.
간신히 9.6km를 이동했지만, 죽을 만큼 힘들었다."

– 1912년 1월 11일 스콧 대장 –

CHAPTER 9

극점

아문센·스콧: 1911년 11월-1912년 2월

❋

1911년 11월 23일
남극 대륙 액슬하이버그 빙하의 정상

'푸줏간'에서의 죽음은 피할 수 없는 일이었다. 24마리의 개들이 도살당했지만 신선한 고기를 먹은 살아남은 개들의 털에서 윤기가 다시 돌았고 눈빛에선 굶주림이 사라졌다. 아문센과 대원들도 잘 먹고 쉬었다. 모두가 기력을 되찾았다. 하지만 이들의 마음속에서 이곳은 죽음으로 영원히 각인되었다. 새로 활력을 얻기까지 엄청난 대가를 치렀던 것이다.

블리자드가 몰아치는 바람에 나흘 동안이나 텐트 안에서 꼼짝도

액슬하이버그 빙하. [짐 월드런Jim Waldron/위키미디어 공용]

못 했다. 지루함 그리고 이곳에 깃든 죽음의 긴장을 참을 수 없었던 일행은 눈 폭풍의 한가운데로 서서히 나아가기로 만장일치로 결정했다. 아문센은 이렇게 적었다. "우스갯소리와 놀림이 오고가는 와중에 짐을 쌌고, 이어서 폭풍을 향해 나아갔다." 야영지를 떠나면서 오스카 비스팅이 문득 생각난 듯 비축 물품과 얼린 개고기를 묻어 두었다는 표시로 부러진 스키 한 짝을 눈밭 위에 꽂아 두었다.

눈을 뜨고 있기가 힘들었다. 세찬 바람에 모든 것이 거칠게 휘날리면서 수분 없는 눈발의 미세하고 깔끄러운 입자들이 그들을 덮쳤다. 앞서가는 썰매개 운전사들은 꼬리에 따라붙은 자기 팀원들을 볼 수도 없었다. 그렇게, 더디지만 일행은 나아갔다. '푸줏간'을 벗어날 수 있다면 어떻게든.

몇 주 동안 안개와 눈 폭풍, 다시 안개가 서로 다투듯이 번갈아 나타났다. 딱 한 번, 날씨가 약간 맑아졌다. 대원들은 거의 코앞에 있던 우뚝 솟은 산을 경이롭게 올려다보았다. 아문센은 곧바로 노르웨이의 해양학 교수 이름을 따서 헬란드 한센Helland Hansen 산이라고 이름 붙였다. 아문센이 그 산에 이름을 붙여 주자마자 잿빛 장막 뒤로 산봉우리가 미끄러지듯 사라졌다.

일행은 해가 뜨면 바로 일어날 요량으로 밤마다 얕은 잠을 잤다. 햇빛이 안개를 뚫고 나오면 침낭에서 바로 튀어 나와 주변 경관을 확인했다. 주위 모습이 잠시라도 보이면, 다음 날 아침에 어디로 향할지를 정하고 나서 다시 잠을 청했다. 하지만 몇 시간 후 잠에서 깨어 보면 날씨는 예외 없이, 잠들기 전 풍경과는 사뭇 달라져 있었다. 그들은 지구상에서 지금까지 이 땅을 밟은 최초의 인간들이었고, 그들이 이 기이한 상황에 대해 설명할 수 있는 거라고는 시야를 흐리게 하는 짙은 회색 안개가 고작이었다.

답답함을 넘어 위험해지려고 하고 있었다. '푸줏간'을 빠져나온 지 며칠 만에 전체 경로 이곳저곳에 아문센이 "위는 옅은 푸른색이지만 끝을 모르는 어둠으로 끝나고 마는"이라고 표현한 크레바스가 도사리고 있었다. 대원들은 밧줄로 서로의 몸을 묶었다. 누군가 크레바스 아래로 떨어진다면 밧줄의 맞은편에 연결된 다른 누구든, 아니면 다른 무엇이든, 그것 말고는 희망이 없었다. 어쩌면 그 사람이 지지대 역할을 해 주어 더 이상의 추락을 막을 수 있을 것이다. 또한 밧줄이 엄청난 하중을 받으면서도 끊어지지 않을 수 있을 것이다. 하지만 어쩌면, 그렇지 못할 수도 있었다.

크레바스와 크레바스 사이에는 크기가 집채만 하고 옆면은 깎아지른 절벽 같은 빙구氷丘, hummock라고 부르는 얼음 쐐기가 길을 막았다. "균열을 지나면 또 다른 균열이, 빙구를 벗어나면 또 다른 빙구가 (…) 마침내 우리는 [통행로를] 찾았다. 사실, 정말로 '통행로'라고 부를 만했다. 폭이 매우 좁은 다리였는데, 썰매가 가까스로 이동할 수 있는 정도였다. 다리의 양쪽은 두렵기만 한 심연이었다."라고 아문센은 적었다.

대원들은 이 빙원을 '데블스볼룸Devil's Ballroom(악마의 무도회장)'이라고 이름 붙이고, 땅을 뒤흔들고 쥐어짜서 이런 황무지를 창조해 놓은 두려운 힘에 대해서 낮은 목소리로 말했다. 장애물 하나하나를 우회해야 했기에 정남향을 향해 경로를 유지하기란 불가능했다. 결국 이 지형을 탈출하기까지 여드레 동안 사투를 벌여야 했다.

3.2km가 넘는 해발 3,374m 고도에서 대원들은 숨을 헐떡였다. 고도가 너무 높아서 몸을 아주 조금만 움직여도 숨이 가빴다. 아문센

은 "[침낭 안에서] 몸을 돌리려고 할 때도 숨이 차지 않으려면 천천히, 아주 천천히 움직여야 했다."라고 썼다. 섀클턴을 괴롭혔던 두통이나 메스꺼움 같은 고산병은 아직 나타나지 않았지만 단지 시간문제일 뿐이란 걸 모두가 알고 있었다.

고도가 몹시 높았지만 여섯 마리의 개들로 구성된 3개 팀은 그들이 마주한 모든 지형에 적응했다. 다만, 허기를 다스리기는 어려웠다. 매일 밤 행군을 멈출 때마다 대원들은 가죽이란 가죽은 모두 숨겨야 했고, 개들이 연결 끈을 물어뜯을까봐 썰매까지 눈 속에 파묻어야 할 정도였다. 하지만 아무리 배가 고플지언정 개들은 맡은 바 임무를 잘 수행하고 있었다.

이제 걱정거리는 태양이었다. 아니, 태양이 나타나지 않을까 봐라는 게 정확한 표현이었다. 썰매개 운전사 중에서도 리더인 한센은 지금까지 추측 항법dead reckoning을 이용해서, 다시 말해 나침반의 방향과 이동 거리를 토대로 가야 할 경로를 지시해 왔다. 이 방법은 자기 자신이 어디에 위치해 있는지 제법 정확한 근사치를 알려 주었지만 남극점에 대략 도달했다고 해서, 그것을 기록으로 삼을 수는 없었다. 아문센 일행에게는 실제로 극점에 도달했음을 보여 주는 증거, 즉 데이터가 필요했다. 그러려면 태양이 꼭 떠올라야 했다.

육분의六分儀, sextant, 정확한 시계 그리고 항법표 세트를 이용하면 위도와 경도를 정해 위치를 표시할 수 있다. 하지만 이는 태양을 볼 수 있을 때에만 가능한 얘기였다. 수세기 동안 항해가들은 육분의를 이용해서 태양이 남중할 때 그 이미지가 지평선 위에 오도록 거울을 조정해서 보아 왔다. 거울로 측정한 각도를 알고, 태양이 최고 고도에 이르는 정확한 시간을 알고 있으면 세계 어디에서든, 누구라도 자

육분의. 상단 오른쪽이 접안렌즈이고 맞은편 왼쪽에는 여러 개의 거울이 있다. [안드레스 루에다 Andres Rueda/위키미디어 공용]

신의 위치를 정확하게 계산할 수 있었다. 지구의 맨 밑바닥에 도달했음을 증명하려면 아문센에겐 이러한 각도, 시간, 위도, 경도 등의 정확한 수치가 필요했다.

안개만 걷힌다면! 아문센 일행은 계속 나아가고 있었다. 썰매의 미터기가 계속해서 딸깍 소리를 내면서 이동 거리를 기록했다. 점점 더 가까워지고 있었다.

그리고 12월 7일 오전 11시, 대원들이 일제히 멈춰 섰다. 아문센이 가만히 서서 하늘을 바라보았다. 마치 구름 밖으로 태양을 끄집어내겠다는 듯 단호한 자세로 온 힘을 기울여 기도하고, 빌고, 간청했다.

이윽고, 아문센의 표현을 빌리자면 "내가 온 마음을 다해 끌어당기고 있던 것이 도움이 되었든 그렇지 않든" 하늘이 맑아지기 시작했다. 정오가 가까워질수록 "[안개의] 장막이 점점 더 걷히더니" 차츰차츰 뿌연 안개를 뚫고 태양이 점점 더 잘 보이기 시작했다. "한낮에 단잠에 빠졌다 깨어나서는 눈을 비비며 주위를 둘러보는 느낌이었다. 잿빛 어스름에 너무 오랫동안 익숙해졌던 우리에게는 무척 매혹적인 장면이었다."

태양이 다시 사라지기 전에 대원들은 서둘러 각자의 육분의를 꺼내고 거울을 조정했다. 계산을 시작했다. 하나 둘 차례로 고개를 들어 하늘을 보았다. 모두의 답이 일치했다.

남위 88°16′.

새클턴이 세운 기록보다 29km를 더 왔다! 이 세상 어느 누구보다 남쪽에 와 있는 것이다.

여전히 태양이 빛나는 가운데 아문센 일행은 다시 앞으로 나아가기 시작했다. 개를 이끄는 선두주자 차례가 되어 아문센이 앞장을 섰다. 그때 커다란 외침 소리가 그를 돌아보게 만들었다. 역대 탐험대 중 가장 남쪽에 도달한 것을 축하하는 환호성, 아문센의 표현의 빌리자면 "환희의 함성"이 남극의 고요함을 뚫고 터져 나왔다.

"썰매가 일제히 멈췄다. 맨 앞의 썰매엔 노르웨이 국기가 휘날리고 있었다. 몸을 흔들며 펄럭이고 바스락거리는 소리를 내면서 나부꼈다. (…) 여행 전체를 통틀어 가장 감동적인 순간이었다." 지구 끝으로의 여행을 함께했던 다른 대원들과 악수하러 돌아선 아문센의 얼굴엔 눈물이 흐르고 있었다.

12월 8일 일행은 88°25′에 저장소를 설치하고 가능한 한 썰매의 짐을 줄였다. 그리고 다시 한번 3.2km마다 90cm 높이로 작은 둔덕을 만들어 표시해 두었다. 빙원은 평평하고 별다른 특징이 없었다. 사스트루기의 흔적도, 크레바스의 흔적도 없었다. 눈 폭풍도 불지 않고, 얼음 울타리들도 없었다.

극점까지 남은 거리는 176km.

12월 9일과 12월 10일. 날씨가 춥고 맑았다. 하루에 거의 32km씩 이동했다.

12월 11일과 12월 12일. 개들이 냄새를 맡기 시작했다. 하나, 둘 정남쪽 냄새를 맡기 시작했다. 마치 **누군가**의 흔적을 쫓는 것처럼.

있을 수 없는 일이다. 아니, 스콧 팀이 앞서갔다는 뜻인가? 아문

"폴하임Poleheim(남극점의 집)." 아문센, 한센, 하셀, 비스팅(왼쪽부터)이 남극점에 설치한 텐트 위에서 나부끼는 노르웨이 국기를 바라보고 있다. (비욜란도 자리에 함께했지만 사진을 촬영했다.) [올라브 비욜란/위키미디어 공용]

센 팀은 시간을 잘 활용했다. 아무리 혹독한 기상 조건에서도 속도를 거의 늦추지 않고 달려왔다. 그런데 어째서, 주변에 아무도 없는 이곳에서 개들은 남극점으로 향하는 길의 냄새를 쫓으려는 걸까?

12월 13일. 일행은 목표점으로부터 단 1.6km를 남겨 두고 야영하기로 결정했다.

들리는 소리라고는 다른 팀원들과 개들 소리뿐이었다. 눈에 보이는 썰매 자국도 자신들의 것뿐이었다. "그날 밤 텐트 안은 거창한 축제의 전야제와도 같았다. 엄청난 사건이 임박했음을 모두가 느낄 수 있었다."라고 아문센은 적었다.

12월 14일. 저 멀리 앞을 내다보느라 대원들의 목이 한 뼘은 더 길어진 것만 같았다. "서로가 별로 말이 없었다. 모두가 눈을 더 많이 사용했다."라고 아문센은 썼다.

그리고 오후 3시. "사방 어디를 둘러보아도 모두가 똑같은 광활한 빙원" 한가운데에 도착했다. 썰매의 미터기를 보고 있던 썰매개 운전사 셋이 동시에 외쳤다.

"멈춰!"

마침내 남극점에 도착했다. 다른 사람의 흔적은 전혀 없었다.

눈발이 날리는 가운데 다섯 명이 서로 도와 자랑스러운 독립국, 노르웨이 국기를 꽂았다. 지구의 맨 밑바닥에 최초로 도달했다는 표식이었다.

로알 아문센, 헬메르 한센, 오스카 비스팅, 스베르 하셀, 올라브 비욜란이 결국 해냈다. 남극점을 정복하고 말았다!

모두가 개들 덕분이었다. 강인한 썰매개들 덕분에 사람들이 해낼 수 있었다. 아문센이 표현했듯이 그들은 "최고의 친구들"을 소중히 여겼다. 개와 사람이 하나의 팀을 이루어 함께 성취해 낸 것이다.

그날 밤 대원들은 바다표범 고기 몇 점을 나눠 먹으며 자축하고 그날을 기념하기 위해 모든 장비마다 "남극점, 1911년 12월 14일"이라고 표시하기 시작했다. 본격적인 축하연은 프람하임으로 귀환한 뒤로 미뤄 두어야 했다. 아직 해야 할 일이 남아 있었기 때문이다.

남극점을 정복했다는 주장이 한 치의 의심 없이 인정받아야 한다는 것이 아문센의 단호한 입장이었다. 캠프가 극점에 매우 가깝기는 하겠지만 절대 극점은 아니었다. 그들은 섀클턴의 최남단 지점을 지날 때부터 부정확한 추측항법을 사용하여 여행하고 있었다. 이제는 매 시간마다 육분의 수치를 판독하기 시작했다. 여기에 더해 보다 확실하게 하려고 비욜란, 비스팅, 하셀이 캠프에서 동쪽, 남쪽, 서쪽의 세 방향으로 각각 20km씩을 이동했다. 극점은 분명 이들의 이동 거리를 빙 둘렀을 때 생기는 사각형 안에 위치했다.

'폴하임'Poleheim 캠프에서 야영한 지 사흘째 되는 날 아문센은 두 사람을 한 번 더 내보내기로 결정했다. 각 시간대별 육분의 판독에 근거한 경로를 따라 비욜란과 한센이 6.5km 떨어진 곳까지 스키를 타고 갔다. 그들은 아마도 실제 극점을 중심으로 몇 미터 이내까지 도달했을 것이다.

대원들은 각자 해야 할 일을 하면서 머무를 수 있는 한 오래 머물렀다. 이제 귀환할 시간이었다.

극점을 떠나기 직전, 아문센 팀은 여분의 텐트를 이용해서 일종의 기념비 하나를 남겨 두기로 했다. 텐트를 펼치니 프람호를 타고 온 선원들이 보내는 메시지를 발견할 수 있었다. 아마도 극점 경쟁에서 승리한다면 아문센이 이 텐트를 이용하리란 걸 알았던 모양이다. "행운을 빕니다." "남위 90°에 오신 것을 환영합니다." 머나먼 곳에 있는 친구들이 해 줄 수 있는 따뜻한 격려들이다.

이들이 남길 수 있는 것은 많지 않았지만 다른 사람에게 보다 절실하게 필요할 수도 있으니, 가능한 한 많이 남기기로 했다. 육분의, 고도를 측정하는 도구 상자, 순록 가죽으로 만든 부츠 세 벌, 그리고 장갑 여러 켤레. 더불어 아문센은 두 통의 편지도 함께 놓아 두었다. 한 통은 노르웨이의 호콘Haakon 국왕 앞으로, 다른 한 통은 스콧 대령에게 쓴 편지였다. 귀환 길에 사고가 발생할 수 있으므로 이 편지들이 그의 남극점 정복을 증명하는 기록이 될 수 있었다.

극점에 도착한 지 사흘 뒤, 오면서 남겨 둔 표식을 몇 분에 한 번씩 어깨너머로 뒤돌아보며 귀환 길에 올랐다. 아문센 일행 중 다시 극점을 밟은 사람은 아무도 없었다.

❄

1911년 12월 31일 남극 고원

그로부터 동쪽으로 160km 떨어진 곳에서는 성격이 매우 다른 또 하나의 팀이 반대 방향으로 이동하고 있었다. 1911년의 마지막 날, 아문센과 스콧은 남위 87° 지점에서 서로 스쳐 지났지만 상대가 지나간 자취는 텅 빈 지평선에 묻혀 드러나지 않았다. 노르웨이 팀이 이미 극점을 정복하고 베이스캠프로 돌아가고 있는 중임을 알지 못한 채 스콧과 일곱 명의 대원들은 남쪽을 향해 터벅터벅 걷고 있었다. 아문센 일행의 흔적이 전혀 보이지 않았으므로 그들의 사기는 드높았다. 이제 그들과 남극점 사이에는 290km 거리만이 남았다.

다만, 그 290km의 거리 안에서 많은 일들이 일어날 수 있었다. 위험은 눈 깜짝할 사이에 일어났다.

에드거 에번스가 손을 베인 사고도 그랬다. 3.6m 길이의 썰매를 3m 길이로 변형하는 작업은 이전에도 해본 일이었다. 다만, 이처럼 높은 고도, 이처럼 낮은 온도에서 작업한 것은 처음이었다. 손이 미끄러지면서, 피가 흘렀다. 에드거 에번스가 재빨리 장갑 속에 손을 넣는 바람에 아무도 그의 부상을 알아채지 못했다. 스콧은 자신의 일기에서 "[썰매를] 조정하는 작업이 예상보다 지체되고 있다."라고 언급했지만 무언가 잘못되었다는 다른 징후는 적혀 있지 않았다. 에드거 에번스는 부상 사실을 스콧에게 알리지 않았다. 아무리 사소하더라도 부상을 당했다는 사실만으로도 최종 극점 팀에서 배제되는 이유가 될

테라노바호 탐험대의 썰매개 팀. 남극 고원 전체, 그리고 비어드모어 빙하의 대부분에서는 사람이 썰매를 끌었다. [허버트 폰팅/위키미디어 공용]

것임을 알았기 때문이다.

대원 중 일부를 베이스캠프로 돌려보내는 결정은 한 번 더 남아 있었다. 자신을 포함하여 단 네 명만이 극점을 공략한다는 것이 스콧의 계획이었다. 계산대로라면 팀원 중 절반은 중도에 여행을 포기하고 베이스캠프로 귀환해야 한다. 그게 누가 될지는 아무도 알 수 없었다.

테디 에번스와 윌리엄 래시리가 극점 팀에 선발되지 못하리라는 건 쉽게 가늠할 수 있었다. 그레이트 배리어에서 동력 썰매가 고장 난 이후 이미 640km가량 썰매를 끌고 왔기에 두 사람은 몹시 지쳐 있었다. 사실 아직 에번스곶으로 돌려보내지 않은 것이 의아할 지경이었다.

그렇다면 누가 극점 팀에 포함될까?

윌슨 박사는 스콧 대장이 가장 아끼는 친구로서 썰매를 끌 때에 강인한 힘을 보여 주었다. 헨리 바워스 역시 썰매 끄는 사람으로서, 그리고 믿기 어려운 행운의 사나이로서 그의 가치를 충분히 입증해 왔다. 이 때문에 두 사람은 계속 남쪽으로 향하게 될 가능성이 높았다.

이제 남은 세 사람, 토머스 크린과 에드거 에번스, 로런스 오츠는 동전 던지기로 결정해야 할 상황이었다. 이 중에서 둘은 돌아서야 했다.

'그게 아니라면 가장 현명한 선택은 무얼까?' 스콧은 고민하기 시작했다. 본래 계획한 대로 네 명이 아닌 다섯 명으로 팀을 구성한다면 보다 손쉽게 썰매를 끌 수 있을 것이다. 물론 추가분의 식량과 연료를 실으려면 썰매 무게가 더 늘어나기는 하겠지만 인력이 추가됨으로써 보완되는 장점이 더 클 것이다. 무엇보다 속도를 올리는 게 가장 중요했다.

마침내 스콧은 결정을 내렸다. 1912년 1월 3일 스콧은 토머스 크린, 테디 에번스, 윌리엄 래시리에게 극점 팀을 떠나 귀환하라고 지시했다. 스콧은 에드거 에번스와 로런스 오츠 두 사람 모두 강인함과 힘을 가졌다고 판단했고, 다섯 명으로 팀을 이루어 극점을 공략하기로 결정했다.

토머스 크린과 윌리엄 래시리, 두 사람은 몹시 실망했다. 스콧이 적기를, 토머스 크린은 자신이 극점 공략에 함께할 수 없다는 말을 듣고 "딱하게도 눈물을 흘렸다". 크린과 래시리, 테디 에번스가 귀환 길에 오를 때 스콧 대령은 에번스곶에서 기다리고 있는 다른 대원들에게 전달할 최종 지시를 건넸다. '2월 중순에 추가 보급품을 실은 썰매개 팀을 데리고 남위 82°와 83° 사이에서 스콧 일행과 조우할 것.'

극점 공략에 나선 대원들의 심정을 대표하듯이, 윌슨 박사는 "최종적으로 극점으로 향할 다섯 명에 내가 포함되었다. (…) 더할 나위 없이 기쁘다."라고 심경을 기록했다.

이제 결정을 내렸으므로, 마음을 바꿀 수는 없었다. 남은 여정 동안 다섯 사람은 한배를 탄 운명이었다.

그런데 부상당한 사실을 대장에게 감추고 있는 것이 에드거 에번스만은 아니었다. 로런스 오츠는 날마다 일기에 발목에서부터 퍼져 가는 통증에 대해서 썼다. 하지만 일기 속에서만 고통을 호소할 뿐 오츠는 단 한 번도, 그 누구에게도 부상 사실을 말하지 않았고 일기는 철저히 숨겼다.

며칠 지나지 않아 에드거 에번스는 결국 부상 사실을 고백할 수밖에 없었다. 손가락 관절이 붓고 고름으로 가득 찼다. 1월 8일 격렬한 눈 폭풍이 가라앉기를 기다리는 틈을 타 윌슨 박사가 고름을 빼 주었다. 하지만 부상당한 대원을 에번스곶으로 돌려보내기에는 때가 너무 늦었다. 에번스 혼자 베이스캠프를 향해 떠난다면 목숨을 부지하는 것은 불가능했다. 상처가 더 심해지지 않기를 기도하면서 앞으로 나아가는 것밖에 달리 뾰족한 수가 없었다.

바로 다음 날인 1월 9일, 일행은 마침내 섀클턴이 도달했던 최남단 지점인 남위 88°를 지났다. 성과를 치하하는 자신만의 방법으로서 그날 밤 스콧은 일기 맨 윗부분에 "기록 갱신"이라고 적었다.

좋은 일이었다. 하지만 한 걸음 한 걸음 썰매를 끌어야 하는 반복된 고된 노동, 추위, 썰매의 무게는 변함이 없었다. 스콧은 1월 10일 일기에서 다음과 같이 적었다. "우리가 썰매를 거의 끌지 못한다는 점을 깨닫고 두려워졌다. (…) 힘에 겨운 행군도 막바지를 향해 가고 있고 조금 나아진 점도 있지만, 썰매는 여전히 몹시 무겁다." 스콧 일행은 우울증과 향수병으로 요동치는 심경의 변화를 겪기도 했다. 다만 눈밭에서 다른 사람들의 흔적을 발견하지 못한 덕분에 아문센 팀을 상대로 승리할 수 있다는 희망은 여전히 놓지 않고 있었다. 어쨌거나 긍정적인 마음가짐을 유지하는 게 쉬운 일은 아니었다.

조금이라도 노출된 피부는 바람과 햇빛에 시달려 딱지가 앉았고, 입술은 갈라지고 피가 나서 엉망이었다. 사스트루기와는 거의 날마다 만나 사투를 벌였다.

스콧은 대원들 모두가 매우 강건하다고 거듭 주장했지만, 사실 거짓말에 가까웠다. 에드거 에번스의 다친 손은 나아질 기미가 보이지 않았다. 윌슨 박사가 수없이 붕대를 새로 감아 주었지만 영양가 많은 식사를 충분하게 섭취할 수 없고 공기가 희박한 환경에서 상태는 갈수록 나빠질 뿐이었다. 오츠는 자신의 아픈 발에 대해 아직 실토하지 않았지만 스콧은 이미 그 사실을 알아챘고 자신의 일기에 "오츠는 우리보다 한기와 피로를 더 많이 느끼는 것 같다……"라고 적었다. 테라노바호 원정대는 강건함과 거리가 멀었고 스콧은 낙관주의와 철저한 외면 사이의 위태로운 경계선 위를 걷고 있었다.

기온이 떨어지기 시작했다. 여름의 끝이 가까워졌고, 테라노바호 원정대가 베이스캠프를 떠난 지 이미 두 달이 지났다. "끔찍하게도 행군은 날로 단조로워지고 있다."라고 스콧이 일기에 적었다. 지난한 과정이기는 했지만 일행은 매일 최소한 두 자릿수 거리를 이동한다는 목표를 세우고 17km씩 썰매를 끌었다. 희망에 찬 스콧은 1월 11일에 이렇게 썼다. "제 할 일만 해낸다면 아직 가능성이 있다. 하지만 매우 힘겨운 시간이기는 하다."

눈 폭풍 속에서도, 태양을 가리는 흐린 날씨에도 바워스는 육분의를 기준으로 현 위치를 판단하고자 "지치지 않는 노력을 이어 갔다". 1월 12일 바워스는 이제 극점까지 100km 남았다고 판단했다. 1월 14일에는 극점에서 64km 떨어진 곳에서 야영했다.

스콧의 극점 팀에 속한 다섯 명. 윗줄 왼쪽부터 오츠, 스콧, 에드거 에번스, 아랫줄 바워스, 윌슨 박사. [헨리 바워스/위키미디어 공용]

다음 날 밤인 1월 15일 스콧 일행은 9일분의 식량과 연료를 보관한 소규모 저장소를 설치했다. 이제 이틀만 더 썰매를 끌면 극점에 도달할 수 있다고 확신했다. 그러나 기대와 흥분보다는 극점에서 "노르웨이 국기를 보게 될지 모른다는 끔찍한 가능성"에 대한 두려움과 피로감이 앞서기 시작했다. 그래도 스콧은 "지금 당장 끝을 보아야 한다."라고 썼다.

1912년 1월 16일 오후 행군을 절반쯤 마쳤을 무렵 헨리 바워스가 지평선 저 너머에서 작은 점 하나를 발견했다.

"아니, 아닐 거야!" 다른 사람들이 외쳤다. 태양 아래에서 사스트루기의 일부분이 기이한 각도로 휘어져 보이는 걸 거야. 그러나 헨리 바워스 자신은 알았다. 다만 자신의 눈을 믿고 싶지 않았다.

경주   제2편

하지만 진실을 외면할 수 있는 시간은 그리 길지 않았다. 검은 점은 조금씩, 조금씩 더 커졌다.

깃발과 검은색 텐트는 "야영지의 자취 근처에 있었다. 썰매를 끈 자국과 스키가 오고 간 흔적이 보이고, 여러 마리의 개 발자국도 선명했다."라고 스콧은 일기에 남겼다. 영국 팀은 오랜 시간 궁금해했고 찾아 왔던 노르웨이 팀의 흔적을 드디어 마주하고 있었다. 노르웨이인들은 자신들이 찾아낸 새로운 길로 극점에 도달했던 것이다.

허탈했다. 스콧의 일기는 비통함으로 가득 찼다.

"위대하신 하나님! 그토록 고생을 하고도 선두를 빼앗기기에는 이곳은 너무나 끔찍하고 처참한 곳이 아닙니까."

지금 할 수 있는 일이라곤 항법 판독값을 계산하고 자신들의 표시를 남기고 서둘러 떠나는 것뿐이었다. 충격을 받은 스콧 팀이 할 수 있는 일은 그것뿐이었다.

마침내 극점에 도달했지만 기나긴 여행을 고작 절반 마친 셈이었다. 지칠 대로 지치고 부상당하고 굶주리고 추위에 떨어 왔건만, 이제 다시 지금까지 걸어온 길을 고스란히 되돌아가야 했다. 다른 누구의 도움 없이. 세상의 모든 짐승들조차 서식을 포기한 지구의 맨 밑바닥에 존재하는 건 단 다섯 사람뿐이었다. 서로를 믿고 의지할 수밖에 없었다. 1912년 1월 19일 스콧의 극점 팀은 북쪽으로 발길을 돌렸다.

다만 그들이 계속 발걸음을 옮길 수 있도록 만드는 실낱같은 기대가 아직 남아 있기는 했다. 극점에 도착하여 패배를 깨달은 바로 그날 차마 그 바람을 대놓고 표현하지는 못했다. 그저 은근히 내비치기만 했다. 끔찍했던 하루를 마무리하며 스콧은 일기에 다음과 같이 적었던 것이다. "이제 집으로 돌아가서 새로운 소식을 먼저 알리기 위해 필사적으로 노력해야 한다. 우리가 해낼 수 있을지는 모르겠다."

스콧 팀이 극점을 공략하는 동안 테라노바호는 베이스캠프에 보급품을 공급하려고 에번스곶으로 돌아오는 중이었다. 어쩌면 (가능성은 낮지만 어쩌면!) 충분히 빨랐다면 테라노바호가 에번스곶을 떠나기 전에 스콧과 그 일행이 캠프로 귀환할 수도 있었다. 그렇다면 그들이 노르웨이 팀과 영국 팀이 극점에 도달했다는 새로운 소식을 전 세계에 최초로 전달하는 주인공이 될 수도 있었다. 노르웨이인들이 먼저 극점에 도달했지만 스콧 팀도 어쨌든 극점 정복에 성공했다. 그것도 인간이 썰매를 끄는 정직한 땀의 결과로. 남극에서 이룬 성취에 대한 뉴스를 전달하는 사람이 자신에게 유리하게 편집한 소식을 전할 수 있는 가능성은 아직 남아 있었다.

그러나 귀환을 서둘러야 하는 이유가 이것만은 아니었다. 스콧 팀은 극심한 두통, 코피, 지속적인 호흡 곤란, 탈수증 같은 고산병 증상을 앓고 있었다. 게다가 저마다 입은 부상은 회복될 기미가 보이지 않았다.

다시 북쪽으로 방향을 바꾸고 사흘이 지난 밤 로런스 오츠의 엄지발가락이 까맣게 변색되었다. 하지만 그는 여전히 자신의 상태에 대해 함구했다. 그러다 얼마 지나지 않아 그의 두 뺨과 코가 누렇게 변색되었다. 오츠의 상태가 점점 더 나빠졌지만 다른 대원들은 눈치 채지 못한 가운데 스콧 대령만은 다시 한번 "오츠의 발이 점점 차가워진다."라고 적었다. 에드거 에번스의 손 역시 끊임없이 고름이 가득 차올랐다. 이틀에 한 번 꼴로 윌슨 박사가 치료했지만 점점 더 악화되는 것이 역력했다. "아직 갈 길이 멀다. 맙소사, 무척 힘겨운 시간이 될 것이다."라는 게 스콧의 판단이었다.

윌슨 박사. [허버트 폰팅/미국 의회도서관]

에드거 에번스의 손이 심각한 문제이기는 했다. 하지만 정작 스콧을 애태우는 것은 부상 자체보다는 에번스의 태도가 변했다는 점이다. 에번스는 다른 대원들과 마찬가지로 매우 낙천적인 사람이었다. 극점 팀에 최종 선발된 대원 중 어느 누구도 자기 책임을 회피하거나 불만을 품어서 팀이 나아가는 길에 걸림돌이 되는 사람은 없었다.

그런데 그랬던 에번스가 어딘가 달라졌다. 낙담한 모습을 보이기 시작한 것이다. "스스로에게 몹시 짜증을 냈다. 좋은 징조가 아니다."라고 스콧이 기록했다. 본래 모습과 달리, 손톱이 빠지는 것 같은 소소한 불편함도 그냥 넘기지 못했다. 그게 무엇이든, 에번스의 몸을 망가트린 병은 그의 정신에도 영향을 미치기 시작했다. 스콧은 빙하를 내려가면 상태가 호전되기를 기도할 뿐이었다.

"바람이 텐트를 스치는 소리에 잠을 깼다.
마치 텐트 옆으로 화물 열차가 굴러가는 것처럼 소리가 컸다.
(…) 이런 날엔 나시 돌아누워 잠을 자고 내일을 대비하는 편이
가장 현명할지도 모른다. 그런데 (…) 내가 지금 먹을거리를
썰매에 실어 나르고 있다는 점에서 이런 선택은 약간의 오류가 있다.
그것은 매일같이[원문 그대로임] 내가 여기에 앉아서
움직이지 않으면서도 여전히 먹고 마시고 있다는 걸 의미한다.
음식과 시간이 바닥나기까지 하루를 또 까먹는 셈이다."

— 2018년 11월 29일 콜린 오브레이디 —

✦

"다시 한번, 정말 힘든 날이었다.
이보다 더 나빠질 수는 없을 거라고 생각하는 그때,
이곳 남극은 완전히 새로운 차원으로 기준을 높여 버린다.
그래서 나는 오늘 아침 텐트에서 나와 이 화이트아웃 상태와
끝장을 보기로 결정했다. 앞은 전혀 보이지 않는다.
땅바닥도 제대로 살필 수 없어서 내가 지금 오르막길을 가는지,
내리막길을 가는지도 모를 정도다. (…)
오늘 하루 동안 두 눈을 감은 채로 얼음이 많은 장애물 코스를
상대해 보리라 작심했다."

— 2018년 11월 14일 루 러드 —

극점

오브레이디·러드: 2018년 11월 19일-2018년 12월 14일

❄

2018년 11월 19일 17일째
남극 틸스 코너 방향으로 접근 중

콜린 오브레이디는 아침에 눈을 뜨자마자 자신만의 주문을 되뇌었다. "나는 강하다. 나는 할 수 있다." 매일 아침, 다른 무슨 일을 시작하기 전에, 큰 소리로 외쳤다. 콜린은 평소에도 사랑과 영감에 대해서 자주 이야기했고, 이 두 가지를 진정으로 믿고 있었다. 그럼에도 그를 움직이게 하고 계속 앞으로 나아가게 하는 건 역시, 이기고 싶다는 마음이었다.

효과가 있었다. 콜린이 앞서고 있었다.

첫 번째 웨이포인트에 도착한 지 사흘 만에 그는 두 번째 웨이포인트에 도착했다. 17일째에는 ALE가 극점을 오고 가는 비행기들의 급유지로 이용하고 있는 틸스 코너Thiels Corner의 외딴 전초 기지를 보았다. 연료통 몇 개, 활주로 정비 차량, 사람이 살지 않는 자그마한 건물 한 동이 전부였지만, 그럼에도 6일째 루의 텐트를 스쳐 지나가던 날 이래로 처음 보는 인간의 흔적이었다.

보통은 고요가 그를 어지럽히는 법은 없었다. 오브레이디는 1년에 한 번, 10일 동안 이어지는 위빠사나 명상이라는 묵언 수행에 이미 수년째 참여해 왔다. 남극에서 그는 침묵의 도전을 피하지 않고 기꺼이 받아들였다. 하지만 그건 강제가 아닌 선택이었다. 콜린은 하루 종일 폴 사이먼Paul Simon의 「그레이스랜드」 앨범을 들으며 틸스 코너에 도달한 것을 자축했다. 처음부터 끝까지 전체 앨범을 총 여섯 번이나 반복해서 들었다. "높이 쌓인 푸석푸석한 눈 때문에 또 다시 하루 종일 썰매를 질질 끌며 더디게 가야 했지만" 음악은 그의 영혼을 드높여 주었고, 육중한 썰매를 끌면서도 "춤을 추고 미소 짓게" 해 주었다.

콜린 오브레이디는 더 멀리, 더 빨리 나아가기 위해 때에 따라 가만히 침묵을 관조하든, 아니면 중요 지점에 도달한 걸 자축하든 자신에게 가장 적합한 방법을 이용했다.

❄

2018년 11월 19일 17일째
남극 틸스 코너 방향으로 접근 중

콜린 오브레이디가 앞서고 있다는 것을 루 러드도 알고 있었다. 애초에는 자신에 대한 과신, 약간의 오만함이 있었다. 하지만 콜린 오브레이디가 자신을 앞질러 갔던 그날, 스키를 타는 콜린의 모습을 보며 경험이 많지 않은 이 젊은 탐험가가 철저하게 속도를 관리하는 걸 보고 내심 놀랐다. "애초에는 그를 크게 앞섰다고 지레짐작했었습니다." 솔직히 말해 그는 콜린이 계속해서 앞서가며 거리를 유지하고 있다는 사실에 충격을 받았다.

그렇지만 남극점까지의 여정은 길었다. 1,400km가 넘는 여정에서 루 러드가 30km 정도 뒤쳐졌다는 사실은 거의 무의미하다고 느껴졌다. 격차가 커지는 것을 막을 수만 있다면.

루 러드는 콜린 오브레이디보다 하루 늦은 18일째 날에 틸스 코너에 도착했다. 날씨는 완전한 화이트아웃 상태였다. 그날 루 러드는 "눈발이 거세고 어두컴컴한"이라는 소식을 전했다. 1.6km 앞에 이르러서야 급유지의 형태가 눈에 들어왔다. 이미 하루 종일 스키를 탔지만, 루 러드는 계속 나아가기로 결심했다. 목표 지점에 도달한 뒤 틸스를 1.6km 지난 지점에서 텐트를 쳤다.

루 러드는 대체로 자신의 속도에 만족했다. 하루에 스키 타는 시간을 11시간까지 늘렸고, 하루하루 지나면서 이동 거리도 증가했다. 보통 24~27km 정도 썰매를 끌었고, 자신이 처한 혹독한 기상 조건에서 이 정도까지 해냈다는 데 희열을 느꼈다.

하지만 앞으로 나아가기란 쉬운 일이 아니었다. 특히 아침 시간은 진정 힘이 들었다. 헨리 워슬리와 처음 탐험했을 때부터 그랬다. 그때는 이내 닥칠 고통과 추위가 떠올라 아침식사를 마치기도 어려울 정도였다. 매일 눈 속으로 나아가면 헛구역질이 나곤 했다. 이제는 그 정도로 끔찍하지는 않지만(음식을 떠올리면 구역질이 나는 버릇은 사라졌다) 여전히 아침 시간이 가장 힘들었다.

루 러드의 일과는 매일 똑같았다. 침낭에서 나오기 전에 요리용 스토브에 불을 켜고 눈을 녹여 물을 얻는다. 그런 다음 발열 레깅스 차림으로 텐트 밖으로 나가 지표에서 15cm 정도 깊이로 구덩이를 파고—남극에서조차 피하지 못하는 자연현상인!—용변을 본 다음, 얼음을 뭉쳐 세수를 했다. 그건 "……정말 끔찍한 일이었지요. 아마도 하루 일과 중 가장 싫은 시간이라 할 수 있을 거예요."라고 루 러드가 말했다. 텐트 안으로 들어와서는 죽을 데워 아침으로 먹었다. 텐트를 해체하고 모든 물건을 펄크에 담는다. 그러고는 하네스를 다시 몸에 채워 썰매와 연결하고 11시간 동안 썰매를 끌었다. 날마다 반복된 준비 과정이 어느덧 예술의 경지에 이르러 전체 과정을 마치기까지 한 시간 반이 채 걸리지 않았다.

20일째에도 다른 날처럼 시작했다. 잠에서 깼다. 스토브를 켰다. 용변을 보았다. 아침을 먹고 짐을 꾸렸다. 다만 다른 점은 이 20일째 날, 하네스를 펄크와 연결해서 끌었는데, 오히려 펄크가 그의 몸을 뒤로 당겼다는 사실이다.

펄크가 꿈쩍도 하지 않았다.

"밤새 눈이 쉴 새 없이 많이 내렸고, 아침까지도 그치지 않고 있다." 그날 잠에서 깨어 이렇게 말했었다. 새로 내려 쌓인 몇 센티미터 높이의 눈은 마치 젖은 시멘트처럼 펄크를 지면에 붙들어 놓았다. 루는 썰매를 잡아당겼다. 온 힘을 다했더니 가까스로 몇 센티미터 움직였다. 30분 동안 용을 썼지만 고작 400m를 이동했을 뿐이다. 다른 방법이 필요했다.

루 러드 자신은 시도해 본 적 없지만 다른 탐험가들이 포티지 방식에 대해 이야기하는 걸 들은 적이 있었다. 이는 자신이 가진 장비의 절반을 지금 있는 그 자리에 남겨서 썰매의 무게를 반으로 줄이고, 스키를 지쳐 조금 떨어진 곳에 가벼워진 짐을 내려놓은 다음 다시 돌아와서 나머지 절반의 짐을 옮기는 방식이었다. 1km를 이동하려면 실제로 스키를 그 세 배인 3km를 타야 한다는 의미였지만 눈이 이처럼 두텁게 쌓인 상황에서 앞으로 나아가려면 다른 방법이 없는 것 같았다.

루 러드는 펄크의 짐을 풀고 40일치 분량의 식량을 따로 빼 두었다. 그런 다음 다시 돌아왔을 때 물건을 못 찾는 불상사가 없도록 정확한 좌표를 GPS에 입력했다. 그리고 한 번 더 확실하게 하기 위해 눈밭 위에 스키를 세워서 꽂아두었다.

루 러드가 다시 펄크를 당겨 보았다. 이번에는 펄크가 움직였다. "짐이 반으로 줄어서 신속하게 이동할 수 있었다."라고 루는 기억했다. "그때만 해도 앞이 잘 보였다. 지평선 밖 1.5km는 내다보였고, 펄크는 너무나 가볍게 느껴졌다." 루 러드는 나는 듯 빙원을 질주했다. 1.5km쯤 가서는 실어 온 장비를 내려놓고 식량을 가져오기 위해 돌아섰다. 청량한 오후, 눈밭 위에는 자신이 달려온 자취가 뚜렷하게 보였다. 그는 곧바로 자신이 떠났던 자리로 돌아왔다. 그러고는 음식을 싣고, 앞서 짐을 내려 두었던 곳으로 다시 빠르게 스키를 타고 이동했다.

생각대로 원활하게 일이 진행되어서 루 러드는 다시 똑같은 경로를 반복했다. 펄크 위에 식량을 가져다 채웠고, 눈밭에 스키를 똑바로 세워둔 뒤 스키를 타고 돌아왔다.

그런데 끔찍한 실수를 저지르고 말았다. 내려놓은 짐의 위치를 GPS에 입력하는 걸 깜박 잊었던 것이다.

짐을 내려놓은 지점에서 이미 1.5km 정도 이동한 상태에서 갑자기 바람이 거세졌다. 땅 위에 흩뿌려졌던 푸석푸석한 눈이 하얀 광풍에 어지럽게 솟구치며 날렸다. 방금 전만 해도 1.5km 앞이 훤히 보였는데 이제는 10m 앞도 보이지 않았다.

루 러드가 뒤돌아보았다. 아무것도 보이지 않았다. "내가 달려온 스키 자국이 보이지 않는다니, 믿기지 않는다."라고 생각했다. 갑작스런 사태에 공황 상태에 빠지지 않으려 애쓰는 사이 GPS에 좌표를 입력하는 걸 잊었다는 사실도 떠올랐다. 무릎을 꿇고 블리자드를 고스란히 맞으며 얼굴을 내밀어 자신이 지나온 자취가 보이지 않는지 지면을 샅샅이 살폈다. 자취가 모두 지워지고 없었다.

텐트도, 침낭도 잃어버렸다. 혼자서 눈 폭풍을 맞고 있자니 온몸이 얼어붙었다. 순식간에 "죽느냐 사느냐 하는 문제"로 변했다고 루러드는 말했다.

루 러드는 노련한 탐험가였다. 위험천만한 상황에 노출된 적은 이전에도 많았다. 하지만 이 순간 드는 생각은 "상황이 점점 더 위험해지고 있다. (…) 이런 상태에서 아무도 나를 구하러 와 줄 수 없다."는 것이었다. ALE 비행기는 눈 폭풍 속에서 착륙할 수 없고, 이런 날씨는 며칠 동안 이어질 수도 있다. 텐트와 침낭을 찾지 못하면 죽을 수밖에 없다.

루 러드는 자신의 장비를 찾아야만 했다.

나침반과 추측 항법에 의존하여 루 러드는 다시 북쪽을 향해 스키를 탔다. 소용돌이치며 시야를 가리는 블리자드 속에서 루는 수색을 이어 나갔고, 심연 같은 사위를 응시하며 간신히 앞으로, 앞으로 나아갔다.

똑바로 세워 놓은 스키가 유일한 희망이었다. 눈발이 이미 가방

위를 뒤덮었을 것이다. 스키가 똑바로 서 있지 못하고 쓰러지기라도 한다면 그의 제삿날이 될 터였다.

다른 어느 때보다 천천히 앞으로 조금씩 나아갔다. 1.5km가 마치 끝이 없는 길처럼 느껴졌다.

순전히 운이 좋았다. 루가 돌아보았다. 눈 폭풍이 몰아치다가 잠깐 잠잠해진 틈, 바로 그 순간에 어깨너머를 살펴본 것이다. 거기에, 수백 미터 떨어진 그곳에, 그의 등 뒤쪽에, 짐을 부린 위치를 표시하는 스키 한 짝이 외롭게 서 있었다.

안도감이 빠르게 그의 온몸을 따라 퍼졌다.

텐트와 침낭을 한곳에 두지 않았어야 했다. 하나를 다른 곳에 두고 왔다면 다른 하나만이라도 자신과 함께 이동했어야 했다. 이전에는 한 번도 시도해 본 적도, 생각해 본 적도 없는 '포티지' 방식 때문에 간과했던 일이다. 그 실수 때문에 저승의 문턱까지 다녀온 것이다.

루는 장비를 모았고, 식량을 모두 챙겨 둔 곳으로 돌아가 텐트를 치고는 곧바로 쓰러져 버렸다. 전날 밤에 야영했던 지점으로부터 고작 3km 전진했을 뿐이었지만 그게 대수가 아니었다. 목숨을 부지했고, 이 이야기를 들려줄 수 있지 않은가.

❄

2018년 11월 29일 27일째
남극 고원 위에서

콜린 오브레이디는 루 러드에 비해 43km가량 앞서고 있었다. 시간으로 따지면 거의 이틀이 소요될 거리였다.

바람은 잔인할 정도로 거센데 또 다른 사스트루기 밭에 들어섰다. 악조건이지만 콜린은 여전히 움직이고 있었다. 갖은 어려움에도 콜린은 계속 썰매를 끌며 앞으로 나아갔다. 스키 바닥을 감쌌던 스킨이 벗겨지기 전까진 아무 문제가 없었다.* 그다음부터는 스키가 연신 옆으로 비껴 나갔다. 스키 스킨은 마치 한쪽 방향으로만 회전하게 되어 있는 톱니바퀴처럼 작용한다. 이를테면 어느 한 방향으로 이동할 때는 부드럽게 미끄러지지만 그 반대 방향으로 밀면 누워 있던 올이 일어나면서 브레이크 역할을 하는 것이다. 이때 스킨이 벗겨지면 마찰력이 사라진다. 마찰력 없이는 펄크를 당길 수 없었다. 콜린은 말 그대로 "길 위에서 꼼짝달싹 못 했다."

여분의 스키 스킨이 있었지만 스키에 부착하려면 텐트를 설치해야만 했다. 거센 바람 속에서 여분의 스킨을 찾아서 스키에 부착하고 접착제가 마를 때까지 기다리려면 최소한 텐트라는 바람막이가 필요했다. 간단한 수리 작업이지만 이를 준비하고 다시 출발하려면 몇 시간이 걸릴 터였다. 콜린은 루와는 달리 여분의 스키를 가져올 생각은 하지 못했었다.

6.4km 정도 이동했을 뿐인데, 이날은 더 이상 나아갈 수가 없었다. 모든 준비를 마치고 스키를 수리하고 접착제가 말랐을 때는 너무 늦은 시간이어서 캠프를 해체하고 다시 스키를 타는 것이 무의미했다.

이렇게 지연되는 바람에 루와의 간격이 19km로 좁혀졌다. 그는 그날이 "가장 힘들고 답답했던 날"이었다고 회상했다. 이제 두 사람

---

* 스키 바닥에 부착하는 스킨은 물개 가죽 등의 짧은 털이 한쪽으로 강하게 누운 직물로, 빙하나 설원 등의 경사면에서 한쪽 방향으로만 마찰력을 가져 뒤로 미끄러지는 것을 방지한다.

사이의 간격은 하루 동안의 이동 거리 정도였다.

❄

2018년 12월 2일 30일째
남극 고원 북쪽

'포티지' 이동 때문에 식겁했던 사건 이후로 며칠이 지났다. 거센 바람 탓에 눈이 어느 정도 단단해졌고 그런 덕분에 루 러드는 짐이 모두 실린 펄크를 움직일 수 있었다.

30일째 되는 날 루는 남극 고원으로 오르기 직전 마지막 경로에서 기복이 심한 사스트루기 지대를 만나 아침 내내 고전했다. 그런 다음 오후에는 몇 시간 동안 화이트아웃을 만나 완전히 시야가 상실된 채로 이동했다. 앞을 분간하지 못하는 상태에서 한 달 동안 쉬지 않고 이동해 온 탓에 루의 몸과 마음은 물론 감정까지 모두 소진된 상태였다.

과도한 피로감에 더 나아가고픈 욕심도 사라질 지경이었던 바로 그때, 루는 눈 한쪽 끝에서 무엇인가를 보았다. 루는 당시를 회상하며, 작은 새, "비둘기만 한 크기의 (…) 짧고 검은 부리를 빼면 온통 흰색인 새 한 마리가 문자 그대로 눈앞에서 펄럭이며 날고 있었다."라고 회상했다. 새는 거센 바람에 맞서 분투하고 있었다. "내가 흥미롭게 바라본 만큼이나 그 새도 나에게 관심을 보였다." 해안으로부터 그렇게 멀찍이 떨어진 남극 대륙 한복판에 생명체가 산다는 건 불가능한 일이었다. 그런데 거기에, 한 마리의 새와 한 사람이 있었고, 둘이 조우했다.

남극에서 날고 있는 흰바다제비. [일리야 그리고리Ilya Grigorik/위키미디어 공용]

그때 거센 돌풍이 새를 채 가듯 낚아 올렸고, 새는 바람에 휘말려 버렸다.

"내가 특별히 영적인 사람은 아니지만 누군가 이곳까지 찾아와서 나를 살피고자 했다면, 그것은 (…) 정말로 누군가 그런 것이라면 나는 그 사람이 누구일지 분명히 알고 있다."

루가 앞으로 나아가려면 꼭 필요했던 응원이었다. 루는 하루도 빠짐없이 썰매를 끌고 매일 25~27km 거리를 이동했다. 33일째 되는 날 루는 남위 88° 지점을 넘어 드디어 남극 고원에 이르렀다. 이제 오르막길은 거의 끝났기에 루는 속도를 조금 더 낼 수 있었다.

앞서간 콜린을 따라잡으려면 더욱 속도를 높여야 했다.

2018년 12월 4일 32일째 남극 고원

콜린 오브레이디는 32일째에 남극 고원에 도달했다. 스키 스킨이 벗겨진 날 이후 속도를 내어 루 러드보다 32km 이상 앞서고 있었다. 콜린은 루보다 하루 3~4km 정도 스키를 더 지쳤다. 크지 않은 차이일지라도 매일매일 그 격차는 점점 더 벌어지고 있었다.

두 사람은 '스키를 지친다'고 표현했다. 두 사람이 스키 부츠를 신고 있는 것은 사실이니까. 하지만 사실 얼음과 눈밭을 가로질러 엉금엉금 걷는 형국이어서 활강이나 크로스컨트리 스키 같은 시원한 활주와는 거리가 멀었다. 훗날 콜린이 재미있게 표현한 바를 빌리자면 "남생이 두 마리가 서로 경주하는 것과 같았다."

실제로는 스키를 지친다기보다 설피를 신고 걷는 것과 비슷했다. 설피와 다른 점이 있다면 스키는 스키를 타는 사람의 체중을 전체 표면으로 분산시키는 데 도움이 되었고, 얼음 표면이 깨질 수도 있는 약한 지대에서는 스키 탄 사람을 보호하는 역할을 했다. 스키 스킨 덕분에 접지력이 상승해 매끄러운 표면을 가로지르는 데 도움이 되기도 했다. 그러나 속도는 결코 빨라지지 않았다.

일단 남극 고원에 오르니 공기가 희박하고 기온이 더 떨어져 추웠다. 하지만 적어도 오르막길에서 펄크를 당기지 않아도 되었다. 평평한 지형이 반가울 따름이었다. 콜린은 매사에 감사하고 또 감사했다. 게다가 전 세계 팬들이 보내 준 사랑이 큰 힘이 되었다.

매년 참가하는 위빠사나 수행을 통해서 콜린은 "기본적인 오감을 넘어 사물의 본질을 파악하고 느낄 수 있는 힘이 우리에게 있다."

환일(햇무리, 무리해라고도 부른다) [스콧 울럼스Scott Woolums/ALE]

라는 강한 믿음을 얻었다. 침묵에 휩싸인 채 콜린은 "타인의 에너지를 매우 강하게 느낄 수 있다"고 생각했다. 고향으로부터 수천 킬로미터 떨어진 곳이지만 콜린은 가족의 지지를 느낄 수 있었고, 이런 응원하는 마음을 다시 전 세계인들에게 돌려주고 싶었다.

그런데 때로는 자신의 눈앞에서 계속 나아가야 할 동기와 영감을 찾기도 했다. 태양과 하늘이 딱 좋은 맑은 날에는 무지개가 태양을 에워쌌다. 환일*이라고 불리는 현상인데 콜린은 이동을 멈추고 "온몸의 감각을 총동원해서 이 순간을 기억하려" 애썼다. 가끔은 남극의 아름

---

* 幻日, parhelion. 햇빛이 남극의 공기나 구름 속에 뜬 얼음 알갱이와 만나 꺾이고 흩어지면서 해 주변에 둥근 띠 모양의 가짜 해가 생기는 현상.

다움이 이곳에서 겪는 고통을 압도하기도 했다.

또 때로는, 타인을 배려하는 사람에게서 영감을 얻기도 했다.

2018년 12월 6일, 힘든 하루였다. 12시간 동안 썰매를 끌어 묵묵히 27km를 전진했다. 일과를 마치자 아내인 제나와 통화하고 잠을 자고 싶은 생각뿐이었다.

매일 밤마다 으레 그랬듯이 두 사람은 전화 통화를 했다. 통화를 마치며 제나는 콜린에게 아직 끊지 말라고 말했다. 전화번호를 하나 알려주며 전화해 보라고 했다. 바로 그날 밤. 바로 그 시간에.

콜린 오브레이디는 핑계를 대 보았다. 너무 피곤하다, 잠을 자고 싶다. 하지만 제나도 고집을 굽히지 않았다. 그냥 전화해요, 나를 믿어 봐요. 콜린이 마지못해 알았다고 했다.

"여보세요." 상대가 전화를 받자 콜린이 말했다. "저는 남극을 탐험 중인 콜린이에요."

"안녕하세요, 저는 폴입니다." 상대편 목소리가 말했다.

콜린은 잠시 말문이 막혔다. 자기가 아는 목소리, 아는 이름이던가? 잠시 혼란스러웠다.

상대편 목소리가 말을 이었다. "네, 바로 그 폴 사이먼이요."

콜린 오브레이디는 자신이 헛것을 듣고 있다고 생각했다. "남극한가운데에 앉아 위성 핸드폰으로 폴 사이먼과 얘기하고 있다고요? 내가 정신이 나갔나?"

하지만 사실이었다. 바로 그 폴 사이먼이었다. 무려 15차례 그래미상을 수상한 뮤지션. 사이먼 앤 가펑클의 그 사이먼, 케네디센터 공로상 수상자가 핸드폰 맞은편에 있었다. "충격적이다" "기절할 지경이다"라는 말로도 심경을 표현하기 어려웠다.

두 사람이 나누는 대화의 주제는 어느덧 창의성, 그리고 예술에 온 힘을 다하는 과정에까지 이르렀다. 폴 사이먼에게 예술은 분명 음악이었다. 하지만 콜린 오브레이디 역시 점점 더 자기 자신도 예술가라는 생각이 들기 시작했다. 훗날 콜린 오브레이디는 스스로를 "지구력 스포츠를 수행하는 캔버스"라고 생각하기로 했다고 설명했다. 두 사람이 추구하는 예술, 음악과 스포츠는 물론 형태는 달랐다. 하지만 폴 사이먼과 콜린 오브레이디 둘 다 자기 분야의 전문가로서 최고 수준을 보여 준다는 의미를 잘 알고 있었다. 폴 사이먼과의 대화를 통해 콜린 오브레이디의 영혼은 남극의 고원보다 더 높이 고양되었다.

이튿날 콜린은 춤을 추며 펄크를 끌었다.

그리고 그다음 날에는 마침내 극점을 1° 남겨둔 남위 89°선을 넘었다.

2016년 과거 '탐험가 그랜드 슬램' 도전 과정에서 이 지점을 이미 지나간 적이 있었다. 당시에는 36일 동안 펄크를 끌고 온 것이 아니었음에도 힘이 들었다. 그러나 그때의 콜린과 지금의 콜린은 같은 사람이 아니었다.

마지막 1도 선을 넘은 지 단 사흘 만에 콜린은 극점으로부터 몇 킬로미터 떨어진 곳에서 야영했다.

40일째 되는 날 콜린은 마지막 5km가량 스키를 탔고 칠레 시간 기준 오전 10시에 아문센-스콧 남극 기지Amundsen-Scott South Pole Station 앞에 있는, 남극점을 표시하는 극점 기념주* 앞에 도착했다. 콜린은 훗

---

*   ceremonial marker. 남극점은 눈과 얼음뿐 특별한 지형지물이 없다. 또한 두께가 3km에 이르는 움직이는 얼음층 위에 있기 때문에 매순간 위치가 바뀐다. 전통적으로 매년 1월 1일에 기지의 과학자들이 새로 계측한 지리적 남극점의 위치에 눈을 뚫고 해마다 다른 디자인으로 제작된 극점 기념 기둥을 찔러 넣는다.

극점 기념주. 뒤에 보이는 건물이 미국의 아문센–스콧 남극 기지다. [빌 스핀들러Bill Spindler/위키미디어 공용]

날 당시를 회상하며 "햇빛이 쨍쨍한 아름다운 날이었습니다. 모든 것이 평온하기만 해서 기쁨의 눈물이 조용히 제 뺨을 타고 흘렀지요."라고 말했다. 콜린은 그날 밤 인스타그램에 다음과 같이 기록했다. "극점에 도착하면 기쁠 거라는 건 알았지만, 솔직히 말해 내 인생 최고의 날 중 하나다."

날씨 덕분에 온 세상이 자신의 성공을 축하해 주는 것 같았다. 수천 킬로미터 떨어진 곳으로부터 "전 세계에서 보내온 모든 사랑"을 다시 한번 느꼈다. "깊이, 마음속 깊이 감사합니다. 나의 사랑을 밝혀 여러분 모두에게 되돌려 드리고 싶습니다."

한여름의 남극 과학기지에서는 직원들이 모두 근무 중이었다. 몇몇의 과학자들이 기지 밖으로 나와 그의 사진을 찍고 응원해 주었다.

한밤중만 아니었다면 사람들이 더 많이 나왔을 것이다.

모든 시간대가 남극점으로 수렴하므로 사람들은 보통 자신이 출발한 나라의 시간대를 따른다. 콜린은 푼타아레나스에서 출발했으므로 칠레 시간을 따랐다. 그에 반해 아문센-스콧 남극 기지에서 일하고 있는 미국인 과학자들은 모두 뉴질랜드의 크라이스트처치에서 출발했다. 같은 장소에 있었지만 콜린에게는 오전 10시, 과학자들에게는 이튿날 새벽 2시였다.

콜린은 극점에서 오래 머물지 않았다. 연구기지라는 문명의 한 조각조차 너무 유혹적이어서 그 곁에 머물고 싶어졌기 때문이다. 콜린은 계속 나아가기로 했다.

다시 하네스의 고리를 채우고 지평선을 향해 펄크를 끌었다. 다시 한번 북쪽을 향해 떠났다.

❄

2018년 12월 10일 38일째
남극점에 접근

하루하루가 고군분투의 연속이었다.

그럼에도 루 러드는 계속 전진했다.

매일 밤 GPS를 내려다보다가 자신이 이동한 거리를 확인하곤 놀라기 일쑤였다. 조금도 앞으로 나아간 것 같지 않았지만 GPS를 보면 하루하루 움직이고 있다는 걸 확인할 수 있었다. 여행을 시작한 지 어느덧 한 달이 넘었지만, 단 하루도 쉰 적이 없었다. 루는 계속 버티고 있었다.

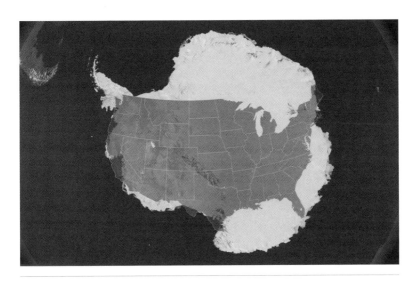

미국의 48개 주와 남극의 위성사진을 겹쳐보았다. [NASA]

　　남극 대륙은 거대하다. 미국 대륙 위에 겹쳐 놓고 보면 48개 주를 덮고도 남는 정도다. 38일째 되는 날 루 러드는, 극점까지 갔다가 유니언 글레이셔 캠프로 돌아가고 있는 ALE 물류 차량 행렬과 마주쳤다. 무한궤도를 장착한 거대한 맞춤형 트럭이 장비를 실은 세 대의 썰매를 끌고 있었다. 이 차량들이 유니언 글레이셔 캠프에 도달하려면 최고 속도로 달려도 6일이 걸린다고 했다.

　　루 러드가 목표로 하는 극점까지는 며칠 남지 않았다. 화이트아웃 때문에 눈이 높이 쌓였고 공기가 희박한 까닭에 숨을 쉴 때마다 버거웠다. 상황이 이러하다 보니 40일째 되는 날 루는 극점을 단 18km를 남겨두고 야영을 했다. "정말 신나는 일이었습니다. 마치 성탄절을 맞은 것처럼요." 이튿날 날씨가 어떻든 끝까지 해내기로 마음먹었다.

　　루는 새벽 4시에 일어났다. 또다시 화이트아웃. 지평선에는 아무

지리적 남극점. 얼음은 한군데 고정되어 있지 않고 이동하기 때문에 남극의 연구자들이 새로 계측하여 매년 1월 1일을 기준으로 지리적 남극점의 위치를 결정한다. [존 비티John Beatty/ALE]

것도 보이지 않았다. 칠레 시간 기준으로 오후 4시 45분에 루는 마침내 세상의 맨 밑바닥에 도착했다.

"역사적인 날!" 집에 전화를 거는 루 러드의 목소리는 흥분으로 들떠 있었다. 아문센-스콧 남극 기지의 연구원들이 쏟아져 나왔고 기지 책임자도 직접 나와 안아 주며 축하해 주었다. 그들은 모두 루의 여행을 지켜봐 왔고 마침내 극점에 도착하자 사진을 찍고 포옹을 나누며 함께 기뻐해 주었다. 그 덕분에 루는 "꽤 유명 인사가 된 것 같은 기분이 들었다."고 말했다.

극점에 주둔하고 있는 ALE 가이드와 담소를 나누는 중에 혹독한 날씨와 깊이 쌓인 눈 때문에 원정을 포기할 수밖에 없었던 다른 사람들의 이야기를 들었다. 콜린은 여전히 앞서 있었다. 하지만 자신의 길을 계속 가겠다는 완고한 결심 덕분에 루는 극히 적은 사람들만이 해낼 수 있는 일에 나서게 되었다.

극점을 떠나기 전에 루는 장비를 살펴보고 여행을 계속할 수 있을 만큼 남은 식량이 충분한지 확인했다. 옷이 헐렁해지기 시작한 지 이미 오래였다. 이미 예상했던 바였다. 유쾌한 일은 아니었지만 루는 대체로 건강했다. 루는 정확하게 계획을 세웠다. 식량이 부족해서 또 한 사람의 영국인이 극점에서 돌아설 일은 없었다.

루에게는 이제 종료 지점을 향해 북쪽으로 전진하는 일만 남았다.

❄

2018년 12월 14일
남극점의 북쪽 레버렛 빙하로 향하는 길에

콜린은 배가 고파 죽을 지경이었다. "내 몸을 보고 있는데 그때까지도 몰랐어. (…) 손목시계가 팔에 걸쳐져 있더라고." 밤마다 통화하는 아내 제나에게 말했다.

콜린은 마침내 그것이 오고 있다는 걸 알아차렸다. 체중이 너무 빠져 몸이 낯선 사람처럼 느껴지는 때가 오리란 걸 익히 들어 알았기에 콜린은 계획을 세워 체중을 늘린 바 있었다.

그런데 실제로 그런 일을 겪고 보니 이런 상황을 예상하고 계획했던 때와 비교할 수 없을 만큼 힘들었다.

유니언 글레이셔 캠프에서 콜린은 펄크라는 현실에 직면했었다. 베이스캠프에서 처음 연습할 때에는 펄크를 거의 움직일 수조차 없었다. 펄크를 좀 더 끌어당길 요량으로 어느 정도 무게를 덜어내기도 했다. 3일 그리고 반나절 분량의 음식을 베이스캠프에 남기는 것이 그의 최종 결정이었다.

극점에서도, 루 러드가 그랬던 것처럼 콜린 오브레이디도 자신의 보급품을 살펴보았다. 앞으로 남은 여정을 고려하여 남은 식량을 일일이 헤아려 보았다. 그러고 나자 앞으로의 경주가 얼마나 험난할지 알 수 있었다.

지금 콜린이 걱정하는 것은 루 러드가 아니라 배고픔이었다.

"오늘은 행군을 시작하기 전에
거추장스러운 옷을 모두 벗어 썰매 위에 던져 놓았다.
걸쳤던 의복 거의 전부가 불필요하게 느껴져 하나둘 벗다 보니,
우리의 모습은 우리가 살았던 세상에서라면 볼썽사납다고
여길 만한 상태였다. 우리는 서로에게 웃어 보이며
남극에는 여성이 한 명도 없어서 다행이라고 말했다.
그렇지 않았다면 지극히 편안하면서도 편리한 우리의 복장을 보고
틀림없이 잔소리를 했을 것이다."

- 1912년 1월 3일 로알 아문센 -

---- ✳ ----

"남은 물품이 얼마나 될까.
여름이 끝나 가고 있는 것도 걱정된다."

- 1912년 3월 8일 스콧 대령 -

귀환

아문센·스콧: 1912년 1월-1912년 3월

❄

1912년 1월 1일 남극 고원

극점을 뒤로 하고 북쪽으로 향하면서 아문센과 그의 대원들은 다시 한번 '데블스볼룸'에 대비해야 했다. 깊이를 알 수 없는 어두컴컴한 크레바스, 거대한 빙구, 시간과 에너지를 속절없이 흘려보내야 했던 길고 험난한 여정이 기억 속에 생생했다. 어떤 수를 쓰든, 그들은 다시 그 길을 통과해야만 했다.

　그런데 어느 순간 이미 그 고난의 길을 완전히 통과했음을 깨달았다. 어느 날 밤 쌍안경을 통해 최악의 지역이 그들의 등 뒤에, 남쪽에 위치함을 확인하기 전까지만 해도 일행은 계속 걱정했고 초조해했다. 아문센은 훗날 이렇게 말했다. "믿기 어려운 행운 덕분에 우리는 이 모든 끔찍하고 위험천만한 지대를 빠져나올 수 있었다." 일행은 스스로 알아채지 못하는 사이에 이전의 경로로부터 벗어났고, 우여곡절 끝에 두려운 지역을 무사히 통과했다.

분명한 사실 한 가지는 이전에 걸었던 그 길로는 돌아오지 않았다는 것이다. 식량을 얻을 목적으로 개들을 도살했기에, 아문센과 일행은 이제는 그 대신 돛을 달아 바람을 이용하여 추진력을 얻어 앞으로 빠르게 전진했다. 개고기냐, 페미컨이냐를 두고 먹을거리를 선택할 필요는 없었다. 충분히 많았기 때문이다. 그들의 여정은 너무나 성공적이었고, 매우 순조로워서 누가 먼저 저장소를 찾느냐가 자랑거리가 되었다. 대원들은 한결같이 자신들이 묻어둔 저장소를 하나도 빠짐없이 찾았다고 자랑하고 싶어 했다.

그런 와중에 대원들이 스키를 지치며 가다 남극 고원 위의 마지막 저장소를 지나치고 말았다. 그 사실을 알고 나자 대원들은 "거기에 멈춰 서서 다소 강하게 불만을 표시했다."라고 아문센이 말했다. 대원들 모두가 스키를 타고 24km 정도 거리를 되돌아가서 묻어 둔 비품과 식량을 가져오는 수고를 자신이 맡겠노라고 자원했다.

아문센은 한센과 비율란을 선택했다. 썰매개 팀 하나가 모두 나서서 빈 썰매를 끌고 날 듯이 고작 10시간 만에 목표 지점에 도착했다. 본래의 하루치 이동 거리와 추가된 이동 거리 48km를 더하면 단하루 만에 80km를 달린 셈이었다. 인간과 개 모두에게 놀라운 위업이었다.

베이스캠프로 돌아가는 여정은 극점으로 가는 여정과 완전히 달랐다. 북쪽으로 향할 때에는 "날씨가 눈부시게 맑았다."고 아문센은

적었다. 극점으로 향하는 동
안에는 해가 나는 시간이 워
낙 짧아서 대원들은 깊은 잠
을 자지 못하고 잠깐 동안 눈
만 붙이고 일어났었다. 반면
에 돌아오는 동안에는 아문센
이 기억하기로 "가장 밝고 맑
은 날씨"였다. 다만 그 탓에,
유감스럽게도 모든 것이 완전
히 처음 보는 광경처럼 생소
했다.

아문센 팀의 일원인 썰매개 팀 중 하나. 썰매개 운
전사는 썰매 옆에서 스키를 타고 달리거나 짐 위에
앉아 이동했다. [미국 의회도서관]

처음 보는 산봉우리가 계
속해서 나타났다. 극점으로 가는 도중 전혀 알아채지 못했던 여러 개
의 봉우리들이 이제 지평선 가득히 **빽빽**하게 솟아올랐다. 이전 길에
서 간신히 형체를 확인하고 이름을 붙였던 봉우리들은 햇빛 아래에서
너무나 다르게 보였다. 대원들은 "처음 보는" 산인 줄만 알았던 그 산
들이 실제로는 이미 지나온 지표라는 걸 깨닫고 깜짝 놀랐다. 아문센
역시 "내 평생 그런 경관은 처음 본다는 엄숙한 맹세를 기꺼이 했을
것이다."라고 단언했다.

엄밀히 따지자면 아문센은 그 봉우리들을 '본' 적이 없었다. 혹독
한 날씨 속에서뿐만 아니라 쾌청한 날씨도 대원들이 방향을 찾는 데
방해가 된다는 것은 아이러니였다. 말하자면 (완전히는 아니고) **거의**
길을 잃은 셈이었다.

한센과 비욜란이 울트라 마라톤을 다녀온 뒤 4일이 지나 다시 저

장소를 찾지 못하는 불상사가 생겼다. 그런데 평범한 소규모 저장소가 아니었다. 이번에는 '푸줏간'을 찾을 수 없었던 것이다.

'푸줏간'은 가장 규모가 큰 저장소 중 하나로 개고기와 각종 장비로 가득 채워져 있었다. 다만, 아문센은 "보관된 식량을 찾기 위해서가 아니라 그레이트 배리어로 내려가는 길을 찾으려면 이 지점을 찾는 것이 매우 절실했다."라고 설명했다. '푸줏간'은 산을 내려가는 길을 의미했기에 대원들은 반드시 이 저장소를 찾아야 했다.

1월 4일에는 꼭 발견해야 했다. 이미 수십 킬로미터를 이동해 온 터였다. 올바른 경로를 따라 이동해 왔다. 혹은 그렇다고 생각하고 있었다. 그런데 도대체 저장소가 어디에 있는 걸까? 대원들이 저마다 쌍안경을 꺼내 들었다.

남극 고원의 끝자락에서 산 너머를 내려다보니 저 멀리 그레이트 배리어의 빙원이 보였다. 그런데 그들이 서 있는 지점과 아래 펼쳐지는 땅 사이를 가르는 산들이 지극히 낯설었다. 며칠 동안 그들을 괴롭힌 것과 같은 상황이었다. 마법같이, 아니 마녀의 마술에라도 걸린 듯이 그들은 알지 못하는 세계로 순식간에 인도된 것만 같았고 그레이트 배리어 아래로 내려가는 길을 도통 찾을 수 없었다. 일행은 끝없이 펼쳐진 순백의 바다를 하염없이 굽어보았다.

그때 헬메르 한센이 "찾았다Hullo. 저기다!"라고 외쳤다.

"맞아!" 같은 물체를 바라보며 오스카 비스팅도 받아서 대답했다. "저게 내가 저장소 앞에 세워 둔 부러진 스키가 아니라면 내 목을 내놓겠습니다."

깎아지른 절벽 꼭대기 위에 크고 작게 솟은 수천 개의 둔덕 중 어느 것과 다를 바 없어 보이는 작은 둔덕 바로 옆에, 눈밭 위로 검은색

자국 하나가 튀어나와 있었다. 비스팅이 돌이켜 생각해 보니 캠프를 떠나면서 마지막으로 스키를 세워 두었다. 그의 이 같은 행동 덕분에 대원들의 생명을 구할 수 있었다. 다행스럽게도 순백의 벌판 한 가운데 홀로 서 있는 스킨 한 짝이 도드라졌던 것이다.

원정대 복장을 모두 착용한 올라브 비욜란. [노르웨이 국립도서관]

이제 어디로 향해야 하는지 알고 있기에 목표에 도달하는 건 어렵지 않았다. 일행이 도착해 보니 고기는 여전히 얼어 있는 상태였고 장비도 제자리에서 고스란히 발견되었다. 대원들은 특별히 배가 고프지는 않았다. 하지만 굶주린 개들은 충분한 음식을 제공받자 "오히려 놀란 것 같았다"고 아문센은 말했다. 지난번에 이곳, '푸줏간'에서 그랬던 것처럼 개들은 더 이상 먹을 수 없을 때까지 게걸스럽게 먹었다.

지난번과 다른 것이 있다면 그들이 여기에서 멈추고 쉬지는 않았다는 점이다. 개들이 먹이를 모두 먹자마자 대원들은 썰매를 다시 꾸린 다음 곧장 이동했다. 아무도 이곳에서 필요 이상으로 오래 머무는 걸 원하지 않았다. 개 친구들의 희생에 자책감을 느끼는 그들에게 '푸줏간'은 항상 슬픈 장소일 수밖에 없었다.

아래쪽 빙하로 내려가면서 이 길을 힘겹게 올랐던 개들의 강인함을 되새길 수 있었다. 첫날에만 여러 차례 썰매의 날에 밧줄을 감아야 했을 정도였다. "속도가 너무 빨라서 우리가 멈춰 서서 썰매 아래에 제동장치를 넣어야 했다."라고 아문센은 기록했다.

하루의 행군을 마쳤을 때 일행은 대략 610m 가량의 고도를 하강 했다는 사실을 알았다. 이때 이미 아문센은 "숨쉬기가 달라진 것 같다. 훨씬 쉽고 편안하게 숨을 쉴 수 있다."고 여겼다. 쾌청한 날씨가 계속 이어지면서 대원들의 수고가 한결 줄어들었다. 게다가 산을 오를 때는 지그재그로 가로질러 올랐지만 빙하를 따라가면 그레이트 배리어까지 곧바로 내려갈 수 있음을 알게 되었다. 일행은 산악지대를 좀 더 안전하게 통과할 수 있는 길로 들어서기 위해 그레이트 배리어의 프람하임으로 돌아서 이어지는 좀 더 긴 여정을 선택하기로 기꺼이 결정했다.

액슬하이버그 빙하의 나머지 부분은 무척 매끄러워서 스키를 탄 대원들이 썰매개 팀보다 빨랐다. 1912년 1월 6일, 남극의 육지 위에서 51일을 보낸 아문센 팀이 다시 한번 그레이트 배리어를 되짚어 통과 했다.

이곳에서부터 남위 80° 지점까지는 1°씩 지날 때마다 전체 코스에 식량과 연료를 보관한 저장소를 설치해둔 터였다. 첫 번째 저장소에서는 음식물이 썩은 것을 보고 놀랐다. 공기는 꽁꽁 언 상태이지만 햇빛이 음식을 상하게 할 정도로 온도를 높였음이 틀림없었다. 하지만 그다지 개의치는 않았다. 식량은 이미 충분히 많았기 때문이다.

대원들 모두가 건강했고 개들도 열심히 썰매를 끌고 있었다. 일행은 그레이트 배리어를 이동할 때 남겨 둔 표식을 찾아냈다. 하나의 저장소에서 다음 저장소로 가는 경로를 표시해 둔 일련의 눈 둔덕이

남극 대륙 위를 날고 있는 도둑갈매기 [플리커에서 일라이 듀크Eli Duke]

었다. 남쪽으로 향하는 이전 여행에서 아문센은 다음 저장소의 방향을 표시한 메모를 눈 둔덕마다 붙여두었었다. 이를 통해 자신들이 기지로 귀환하는 여정 중에 올바른 방향으로 가고 있음을 확인할 수 있었다. 대원들은 이 표시를 볼 때마다 안도의 한숨을 내쉬었다. 일행은 귀환하는 길을 가리키는 둔덕 옆을 야영지로 삼고는 했다.

1월 9일, 도둑갈매기 두 마리가 수평선 위로 미끄러지듯 날아가는 모습을 보았다. 해안가에서 서식하는 생명체를 처음 발견하고는 "말할 수 없이 놀랐다."고 아문센은 기억했다. 그 한 쌍의 갈매기는 대원들 머리 위를 한 바퀴 돌고는 눈 둔덕에 잠시 내려앉았다가 남쪽을 향해 날아가 버렸다. "이 죽음의 땅에 살아 있는 세계가 전한 소식과도 같았다. 우리에겐 무척 소중한 메시지였다."라고 아문센은 기록했다.

1912년 1월 25일 오전 4시, 대원 중 하나가 먼저 프람하임에 도착했다. 그는 일행 모두가 스키를 지쳐 캠프에 다다를 때까지 오두막에 들어가지 않고 기다리고 있었다. 함께 남극점을 향해 떠났고, 함께 승리를 거두었으니, 다 함께 귀환하려는 마음이었다.

일행이 마침내 프람하임의 문을 열었을 때 이곳에 머물던 대원들은 유령을 본 듯한 표정이었다. 마침내 누군가 물었다.

"극점은요? 성공했나요?"

"그럼, 물론이죠. 실패했다면 우리를 다시 보지 못했을 거요."

수차례 악수와 환호가 이어지는 가운데 누군가 팬케이크를 굽고 커피를 끓여 내왔다. 그리고 아문센은 이렇게 말했다. "바깥도 좋았지만 그래도 역시 집이 최고군."

❄

1912년 2월 6일
남극 비어드모어 빙하의 정상

행운은 스콧의 차지가 아니었다. 어쩌면 여행을 처음 시작할 때부터 계속 그랬던 것 같고, 극점을 다녀온 뒤에도 바뀐 것은 없었다.

대원들은 하나씩 무너지고 있었다. 오츠의 다리는 점점 더 나빠졌지만 그는 자신의 통증에 대해 여전히 동료에게 터놓고 얘기하지 않았다. 윌슨 박사도 다리를 접질리는 부상을 입었고 설맹으로 눈이 찌르는 것처럼 아파서 밤에 잠을 이루지 못할 정도였다. 크게 낙상하는 바람에 어깨를 다친 스콧은 "우리 텐트 안에서 병자가 하나 더 늘었다."라고 적었다.

그리고 에드거 에번스. 손가락에는 고름이 가득했고 손톱이 떨어져 나가고 양손 여기저기에 물집이 잡혔다. 비어드모어 빙하로 접근하는 과정에서는 두 번이나 크레바스 사이로 떨어져 심각한 충격을 받았다. 한두 번 뇌진탕을 겪은 뒤로 에번스의 행동은 사뭇 달라졌다.

바워스. 강인한 무적의 바워스만이 팀원 중 유일하게 온전해 보였다.

스콧은 하루빨리 고원에서 벗어나고 싶었다. 테라노바호의 원정대가 이 높은 고도에 올라 여행한 것이 이미 "48일 째, 거의 7주 동안이었다. 그것도 바람이 잦아든 적이 거의 한 번도 없는 낮은 기온이 이어지는 조건에서였다.* 음식이 부족하고 날씨는 불확실하다."라고 스콧은 적었다. 대원들은 굶주리고 추워했으며 부상을 당해 처참한 상태였다.

다만 앞으로 상황이 더 악화되리라는 걸 그때는 짐작하지 못했다.

이튿날인 2월 7일 비어드모어 빙하 정상에서 상부 저장소를 발견했다. 그런데 저장된 음식을 확인해 보니 하루치의 배급량이…… 부족했다.

최종 극점 팀과 헤어질 당시 테디 에번스 일행이 예정했던 것보다 더 많은 음식을 가져갔던 것일까? 처음 저장할 때부터 적은 양을 보관했던 것일까? 누구를 탓해 봐야 소용없는 일이었다. 현재 상태에서는 할 수 있는 일이 없으니까. 다음 저장소까지 이동이 길어지는 어떤 불상사가 발생한다면 이미 얼마 되지 않는 소량의 배급을 또다시 줄여야 했다.

---

* 스콧은 이전에 섀클턴이 님로드호를 타고 갔을 때 찾은 길을 다시 밟았다. 하지만 섀클턴 때와 달리 스콧 때는 이례적으로 남극의 여름 날씨가 혹독했다. 이는 스콧의 원정이 실패한 이유 중의 하나로 거론된다.

비어드모어 빙하 옆의 바위 절벽. 2016년에 촬영한 사진 속 사람들은 스콧이 그랬던 것처럼 지질조사를 하고 있다. [앨런 C. 애쉬워스Allan C. Ashworth와 테리 L. 어윈Terry L. Erwin/위키미디어 공용]

"마음이 몹시 힘든 날"이었다고 스콧은 적었다. 최대한 신속하게 다음 저장소로 이동하여 먹을 것을 확보해야 하는 상황이었다.

그런데 외려 다음 이틀 동안 일행은 스콧의 표현대로 "지질 조사"를 하는 데 시간을 썼다. 스콧은 돌멩이 표본들을 줍지 않을 수 없었다. 눈이나 얼음이 아닌 다른 무엇인가를 만질 수 있다는 점에서 "먼바다 항해를 마치고 해변으로 돌아온 것 같았다."라고 스콧은 썼다. 이러한 발견은 "너무나 흥미로웠기 때문에" 자신들의 부상이나 피로, 식량 부족을 잠시 잊고 화석을 찾고 표본을 채취했다. 그의 일기장에서 연신 느껴지는 비참함과 극기심에서 벗어난 한순간이었다.

일행의 썰매 위에 16kg 상당의 돌멩이들이 추가되었다. (이미 수백 킬로그램의 무게를 끌고 있는 대원들에게 이 정도 중량이 추가된들 차이는 거의 없었다.) 그러나 과학을 향한 탐구심만으로 집으로 가는 길이 가까워지지는 않았다. 새로운 발견을 향한 열망이 남다른 스콧이었지만, 그조차도 오랜 시간 현실을 외면할 수는 없었다. 일행은 하릴없이 다시 썰매를 끌었다. 이제 비어드모어 빙하의 위험한 미로를 타고 내려가야 할 차례였다.

일행에게 남은 것은 이틀분의 식량이었다.

다음 저장소까지는 그리 멀지 않았다. 이틀만 이동하면 **틀림없이** 닿을 수 있는 거리였다. 하지만 "내일 날씨가 개지 않는다면 우리는 앞을 분간 못 하는 상황에서 행군을 계속하거나 아니면 식량을 다시 줄여야 한다."라고 스콧은 2월 10일 일기에 썼다. 배급을 절반으로 줄이는 일이야 다반사였지만 대원들은 매일의 정해진 배급량을 먹고도 빠르게 체중이 줄고 있던 터였다.

2월 11일, 상황이 더욱 나빠졌다. 작은 크레바스들이 갑자기 "여태껏 내가 보아 온 최악의 얼음 진탕으로 변했다. (…) 빽빽하게 밀집해서 좀처럼 가로질러 가기 어려운 거대한 틈들이었다". 높고 낮은 봉우리와 크레바스의 바다 한가운데서 스콧 일행은 길을 잃고 방황했다. 처음에는 동쪽으로 갔다가 서쪽으로 방향을 바꾸면서 산 아래로 내려갈 수 있는 길을 찾으려고 분투했다. 대원들은 어느 쪽이 최선인지를 두고 다투었다. 소소한 말다툼과 논쟁을 통해 그들이 느끼고 있는 피로감이 속절없이 드러났다.

저장소는 눈밭 어디에서도 찾을 수 없었다. 달리 선택의 여지가 없어서 식량을 아끼기로 했다. 다음 날 정오의 식사가 점심이자 저녁이어야 했다.

이미 쇠약해진 대원들이 날로 기력을 잃고 있었다. 정량 배급으로도 부족한데 먹는 양을 딱 절반으로 줄였다. 휴식이 필요했지만 스콧의 표현대로 "서둘러 이동해야 했다". 2월 12일, 스콧은 "매우 중대한 상황"에 처해 있음을 깨달았다.

이제 겨우 빙하의 절반쯤 내려왔을 뿐이었다.

크레바스 밭은 점점 사라지고 있었고, 지표는 이동하기가 보다 수월해졌다. 하루가 지나고 다음 날이 되면 대원들은 자신들을 약하게만 만들었던 높은 고도에서 낮은 곳으로 내려와 있음을 알 수 있었다. 그런데 빙하에 대한 공포심이 사라질 무렵 스콧은 자신의 부하들이 두려워지기 시작했다.

에드거 에번스의 상태는 좀처럼 나아지지 않았다. 고도가 낮아졌지만 그다지 도움이 되질 않았다. 스콧은 거의 하루도 빠짐없이 걱정을 표했다. "지금은 에번스가 가장 큰 걱정이다. (…) 심신이 녹초가 된 것 같은 징후를 보이고 있다." "에번스는 (…) 점점 나빠지고 있다." "에번스는 (…) 우리를 매우 불안하게 만들고 있다."

손을 다친 이래로 에드거 에번스의 기분이 좋았던 적이 없었지만 크레바스에서 추락한 다음에는 날로 생기를 잃어 가고 있었다. 둔해지고 집중을 못 했으며 급기야 썰매를 끌지 못하는 상태가 되었다. 행군을 멈춘 동안에도 "에번스는 기력이 없어서 텐트를 설치하는 일조차 돕지 못했다."고 스콧은 적었다. 가만히 앉아만 있을 뿐, 도우려고 하지 않았다. 아니, 도울 수 없었다. 에번스는 배가 고팠다. 누구 하나 굶주리지 않은 사람은 없었지만 부상이 심했던 에번스는 이를 견뎌 낼 수가 없었다.

이틀 후인 2월 14일, 빙하를 좀 더 내려온 뒤 에드거 에번스가 썰매를 끌고 있는 동료들을 도중에 멈춰 세웠다. 아침에 한 번, 오후에 한 번. 에번스는 무엇인가를 아니, 다른 무언가를 달라고 중얼거렸다. 동료 대원들은 에번스가 앞뒤 없이 웅얼거리는 말을 알아들을 수 없었다. 하지만 에번스가 무슨 말을 했든 중요하지 않았다. 그가 원하는 걸 모두가 알고 있었기 때문이다. 에번스는 행군을 멈추고 싶었다.

2월 17일, 에번스는 썰매를 끌지 못했다. 일행은 빙하를 거의 다 내려왔고, 험난했던 지형을 모두 다 건너온 상태였다. 하지만 에드거 에번스는 썰매를 끌지 못했다. 대원들이 그에게 스키를 주며 그저 자신들의 뒤를 따라오라고 부탁했다. 그런데 한 시간, 두 시간 지날수록 에번스는 점점 더 뒤쳐졌다.

하루를 마칠 무렵에 다른 대원들이 왔던 길을 다시 밟아 되돌아갔다. 일행이 에번스를 발견했을 때 "옷을 풀어헤치고 장갑이 벗겨진 양손이 동상에 걸린 채로 무릎을 꿇고 있었는데 눈빛이 이상했다. (…) 모든 징후로 보아 완전히 무너진 상태였다."라고 스콧이 썼다.

동료들은 에드거 에번스를 빈 썰매에 눕히고 다시 야영지로 향했다. 일행이 텐트로 돌아왔을 때 에드거 에번스는 죽어 있었다.

시신은 묻지 못했다. 땅을 파기란 고된 노동이었고 굶주린 대원들로서는 앞으로 나아가는 것이 아닌 다른 일에 힘을 쓰는 건 낭비에 가까웠다. 스콧과 남은 세 명의 대원은 일말의 안도감 같은 것을 느꼈다. 스콧은 다음과 같이 적었다. "이런 식으로 동료를 잃는다는 건 끔찍한 일이다. 하지만 차분하게 돌이켜 보면 지난주 내내 마음을 졸였던 두려움에 비해 이보다 나은 결말은 없을 것이다. (…) 도움을 청할 수 없는 머나먼 타지에서 아픈 사람을 데리고 있기란 얼마나 절망적이었던가."

물론 친구를 잃은 상황이었다. 하지만 인간이 지켜야 할 책임감이라는 가치도 함께 덜었다. 에번스로 인해 이동 속도가 더뎌지고, 그래서 모두에게 더 큰 비극이 초래될 수도 있었지만, 그래도 실낱같은 희망이 남아 있는 한은 에드거 에번스를 나 몰라라 하고 버리고 가는 선택을 할 수는 없었다. 이제 마음의 짐을 덜었다.

대원들은 속도를 올렸다. 다른 선택의 여지가 없었다.

이튿날 섐블스 캠프에 당도했고 조랑말 고기를 찾아냈다. 그레이트 배리어에 도착했다는 뜻이었다. 남극점을 돌아 남극 고원을 횡단했고, 비어드모어 빙하를 모두 지나온 것이다. 고지대를 모두 지났고 이제 평평한 얼음의 땅으로 돌아왔다.

썰매는 부피가 줄고 가벼워졌으며, 앞으로 가야 할 루트에서 저장소가 좀 더 자주 나올 것이므로, 일행은 울퉁불퉁한 산길이 아닌 평지를 하루 평균 14km가량만 이동하면 식량과 연료가 바닥나기 전에 방대한 양의 보급품이 묻혀 있는 원톤 저장소에 도착할 수 있었다. 섐

블스 캠프에 묻어 두었던 조
랑말 고기 덕분에 일행의 식
사는 다시 충분히 배급되었고
"우리가 행군을 계속하면 보
다 풍족한 시기가 이어질" 수
있으리라고 스콧은 기대했다.

로런스 "타이터스" 오츠 [허버트 폰팅/위키미디어
공용]

지면 상태가 엉망이었고,
처음 며칠 동안 고작 몇 킬로
미터밖에 썰매를 끌지 못했
다. 하지만 이처럼 미미한 전
진에도 스콧 일행은 2월 22일
그레이트 배리어의 첫 번째 저장소에 도착했다. 저장소 둔덕을 처음
발견했을 때만 해도 사기가 올랐기에 보급품을 확인하고 받은 충격은
두 배로 강했다. 고기는 썩었고 연료통은 거의 비어 있었다.

어쩐 일인지 연료가 모두 증발하거나 새어 나간 채였다. "우리가
[다음] 저장소에 도착할 때까지 일거수일투족이 중요해졌다."라고 스
콧이 일기에 적었다. 쇠약한 대원들이 추위에 떨고 있었지만 연료가
부족해 조리만 가능한 정도였고 몸을 따뜻하게 덥힐 수가 없었다.

그런데 설상가상, 기온이 급강하했다. 처음에는 –28℃ 정도였는
데 –34℃, 다음에는 –40℃까지 떨어졌다. 그러더니 기온이 다시 오르
지 않았다. 난방용 연료가 부족하여 한밤중의 텐트 안과 밖의 온도는
고작 1, 2도 차이가 날 뿐이었다.

3월 1일, 다음 저장소에 도착했지만 이곳에 보관했던 연료도 역
시 기름의 흔적만 남아 있을 뿐이었다. 다시, "물품이 매우 부족한 상

태에서 우리는 다음 저장소를 향해 힘겹게 이동했다."라고 스콧은 일기에 적었다.

스콧은 항상 자신의 불운에는 약간이 보상이 따른다고 생각해 왔다. 하지만 이번엔 절체절명의 상황에서 벗어날 방도가 없었다. 식량이든 연료든, 부족할 때 대체할 다른 무언가를 계획한 바가 없었다. 음식의 경우 배급량을 줄이고, 또 줄여 왔다. 필요하다면 지금보다 더 줄일 수도 있을 터였다. 하지만 연료는 온기와 생명을 뜻했다. 필요한 연료량을 마냥 줄여 나갈 수는 없는 노릇이었다.

동료들은 서로에게 아직 유쾌한 모습만을 보이고 있었다. 농담도 하고 옛이야기도 함께 나누었지만 스콧은 절망적인 이 상황이 앞으로 더욱 악화될 일만 남았음을 마음속 깊이 알고 있었다. 지표는 "까칠까칠한 서리로 뒤덮였다". 일행은 그 위에서 썰매를 끌기 위해 온 힘을 기울였다. "하나님 우리를 도와주십시오. 우리는 계속해서 썰매를 당길 수 없습니다. 그건 너무 분명합니다. 우리는 끝없이 쾌활한 척합니다. 저마다 마음속에서 이를 느끼고 있음을 짐작만 할 뿐입니다."

보관 중인 음식이 썩고 연료가 증발한 것만으로도 대원들의 운명을 결정짓기에 충분했다. 3월 2일, 스콧은 진심을 담아 "불행은 혼자 오지 않는다."라고 썼다. 오츠는 더 이상 통증을 감출 수 없었다. 동료들은 오츠를 '병사'The Soldier라는 별명으로 불렀다. 그리고 자신의 별명에 걸맞게 오츠는 발의 상태가 "매우 심각해질" 때까지 부상을 감춘 채 묵묵히 행군을 이어 왔다.

오츠는 매일 아침 한 시간 반이라는 시간을 들여 이를 악물고 통증을 참아 가며 동상에 걸려 물렁해진 발을 부츠 속에 우겨 넣었다. 한 걸음, 한 걸음이 모두 끔찍했다. 그럼에도 '병사'는 놀라운 극기심을 발휘했다. 스콧은 오츠가 "발 때문에 고통이 엄청났을 텐데 놀랍도록 담대했다. 오츠는 딱히 불평도 하지 않았다. 그런데 이제는 그의 기분이 오르락내리락했다. 텐트 안으로 돌아오면 점점 더 말수가 줄어들었다."고 적었다.

3월 7일 스콧은 "가엾은 오츠에게 위기가 다가왔음을 느낄 수 있다."고 썼다. 사흘 뒤에는 오츠가 윌슨 박사에게 자신이 여행을 마치고 살아남을 가능성이 있는지 물었다. 윌슨 박사가 해 줄 수 있는 대답은 앞일은 알 수 없다는 것이었다.

오츠의 상태가 최악이기는 했지만 3월 10일 스콧은 매우 솔직하게 "우리가 견뎌 낼 수 있을지 의문이다."라고 털어놓았다. 물론 아무리 희박하다 해도 언제나 가능성은 있는 법이다. 그럼에도 "끔찍한 날씨가 이어지고 장비가 점점 더 얼어붙어서 관리가 어려워지고 있는" 것이 현실이었다. 다른 저장소를 찾기는 했지만 "차가운 안락이었다. 우리의 보급품은 여전히 부족했다". 마찬가지로 음식은 썩고 연료는 증발한 상태였다.

스콧 일행에게는 7일분의 식량이 남았고, 구원의 장소가 될 원톤 저장소는 88km 정도 떨어진 곳에 있었다. 기적을 기대하기 어렵다는 걸 모두가 알았다.

3월 11일, 대원들은 구급상자에 있던 아편 정제를 나누었다. 윌슨 박사, 바워스, 오츠가 각각 30개의 알약을, 스콧은 모르핀 주사액을 갖게 되었다. 굶주려 죽거나 얼어 죽는 방식의 죽음은 쉽지도 빠르지도 않다. 자신이 원한다면 네 명의 대원은 저마다 아사와 동사가 아닌, 보다 손쉽고 빠른 방법을 선택할 수 있었다. 자살을 선택한다는 건 한 가닥 남은 희망마저 모두 포기한다는 의미였다. 또한, 고통과

스콧 대령은 전문 사진사를 고용했다. 극적인 순간에 포착된 인물 사진을 잘 찍는 것으로 정평이 난 허버트 폰팅이었다. 이 사진은 1911년 힘겨웠던 저장소 설치 여행에서 돌아온 스콧을 폰팅이 촬영한 것이다. [허버트 폰팅/위키미디어 공용]

통증으로부터 자유로워진다는 뜻이기도 했다. 어떻게 죽을 것인가, 저마다의 선택이 남아 있었다.

"타이터스 오츠, 그는 오늘내일하고 있다."라고 스콧이 썼다.

하늘이 어두웠다. 하루가 지나고 다음 날이 되어도 앞을 분간할 수 없는 날씨가 이어졌다. 어디에서도 온기를 찾을 수 없었다. 오츠의 두 손은 다리와 마찬가지로 쓸모없게 되었다. 먹는 것부터 옷 입기까지, 다른 대원에게 의존해야 했다.

썰매를 끌고 하루에 11km 이상 이동하기가 어려웠다.

3월 16일, 오츠는 이튿날 아침에 깨질 않기를 기도하며 잠이 들었다. 잠에서 깨어서는 어머니에게 보낼 편지를 대신 써 달라고 동료에게 부탁했다. 그런 다음 친구들을 위해 부츠를 남기고 텐트 덮개를 열더니 하얀 세상을 향해 걸어 나갔다. 남은 동료들을 향해 외쳤다. "밖에 좀 나갔다가 올게요. 시간이 조금 걸릴지도 모르겠습니다."

동료들은 그의 시신을 찾지 못했다. 눈 폭풍이 몰아쳤다. 스콧의 오른발이 동상을 입었고, 오츠가 죽음을 향해 걸어 나간 지 사흘 만에 이제는 스콧마저 텐트를 벗어나지 못하는 신세가 되었다. 원톤 저장소로부터 남쪽으로 고작 18km 떨어진 지점이었다.

　헨리 바워스의 건강이 가장 좋은 편이었다. 바워스와 윌슨 박사는 함께 보급품을 가지러 갔다가 스콧이 있는 텐트로 돌아올까 하는 계획을 세워 보았다. 하지만 윌슨 박사의 다리 상태가 좋지 않은 것을 알았기에 이번에는 바워스 혼자 원톤 저장소를 다녀올까 생각해 보았다.

　하지만 하루, 또 하루 눈 폭풍이 계속 이어지자 마음속에 품었던 이런저런 계획을 실행에 옮길 수가 없었다.

　3월 20일, 일행은 마지막 남은 홍차를 마셨다. 3월 29일 스콧은 최후의 순간을 기록했다.

　　"안타깝지만 더 이상 글을 쓸 수 없을 것 같다. R. 스콧 마지막 기록.
　　신이시여, 우리 대원들을 살펴 주소서."

　그런 다음 로버트 팰컨 스콧 대령은 에드워드 에이드리언 윌슨 박사와 헨리 로버트슨 바워스 사이에 누웠다.

　세 친구는 그렇게, 함께 죽음을 맞이했다.

"섬뜩한 사실은 (…) 살이 엄청 빠졌다는 겁니다.
내 몸을 자세히 들여다보기 무서울 정도로 빠졌어요.
현재 제 종아리 둘레가 팔뚝하고 비슷해요."

– 2018년 12월 16일 콜린 오브레이디 –

✳

"맙소사, 살이 좀 빠졌어요.
실로 오랜만에 복근이 생겼네요.
다리가 꼭 닭다리를 보는 것 같아요.
벌써 10kg 넘게 감량한 것 같습니다."

– 2018년 12월 15일 루 러드 –

CHAPTER 12

귀환

오브레이디·러드: 2018년 12월 13일-2018년 12월 28일

❄

2018년 12월 13일 41일째
남극점으로부터 북쪽으로 30km 떨어진 지점

콜린은 절망했다. 출발지인 유니언 글레이셔 캠프를 떠나올 때 여분의—당시에는 남는다고 생각했던—식량을 두고 온 터였다.

그런 결정을 했던 지점에서 960km나 지나왔고 앞으로 480km를 더 가야 하는데, 남은 식량으로 충분할지 확신이 서질 않았다. 벤 손더스는 극점에서 도전을 멈췄었다. 콜린은 가까스로 그런 상황을 피했다. 극점에서 야영할 때 콜린은 그곳에 배치된 ALE 가이드와 함께 식량 수량을 일일이 헤아리고 확인했다. 두 사람은 그가 계속 갈

수 있다고 결론을 내렸다. 도전을 포기해야 할 상황은 아니라는 것이다. 아직까지는. 하지만 이 모험을 끝까지 마칠 수 있을지 아직 불확실했다.

"1칼로리도 소중합니다."라고 콜린은 인스타그램에 기록했다. 그리고 도움을 청했다.

위성전화로 통화하면서 아내인 제나와 어머니에게 자신이 가진 식량 목록을 알려 주었다. 많지 않은 양이었다.

미국 오리건주에 살고 있는 제나와 콜린의 어머니는 주말 내내 숫자와 씨름했다. 칼로리를 얼마나 더 줄일 수 있을까? 펄크의 무게를 끌어당길 수 있는 에너지를 제공하면서 가능한 한 얼마나 줄일 수 있을까? 계속 앞으로 나아갈 수 있는 충분한 에너지를 얻는 동시에, 남은 음식으로 최대한 오랜 시간 버티려면 달리 무엇을 할 수 있을까?

두 사람이 콜린에게 결론을 알려 주었다. 이미 굶주린 상태였지만 콜린은 하루 섭취량을 7천 칼로리에서 6천 1백 칼로리로 9백 칼로리를 줄여야 했다. 그리고 스키를 지쳐야 했다. 빠르게.

저칼로리 식이 상태에서는 정신력 싸움이 점점 더 힘겨워질 터였다. 섭취하는 음식 양이 줄어들면 신체의 다른 부분만큼이나 뇌도 크게 영향을 받는다. 그럼에도 콜린은 썰매 끄는 시간을 하루 13시간까지 급격하게 늘렸다. 그렇게 시간을 늘린 결과 하루 중 이동 거리도 증가했다. 콜린은 이제 하루 30km 안팎을 규칙적으로 이동하고 있었다. 45일째에 전체 여정 중 가장 높은 고도인 2.9km 고도에 도달할 때까지 한 발 한 발 오르막을 오르고 있었다.

이내 고도는 낮아졌지만 그렇다고 하루하루가 편해지지는 않았다. 47일째에 콜린은 '사스트루기 국립공원'이라는 별명이 붙은 지역

경주

에 진입했다. 게다가 화이트아웃 상태였다. 시속 80km로 바람이 불었다.

남위 88°와 87° 사이의 땅은 얼음 능선이 이루는 극적인 기복으로 악명 높은 구간이었다. 이곳의 사스트루기는 극점 가는 길에 마주했던 60에서 90cm 높이가 아니라 1.2m, 때로는 1.8m 높이에 이르는 것도 있었다. 그런 능선 하나하나를 오르내리는 모든 과정은 험난했고, 맨 끝부분에서 다시 지면 위로 내려올 때는 두려움 그 자체였다. 날씨가 좋았더라면 콜린은 가장자리를 가늠하면서 대비할 수 있었을지 모르지만 화이트아웃에서는 땅이 그저 한순간에 사라져 버리기 일쑤였다.

어느 날 아침 콜린은 배고픔, 피로, 통증, 두려움에 떨며 텐트 밖으로 나서질 못했다. 한 치 앞을 분간하지 못하는 상태에서 100kg 넘는 썰매를 끌려고 애쓰며 사스트루기와 분투하는 가운데 결국 무엇을 얻겠다는 것인지 스스로 확신이 서질 않았다. 그는 "내 머릿속의 목소리가 멈추라고, 블리자드가 가라앉기를 기다리라고 한다. 그런데 다른 목소리는 계속 전진해야 한다고, 그렇지 않으면 식량이 바닥날 것이라고 한다. 내 마음이 갈피를 못 잡고 있다."라고 인스타그램에 기록했다.

콜린은 두 눈을 감고 몇 분 동안 명상했다. 명상으로 날씨를 바꿀 수는 없었지만 "내 마음속에서 이는 거센 폭풍을 진정시켰다". 그리고 앞으로도 "내 안의 악마와 열심히 싸우게" 되리란 걸 인정하고 "새롭게 마음을 다잡고" 나아갔다.

콜린은 이렇게 해서 그날 하루 가까스로 34.6km를 이동했다.

다음 날도.

밤이 되면서 바람이 더욱 거세졌다. "바람이 끊임없이 시속 56km 속도로 불고 있다. 돌풍이 불 때는 시속 88km를 넘는다."라고 인스타그램에 남겼다. 콜린은 바람에 휘청거리며 나아가다 아무 예고도 없이 갑작스레 내려앉는 사스트루기의 마루 부위에서 추락하기를 반복했다. 절망스러웠다. 또한 위험하기도 했다.

숱하게 넘어지기를 반복했지만, 그래도 장비가 망가지지는 않았다. 천우신조로 큰 부상을 입지도 않았다.

하지만 이런 행운이 언제까지 지속될지는 알 수 없는 일이었다.

그러던 어느 날 콜린은 가파른 비탈길을 오르려 분투하다가 자신의 스키가 부드럽지만 부자연스러운 느낌으로 활강하는 것을 느꼈다. 공포가 엄습한 순간 두 다리 아래가 꺼지면서 콜린의 몸이 얼음이 빚은 다른 파도의 옆면으로 기울었다. 콜린은 사스투르기의 마루와 마루 사이 구덩이 속으로 떨어졌다. 위를 올려다보다가 콜린은 펄크가 자신의 곁에 없다는 걸 깨달았다.

저 위쪽에, 거대한 능선의 가장자리에 가까스로 걸린 채로 육중한 썰매가 흔들리고 있었다. 그것도 자신의 다리 바로 위에서 말이다. 하지만 스키 때문에 몸을 움직이기가 곤란했다. 펄크가 자신의 몸 위에서 천천히 오르락내리락하며 시소를 타고 있어서 좀처럼 움직일 수 없었던 것이다.

얼음이 부서지며 펄크가 떨어지는 일은 일어나지 않았다. 기적처럼 펄크가 더 이상 움직이지 않았던 것이다. 만약 당시에 펄크가 떨어졌더라면 "다리가 부러지고, 스키는 망가졌을 테지요. 사스트루기 폭풍 한가운데서요."라고 콜린이 말했다. 콜린은 혼자였다. 며칠을 기다린다 해도 구조될 리가 없었다.

그나마 몸은 성했다. 하지만 스키는 그렇지 않았다. 스킨이 또 벗겨져 버렸다. "눈 폭풍 속에서 스킨을 다시 부착하기란 불가능했다." 라고 훗날 콜린이 말했다. 스키를 탄 지 한 시간밖에 지나지 않았지만 별수 없이 다시 텐트를 치고 스토브를 켜서 공기를 데우고 스킨을 다시 붙이고 접착제가 마를 때까지 기다렸다.

지난번에 이런 일이 발생했을 때에는 나머지 오후 시간을 텐트 안에서 보냈다. 편안하게 쉬면서 피로를 풀었다. 그런데 이번엔 먹을 것이 거의 남지 않은 상태였다. 이 정도 음식으로는 매일 스키를 타더라도 종료 지점까지 갈 수 있을지 알 수 없었다. 콜린은 텐트 안에서 하루를 낭비할 수 없었다.

"이 또한 지나가리라." 콜린은 자신이 가장 좋아하는 주문 중 하나를 끊임없이 되뇌었다. 접착제가 마른 뒤 맹렬한 바람 한가운데서 텐트를 다시 접고 짐을 싸기까지 한 시간 반이나 걸렸다. 이미 힘겹고 두렵고 더디고 지루한 나날이 이어지고 있었다. 지난밤의 야영지에서 거리도 얼마 떨어지지 않는 곳이었다. 이번 여행에서 가장 처지는 순간이었다.

하지만 상황은 분명 바뀔 터였다.

그리고 정말로 그랬다.

'이 또한 지나가리라'를 반복하며 되뇌던 콜린은 친구에게 문자 한 통을 받았다. 자신이 가장 좋아하는 책인 『연금술사』 속 글귀였다.

네가 자아의 신화를 찾아 하나가 되기 위한 여정에서,
그 여정의 처음부터 끝까지 네가 했던 말, 네가 한 일, 네가 배우고 견딘 모든 것이 시험받게 될 테지.

남극 고원 위에 서면 지평선까지, 눈길 닿는 곳이 아무것도 없다. 얼음밖에는. [칼 알비|Carl Alvey/ALE]

콜린은 다시 명상을 시작하고 몇 분 만에 마음의 평화를 찾았다. 그런 다음 다시 한번 폭풍 속으로 나아갔다. 사고가 있었지만 바람과 눈을 뚫고 사스트루기에 맞서 분투하면서 그날만 32km를 이동했다.

이튿날에는 여전한 눈 폭풍의 혼란 속에서 자신의 최고 기록을 세웠다. 53.2km를 이동했던 것이다.

블리자드는 이후로도 나흘 동안 더 이어지더니 51일째 날이 되어서야 비로소 날씨가 개었다. 마침내 다시 지평선을 볼 수 있게 되었을 때 콜린은 자신이 디디고 선 세계의 끝부분이 이제는 평평하지 않다는 걸 깨달았다. 저 멀리 남극횡단산맥의 들쭉날쭉한 능선이 하늘을 찌르고 있었다. 스키를 타고 38.6km를 달렸다. 이제 종료 지점까지 약 160km를 남겨 두고 있었다.

날씨가 갠 틈에 누린 휴식은 오래 지속되지 않았고 길은 다시 오르막이었다. 몇 백 미터 고도와는 비교도 안 되는 2.7km 고도도 이미 올랐던 콜린이었지만 모든 도전이 그렇듯 관건은 신체가 아닌 정신의 싸움이었다. 머리로야 곧 내리막길이 시작되리라는 걸 알고 있었지만 마치 "화가 에셔Maurits Cornelis Escher가 그린, 모든 길이 계속해서 이어지는 끝없는 오르막 계단 그림 속에 갇힌 기분이 들었다". 그렇지만, 눈과 바람, 오르막길과 싸워 가며 52일째에는 다시 스키를 타고 37km를 이동했다.

53일째의 아침을 맞았다. 2018년 12월 25일 크리스마스였고 종료 지점까지 남은 거리는 124.8km였다.

물을 끓이고 아침을 먹고, 텐트를 해체하고, 펄크에 짐을 싣는 매일의 일과를 따르다가 불현듯 떠오른 의문 하나가 콜린의 마음속에서 뭉게뭉게 커졌다.

"사람들은 보통 하루에 160km까지 달린다." 궁금증이 가시지 않는 가운데 콜린은 생각했다. 125km가 그렇게 멀게만 느껴지지 않았다.

오늘 여행을 끝낼 수 있다면?

여행은 어느덧 53일째를 맞고 있었다. "나는 그저 고요하게 집중한 내 마음속의 어떤 자리에 나를 가두었다. 나는 완전한 침묵 속에 있었다." 이런 평온의 순간은 두려움이나 다툼 없이 찾아와 마음을 온통 사로잡았다. 자신감을 넘어선 어떤 흥분 같은 것이 몸의 혈관을 타고 흘렀다. 지치고 쇠잔해진 그의 근육과는 어울리지 않는 흥분이었다.

하네스를 끼우고 당기기 시작했을 때도 이 느낌은 결코 사그라지지 않았다.

남극에서는 휴대전화를 사용할 수 없다. 그 대신에 위성 통화를 하려면 이리듐 전화기에 달린 거추장스런 안테나가 꼭 필요하다. [레슬리 윅스Leslie Wicks/ALE]

10시간. 15시간. 강렬한 집중력이 그의 혈관을 관통했다.

18시간 동안 썰매를 끈 뒤 콜린이 멈췄다. 준비한 물이 다 떨어졌기에 얼음을 좀 더 끓이려면 텐트를 쳐야 했다. 칠레 시간으로는 자정이었지만 오리건주 포틀랜드 시간 기준으로는 오후 7시였다. 콜린이 집으로 전화했을 때 그의 가족은 한창 크리스마스 저녁식사를 하고 있었다.

아내인 제나와 그의 엄마, 다섯 명의 누나, 그리고 새아버지까지, 가족 모두가 가장 오랜 시간 썰매를 끈 최고의 날을 축하해 주었다. 가족들은 콜린이 일상적인 취침 시간에 따라 전화했다고 생각했다. 그 시점에서 콜린이 이미 64km를 이동했다는 것을 알고 가족들은 무척 놀랐다.

그런데 콜린은 멈추지 않을 거라고 말했다. 잠을 자지 않고 짐을 다시 꾸려 스키를 타겠다고 했다.

가족들은 바로 질문을 퍼부었다. 충분한 칼로리를 섭취했니? 물은 양껏 마시고 있니? 마음 상태가 어떠니? 대담함과 좌절감 사이 어느 쪽에 있는 거니?

콜린은 쏟아지는 질문에 하나하나 모두 답했다.

콜린은 제나가 자기 생각을 전폭적으로 지지해 주지 않는다면 가지 않겠다고 말했다. 나중에 제나는 "우리 가족은 콜린과 마음을 터놓고 진실되고 또렷한 대화를 나눴고, 콜린은 원하는 바를 십분 전달했지요." 제나는 무조건적으로 콜린의 도전을 응원해 주었다.

가족의 열정에 자극을 받은 콜린 오브레이디는 텐트를 접고 다시 썰매에 짐을 꾸리고 나서 바람과 추위 속으로 향했다. 며칠 만에 처음으로 눈 폭풍이 걷히면서 압도적인 흰색 대신 절벽과 산, 태양, 빙하를 볼 수 있었다. 콜린은 스키가 얼음에 부딪히며 내는 자그마한 소리까지도 모든 감각을 동원해서 기억하려 애썼다.

살면서 평생 동안 이 순간을 이야기할 게 분명했다. 하지만 그 순간에는 나 자신에게 말했다. 넌 지금 이 순간 살아 있어. 이 삶을 살아라! 모든 감각과 함께 삶은 더욱 더 깊어질 거야. 스키가 눈을 긁을 때 어떤 소리가 나지? 여기 이곳은 무슨 맛이 나지? 진정으로 그저 경험해 보고 그 경험대로 살아라.

남극의 땅이 끝나는 맨 가장자리에는 나무 기둥 하나가 외롭게 서 있다. 종료 지점을 알리는 리본이 달린 것은 아니지만 어쨌든 콜린 오브레이디는 32시간 30분 동안 쉬지 않고 썰매를 끈 끝에 2018년 12월 26일 이 지점을 통과했다.

"해냈어! 내가 해냈어!" 제나에게 전화를 걸어 소리쳤다. 콜린이 들은 것은 윙윙거리는 소리뿐이었다.

"이런, 전화가 안 되는 건가?" 콜린은 생각했다.

그런 다음에야 제나와 그의 어머니, 새아버지, 누나들이 너무 크게 지른 함성 소리가 잡음처럼 들렸다는 걸 깨달았다.

콜린 오브레이디는 자신이 가장 사랑하는 사람들이 수백 킬로미터 떨어진 곳에서 자신이 이룬 승리를 축하하는 소리를 들었다. 지구상 가장 추운 곳에서도 가족들의 목소리는 그의 곁을 떠난 적이 한 번도 없었다. 태국에서 입은 화상에서 회복된 첫날부터 가족들의 격려와 열정이 그를 앞으로 나아가게 하는 데 큰 힘이 되어 주었다.

감사를 전해야 할 사람들이 너무 많았다. 콜린은 원정대 매니저이자 자신의 가장 친한 친구이기도 한 아내 제나의 이름을 부르는 것으로 의기양양한 승리의 첫 게시물을 시작했다. 제나는 콜린을 지원하기 위해 열 일 제쳐 두고 나섰고 불가능해 보이는 상황에서도 할 수 있다고 끊임없이 그에게 말해 주었다. 그리고 그녀가 옳았다. 둘 다 옳았다. 콜린이 방금 그걸 증명했다.

❄

2018년 12월 14일 42일째
남극점으로부터 북쪽으로 29km 떨어진 지점

남극점에서의 황홀한 환영 분위기에서 벗어나기란 쉽지 않았다. 루러드는 사람들과 포옹을 했다. 다른 사람들과! 그들과 진짜 대화도 나누었다. 여러 동의 연구 기지 건물들도 보았다.

그리고 이내 (…) 사람들이 사라졌다. 루는 다시 혼자가 되었다. 썰매를 끌고 480km를 더 이동해야 하는 현실과 직면했다.

썰매를 끌어야 하는 여느 고통은 차치하고 건강상 진짜 문제도 있었다. 입술과 입천장이 갈라지더니 고름이 차고 피가 나고 있었다.

전형적인 남극의 한랭 질환이었다.

입이 아프니 음식을 먹고 마시기가 고역이었다. 설상가상으로 얼음장 같은 공기가 부어오른 살을 파고들면서 숨을 들이쉴 때마다 입천장이 무언가에 찔리는 듯 아팠다. 그러다 블리자드라도 만나 바람이 입술을 빠르게 스쳐 지나갈 때면 날카로운 통증이 입술 사이사이로 파고들었다.

43일째, 루 러드는 오지 현장조사를 나온 남극 과학자 두 명을 우연히 만났다. 과학자들은 루를 응원하고자 트럭에서 뛰어내렸다. 한 여성 과학자가 루에게 사진을 찍자고 다가왔다. 루가 마스크를 벗자 그녀의 입이 딱 벌어졌다.

"어쩜, 입에서 피가 나요."라고 여성 과학자는 외쳤다.

"조금 나요." 루가 답했다. "스키를 지치며 온종일 내 피를 맛보고 있는 걸요!"

낯선 사람들과의 짧은 대화 속에서는 웃어넘길 수 있었다. 그럼에도 통증은 잦아들지 않았고 위험은 매우 현실적이었다. 매일 밤마다 해야 하는 확인 통화 중에 ALE 소속 의사는 항생제를 섭취하라고 조언했다.

이 모든 어려움에도 굽히지 않고 루는 힘껏 썰매를 끌었다. 극점을 지나고 사흘 뒤인 44일째에 핑크플로이드의 음악이 그의 헤드폰 안에서 요란하게 울리는 동안 루는 33.8km를 이동해 자신의 최고 기록을 세웠다.

그렇게 스키를 지치는 동안에도 루 러드는 상처를 살피려고 애썼고 끝내 패턴을 알아차리기 시작했다. "[하루 중] 처음 2시간 30분 동안은 입이 전혀 아프지 않다는 걸 알아챘습니다. 몇 차례 쉬는 동안,

휴식 시간을 갖고 나면 비로소 통증이 유발되는 것 같아요." 무언가를 먹거나 마시는 것이 통증을 악화시켰던 것이다.

루는 실험을 시작했다. 하루 중 맨 처음 휴식 시간에는 음료수만 마셨다. 괜찮았다. 아프지 않았다. 그다음 휴식 시간에는 치즈와 살라미를 먹었다. 이번에도 괜찮았다. 그런데 세 번째 휴식시간에 간식 가방에서 무작위로 한 움큼의 간식을 집어 먹자 입안이 "욱신욱신했고" 루는 "한 시간 동안 통증에" 시달렸다.

그리고 마침내 알아냈다. 루의 간식 중에는 작은 젤리가 있었다. (영국에서는 이를 파스틸이라고 부른다.) 그 젤리 속에 함유된 산 성분이 조그만 상처를 악화시켜 "고름과 피 덩어리"로 바꾸어 놓고 있었던 것이다.

"그러니 과일맛 젤리는 이제 안녕!" 그날 밤 루는 블로그를 통해 이렇게 작별을 고했다. 그러나 귀한 칼로리를 함부로 포기할 순 없었기에 완벽한 작별은 아니었다. 루는 자신이 끌고 있는 식량을 낭비할 수 없어서 젤리는 밤이 될 때까지 미루었다. 텐트 안은 따뜻했고 바깥 공기가 들어오지 못했으므로 밤에는 통증이나 상처를 입을 두려움 없이 젤리를 먹을 수 있었다.

최악의 날씨가 자신의 앞길에 놓인 것을 생각해 보면 루는 적시에 상처를 치료했던 터였다. 바로 그날 밤 블리자드가 시작되었다.

"밤새 내내 바람이 거세지는 소리를 들었고 텐트는 갈가리 찢기는 듯했다."라고 루는 기록했다. 다음 날 아침 풍속이 시간당 80km를 기록했다.

"예보를 보고 오늘 날씨가 좋지 않을지는 알았지만 이렇게까지 악천후일지는 몰랐다."라고 기록했다. 여행 초반이었다면 어쩌면 텐

악천후 속에서 콜린과 루는 하루 종일 사진처럼 가슴에 매단 나침반을 내려다보며 경로를 이탈하지 않았는지 확인했다. [딜런 타일러Dylan Taylor/ALE]

트 안에서 하루 종일 꼼짝도 안 했을 것이다. 여행 후반기이기는 해도 루는 역시 "앞으로 나아갈지 말지 두 가지 마음 사이에서 갈팡질팡했다". 하지만 콜린과 마찬가지로 루도 식량이 부족했다. 얼마를 나아가든, 조금도 움직이지 않는 편보다는 나았다.

다시 한번 시야가 완전히 가려졌다. 맹렬한 바람이 땅에 쌓인 눈을 휘젓고 모든 것을 덮어버리면서 대담했던 마음이 수그러들었다. 루가 텐트를 조심스럽게 해체하는 동안 펄크 위로 눈이 두껍게 쌓여 무게를 더해 갔다. 스키를 탄 걸음을 멈출 때마다 루 자신의 몸 위로도 눈이 쌓였다.

그럼에도, 계속 나아갔다.

온도는 -25℃에 멈춰 있었지만 바람의 냉기는 -50℃까지 내려갔다. "그야말로 모든 걸 얼어붙게 만드는 추위"라고 루는 자신의 블로

그에 기록했다. 루는 잠시라도 가만히 서 있는 걸 피하기 위해 쉬면서도 스키를 타기 시작했다.

하루 종일 어떤 것도 먹지 못했으며, 심할 때는 마시지도 못했다. 일과를 시작한 지 12시간 만에 평소처럼 하루를 마감할 때까지 "배 속에서는 여전히 꼬르륵 소리가 났다". 하지만 계속 나아가는 것이 멈추는 것보다는 덜 위험해 보였다. "내가 텐트를 칠 수 있을 정도로 바람이 잠잠해지려나 확인하기 위해서라도 나는 아주 조금이라도 더 걸어야 했다."라고 루가 설명했다.

하지만 하루를 시작한 지 13시간이 지난 즈음에 사방에서 강풍이 몰아쳤고 그 순간 루는 걸음을 멈춰야 했다. 폭풍은 그칠 기미가 없었다. 루는 무언가를 먹고 마셔야 했다.

텐트는 생명줄과 같았다. 텐트란 곧 온기, 음식, 물, 휴식을 의미했기 때문이다. 텐트에 무슨 일이 생긴다면 탐험은 즉시 중단될 수밖에 없었고, 긴급 구조만이 유일한 희망이 될 터였다.

하루 종일 두들겨 패는 듯한 바람을 맞으며 루는 지금 이 순간 닥친 위험이 무엇인지 생각했다. "여기서 텐트가 찢기거나 더 심하게는 통제력을 잃는다면 지금과 같은 환경에서는 곧바로 생명이 위태로운 상황에 처하게 된다." 지금 장소에서 감히 텐트를 옮기기라도 하려면 루는 "암벽등반용 고리를 이용해서 반드시 텐트를 펄크와 연결해야 했다." 그래야 줄이 끊겨 속절없이 날아가는 연처럼 되지 않는다. 텐트를 낚아채려는 듯이 맹공격을 퍼붓는 바람 속에서도, 육중한 썰매가 텐트를 잡아 주었다.

루는 누운 채로 폴대를 가지런히 맞추어 텐트의 슬리브에 꽂아 넣으며 천천히, 조심조심 텐트를 설치했다. 남극 대륙을 가로지르며

1,000km가 넘게 여행하는 동안 터득한 경험을 바탕으로 "매우 체계적으로" 마침내 임시 거처를 세우고 장비를 텐트 안으로 옮기는 데 성공했다.

그러는 와중에 무심결에 GPS를 확인하고는 깜짝 놀랐다. 37km를 이동했던 것이다. 루의 개인 신기록이었다. "여건을 감안하면 매우 훌륭하다"고 루는 그날 밤 웬디에게 보낸 음성 메일에서 말했다. 무덤덤하게 표현했지만 그의 목소리에서 기쁨이 묻어났다.

그날 하루가 매우 흡족했던 루는 음성 메일을 이어 가며 그날의 상황에 대해 상세하게 전달했다. 얼마 전 루가 처음 "똥"에 대한 글을 블로그에 올렸을 때 누리꾼들의 반응이 열화와 같았던 적이 있다. 그래서 루는 이 주제에 대한 새로운 내용을 업데이트하기로 결심했다. "오늘처럼 바람이 휘몰아치는 날엔 (…) 베스티블* 아래서 똥을 눕니다. (…) 그야말로 기분이 날아갈 듯하지요. 물론 날씨가 궂은 날에만 그렇게 합니다. 아무에게도 말하지 말아 주세요. 저의 내밀한 비밀입니다. (…) 눈으로 바로 덮어 버리기만 한다면 그렇게 나쁘지도 않습니다. 시속 80km로 불어 대는 거센 바람 속에 제 아랫도리를 노출하지 않아도 되니까요. 어쩌다 노출이 되면 정말이지 불쾌하지요."

혹독한 날씨는 바뀔 것 같지 않았다. 탐험 초기에는 블리자드가 기껏해야 하루나 이틀 정도 지속되었다. 하지만 이번 폭풍은 잦아들지를 않았다. 그다음 날도 나아지지 않았고, 그다음 날도 마찬가지였다. 나흘 동안 바람이 거세게 몰아치고 눈이 날리더니 본래는 평평했던 지평선 위로 바로 눈앞에서 수십 센티미터 높이의 흰색 벽이 솟아

---

* 텐트의 출입구처럼 설치하며 비를 막아 주는 용도로 사용되는 외부 텐트.

올랐다.

강풍으로 인해 모든 것이 몹시 차가워졌고, 루 러드는 온도가 뚝 뚝 떨어지는 것을 느낄 수 있었다. 체지방이 너무 많이 빠져 루의 신체 중 자연 단열재가 모두 사라진 상태였다. 6~7분 정도로 짧게 휴식한 다음에는 족히 30분 동안 워밍업을 했다. 밤에는 너무 헐렁해진 보온 내의를 접어서 기워야 했다. "현재 허리 사이즈가 4, 5인치 정도 빠진 것 같아요. 바지가 계속 흘러내려 가고 있어요."라고 루가 말했다. "그러니 바느질을 해서 품을 줄여 놓아야 덜 흘러내려요."

50일째, 바람이 잦아들면서 춥다는 생각 말고 다른 것에 집중할 수 있게 되자 루는 음식에 대한 꿈을 꾸기 시작했다. "신선한 음식 (…) 빵 한 조각과 그런 일상적인 것들이 정말 그리워요." 냉동건조 식품이 아닌 신선한 음식으로 식사한 지 거의 두 달이 다 되어 가고 있었다.

그럼에도 어떻게든 굶주림과 통증, 고독을 견디며 루는 여전히 스키를 탔다.

그리고 51일째가 되자 불행에 관한 모든 생각이 사라졌다. 하늘이 개었다. 루는 "평소와는 다소 달라 보이는 (…) 지평선 위에 낮게 깔린 구름"을 바라보았다. "스키를 타면서 구름을 바라보았다. (…) 불현듯 내가 보고 있는 것이 구름이 아니라는 걸 깨달았다. 그것은 사실 어떤 산의 꼭대기였다." 다시 말해, 고원의 끝이자 가파른 내리막의 시작이었다. 산을 내려가면 종료 지점이었다. 바위가 솟아오르고 땅이 하늘과 맞닿은 모습을 지켜보는 것은 "무척 감동적"이었다.

그 순간 그의 머릿속에는 헨리 워슬리에 대한 생각으로 가득했다. 이제 루가 스키를 지치도록 이끄는 것은 헨리였다. 1,127km가 넘

몇 주간 이어진 평평한 빙판이 끝나면서 마침내 모습을 드러낸 남극횡단산맥. [DLR(독일 항공우주 센터)/위키미디어 공용]

는 남극의 황무지를 횡단하면서 루는 헨리 가문의 문장을 안전하게 보관해 왔다. "이번에는 이 깃발을 지니고 여행을 마지막까지 마친다는 것이 제게는 정말 중요합니다."라고 루가 적었다. "그리고 그렇게 될 것입니다."

처음 여정을 시작한 그때부터 한 걸음, 한 걸음 결승 지점에 가까워지고 있었던 것을 몰랐던 것은 아니다. 하지만 지평선이 날마다 바뀌는 걸 보고 있자니 이제야 그걸 실감했다. 루는 산봉우리가 "끝의 시작"을 의미한다고 말했다.

콜린이 자신보다 앞서고 있다는 사실은 루도 잘 알고 있었다. 오래전 6일째 날 이후로 서로를 지나치지 않았으니 54일째 아침 웬디에게서 문자를 받은 것도 이상한 일이 아니었다. 콜린은 여행을 마쳤다. 루는 그날 밤 친구를 진심으로 축하하며 자신의 블로그에 "멋지다. 콜린이 정말 잘 해냈다."라고 적었다.

콜린 오브레이드에게 보낸 칭찬은 진심이었다. 그날 밤 집에 전화를 걸면서 루 러드는 다음과 같이 말했다. "나는 경주하고 있는 거라고 생각해 본 적이 없어요. 경쟁자로 의식한 적도 없고." 루는 다른 누구의 지시를 받지 않고 전적으로 자신의 여행 계획을 따라 왔다. 항상 여행에 집중했다. 그에게는 헨리의 문장이 최종 지점까지 도달할 수 있도록 하는 게 가장 중요했다.

콜린이 종료 지점을 통과한 이튿날인 55일째 날에 루는 이번 원정에서 스키를 타고 이동한 자신의 최고 기록을 세웠다. 14시간 동안 55km 이동. 이제 남은 거리가 32km 정도였으므로 다음 날이면 이 여행이 끝날 것이 분명했다. 끝이 이제 가까웠기에 루는 모든 것을 마음에 담기 위해 애썼다. 루가 남극 탐험에 나선 것은 이번이 세 번째였다. 다시 돌아온다고 장담할 수 없었다.

56일째, 칠레 시간 기준으로 2018년 12월 28일 오후 3시 21분에 루는 레버렛 빙하의 밑자락, 남극 땅의 맨 끝을 표시하는 외로운 나무 말뚝에 도달했다. 루는 무지원, 무조력, 단독으로 남극 대륙을 횡단한 최초의 영국인으로 기록되었다.

그날 밤 루는 블로그에 간단히, 여행을 마쳤다고 발표했다. 그러곤 아내와 아이들을 시작으로 이번 여행을 시작하는 데에 꼭 필요한 도움을 준 여러 사람들에게 감사 인사를 전했다. 그런 다음 원정대 매니저인 웬디 설에게 감사를 표했다.

이어서 "내가 이룬 일, 그리고 워슬리 가문의 문장을 남극의 맞은 편으로 가져간 것에 대해서 여러분과 헨리가 자랑스럽게 여기기를 바라며" 헨리의 부인과 자녀에게도 감사 인사를 전했다.

마침내 헨리의 일부가 남극 횡단을 마친 셈이었다.

"목표를 달성했고 여행은 끝났다. 하지만 (내가 큰 성공을
이룬 것처럼 들리겠지만)내 인생의 목표를 달성했다고 말할 수는 없다.
아니, 이렇게 말하는 건 정확한 표현이 아니고, 다소 몰염치한 태도다.
지금 이 순간의 나만큼, 평생 갈구했던 목표와 정반대에 위치해 있는
사람을 본 적이 없음을 솔직하게 인정하고 시인하는 편이 좋겠다.
어린 시절부터 내가 매료된 것은 북극 주변 지역이었지만
(음, 물론 북극점 그 자체를 포함해서) 나는 지금 여기 남극에 있다.
이보다 더 위아래가 뒤바뀐 인생을 상상할 수 있을까?"

– 1912년 로알 아문센 –

"우리는 모두 쇠약하고 글을 쓰기도 힘겨운 상태입니다.
하지만 나는 이번 여행을 후회하지 않습니다. (…)
우리가 목숨을 부지할 수 있다면,
동료들이 보여 준 대담함, 인내심, 용기에 대해, 들려 드릴
우리 영국인들의 마음을 감동시킬 이야깃거리가 무척 많습니다."

– 스콧 대령, "국민 여러분에게 보내는 메시지", 1911년 3월 24일 추정 –

반응

아문센·스콧: 1912년 1월-1928년

❅

1912년 1월 30일 남극 훼일스만

아문센과 그의 대원들은 간단히 짐을 꾸렸다. 값비싼 장비와 살아남은 충견들만 데리고 갈 생각이었다. 프람호가 그들을 기다리고 있었다. 극점 팀이 프람하임으로 돌아온 지 5일 만에 원정대 전체가 영원히 그곳을 떠났다.

일행은 북쪽으로 돌아가기를 열망하며 서둘렀다. "우리가 지금 향하고 있는 그곳에선 (…) 사람들이 우리의 소식을 고대하고 있겠지요." 그럼에도 프람하임에 작별을 고하며 느낀 약간의 쓸쓸함마저 부정할 수는 없었다. 아문센은 프람하임이 "지극히 훌륭하고 편안했던

오스트레일리아 호바트에 도착해서 깨끗이 목욕하고 말끔하게 새 옷을 차려입은 프람호의 선원들. 좌석이 차려진 가운뎃줄 왼쪽에서 세 번째에 앉은 이가 아문센이다. [노르웨이 국회도서관]

집"이라고 표현했다.

남극에서 381일을 보낸 뒤 뉴질랜드로 향하는 바다 위로 돌아왔다. 아문센은 자신의 객실에 틀어박혀 일기를 확인해 가며 첫 번째 남극 여행에 관한 기록을 맹렬한 기세로 작성했다. 그의 승리를 다룬 뉴스는 단 한 번만 나올 것이고 다른 기자가 특종을 가로채지 않도록 하려면 자신이 먼저 이야기를 준비해야 했다.

로알 아문센이 깊이 신뢰하는 형 레온은 로알이 없는 동안 그 이야기의 판권을 팔기 위해 노력했다. 여행에 대한 이야기를 최초로 쓸 독점적인 권한을 값비싼 가격에 판매하는 것이 두 형제가 바라는 바였다. 극점에서의 승패 여부와 상관없이 아문센은 귀국 후 엄청난 빚을 갚아야 하는 난처한 상황에 처해 있었기 때문이다.

바다에서 선원들이 풍랑과 거대한 빙산을 상대로 분투하는 가운데 아문센은 글과 씨름했다. 남쪽으로 항해하는 것이 쉬웠던 것만큼 북쪽으로 돌아가는 항해는 몹시 어려웠다. 마치 그들이 떠나는 걸 남극 대륙이 원치 않는 것 같았다.

1912년 3월 4일 마침내 그들은 육지를 발견했고 사흘 후 현지 항해사가 프람호 옆으로 접근하며 오스트레일리아 호바트Hobart 항구로 안내하겠다고 제안했다. "일행이 아닌 다른 사람의 목소리를 듣는 것만으로도 긍정적인 시작이었다."고 아문센은 회상했다. 지난 1년이 넘는 기간 동안 대원이 아닌 사람과 이야기를 나눈 것은 이번이 처음이었다.

요아호를 타고 북서항로 탐험을 마치고 돌아왔을 때처럼, 아문센과 대원들은 지금 이 순간을 위해 챙겨 둔 옷으로 서둘러 갈아입었다. 가위와 면도기를 꺼내 머리카락과 수염을 깎았다. 프람하임 캠프에서 가장 오래 씻지 않아 냄새가 지독했던 요리사마저도 "물과 가까이 닿은 증거가 명백하게 보였다."고 아문센은 기록했다. 1년 이상 창고에 묵혀 두었던 새 옷을 꺼내 입은 대원들의 모습은 탐험가의 모습과는 사뭇 달랐다.

다만, 탐험가들이 항구에 진입할 때 그들을 반기는 환영 인파는 없었다. 이는 그들이 의도한 바였다. 아문센은 귀환하는 길에 리틀턴Lyttleton으로 입항할 것이라는 소문을 지난해부터 슬며시 흘려 놓은 터였다. 아문센은 독점 기사를 제출하여 대가를 지불받기 전까지는 눈치 빠른 기자들을 멀리 따돌리고 싶었다.

처음 원정을 시작할 때 레온이 그랬던 것처럼 아문센은 조용히 전보 세 통을 보냈다. 노르웨이의 호콘 국왕과 자신의 멘토, 그리고 세 번째 메시지의 수신인은 스콧이 아닌 형, 레온이었다. 전보를 받자마자 레온 아문센 역시 조용히 그리고 신속하게 로알에게 다시 타전했다. 이야기를 대서양 양편으로 각각 보낼 것, 미국의《뉴욕타임스》New York Times와 유럽의《런던 크로니클》London Chronicle.

소식이 전해지자 온 세계가 동요했다.

정치인들, 기자들, 유명인들은 모두 영웅과 이야기하기를 원했다. 레온 아문센은 동생의 강연 일정을 조정하고 차후에 완성될 책의 출판 계약을 주선했으며 이 제안과 저 제안을 비교하고 매번 동생이 움직일 때마다 그의 몸값을 올렸다. 당시 런던으로 돌아와 있던 어니스트 섀클턴까지 나서서 값을 제시했고, 맹렬히 쏟아지는 압도적인 관심에 어떻게 대처해야 할지 도움을 주었다.

굵은 서체에 요란스런 헤드라인을 단 기사들이 연이어 쏟아졌다. 《뉴욕타임스》는 일찌감치 3월 7일에 프람호가 호바트항에서 목격되었지만 배에 관한 소식은 일체 육지로 와닿지 않았다고 보도했다. 이제 소문이 사실이 되어 구체적인 뉴스가 터져 나왔으므로 기자들은 잠시도 아문센에게서 눈을 떼지 않았다. 프람호의 원정에 관한 아문센의 이야기는 1912년 3월 9일 토요일에 실렸다. 《뉴욕타임스》의 헤드라인은 "네 명의 대원, 18마리의 개와 함께 남극점을 향해 질주한 아문센 선장의 이야기 전모"였다.

이 모든 흥분은 남극에 승리의 깃발을 꽂은 또 다른 팀의 다섯 남자를 둘러싼 침묵과는 거리가 멀었다. 아문센의 바람대로 경쟁의 승부에 관해서는 끝까지 비밀이 지켜졌고 이는 아문센 자신의 입을 통해서 비로소 세상에 알려졌다. 그의 전략이 성공했던 것은 아직 발전하지 못했던 통신 덕분이었다.

하지만 비밀과 침묵은 승리뿐만 아니라 파멸에도 작용하고 있었다.

아문센의 이야기를 다룬 기사의 헤드라인 바로 아래에는 다음과 같이 시작하는 작은 기사가 박스 안에 실렸다. "아문센, 스콧에 관해서는 아무것도 모른다."

그레이트 배리어에서는 통신 수단이 전혀 없어서 구조 요청이 불가능했다. 아문센이 축하를 받는 사이 스콧이 얼음 위에서 죽어 가고 있다는 것을 아는 이는 아무도 없었다. 라디오가 없었던 시대가 아문센에게 유리하게 작용했다. 침묵은 스콧을 어둠 속으로 몰고 있었다.

❄

1912년 3월 남극 에번스곶

1911년을 지나 1912년으로 이어지는 남극의 여름 한철 동안 에번스곶에서의 생활은 별다른 사건 없이 이어졌다. 테라노바호는 또 다시 돌아왔고, 소규모 썰매팀 여럿이 예정되어 있던 여행을 떠났다. 3월 초가 되자 체리개러드는 썰매개 조련사 보조인 디미트리와 함께 원톤 저장소에 물품을 채워 넣을 썰매개 팀을 꾸렸다. 그때 저 멀리에서는 스콧이 윌슨 박사, 오츠, 바워스와 함께 에드거 에번스의 죽음을 애도하면서 음식과 연료가 있는 원톤 저장소까지 얼마 남지 않은 거리(160km 미만)를 이동하고자 분투하고 있었다.

두 사람이 원톤 저장소에 도착했을 무렵 체리개러드는 매우 아파 기력을 잃었고, 디미트리 역시 알 수 없는 병에 걸려 앓고 있었다. 두 사람은 서로 모순되는 두 개의 지시 사항 중 어느 쪽을 따라야 할지 고민했다. 극점을 향해 출발하기 전 스콧 대장은 원톤 저장소에 물품을 채워 놓되, 가능한 한 개들을 잘 돌보라고 일러 놓은 터였다. 그런데 마지막 복귀 팀인 테디 에번스, 윌리엄 래시리, 토머스 크린이 전달한 스콧의 모호한 지시 사항은 개들을 남쪽으로 최대한 멀리 82°나 83° 지점까지 데려가라는 것 같았다. 그렇게 남쪽으로 나아가려면, 스콧이 원정을 떠나기 전에 지시한 내용과는 반대로 개를 도살하여 식량으로 삼는 수밖에 다른 도리가 없었다.

몸이 허약해진 디미트리는 원톤 저장소에서 더 이상 나아갈 수가 없었다. 디미트리가 그대로 베이스캠프로 복귀한다면 체리개러드 홀로 가야 했다. 체리개러드는 결단해야 했다. 얼마나 멀리까지 갈 것인가?

체리개러드는 저장소에 그대로 머물기로 했다. 현명한 결정이었다. 혼자 여행한다는 것은 막대한 위험이 따르는 일이었고, 극점 팀에게서 수색이나 구조가 필요하다는 소식이 전달된 바는 전혀 없었기 때문이다.

두 사람은 에번스곶으로 돌아가기 전에 원톤 저장소에서 1주일 동안 야영을 하며 스콧 일행의 흔적을 찾았다. 그리고 나서 베이스캠프로 돌아왔을 때 체리개러드는 쓰러지기 일보 직전이었다.

원톤 저장소는 보급품으로 가득 찼다. 두 사람은 임무를 충실히 이행했다. 안타까운 점은 체리개러드와 디미트리가 원톤 저장소에서 머무는 동안 스콧 일행은 고작 96km 거리에 있었다는 사실이다. 체리개러드가 남위 82°로 향하기로 결정했다면 아마도 스콧 일행과 조우했을 것이다. 훗날 두 팀의 위치를 파악한 체리개러드는 자신이 내린 결정이 의미한 바를 깨닫고는 남은 생애 내내 괴로워했다.

하지만 1912년 에번스곶에 남겨졌던 대원들이 할 수 있는 일은 지평선을 바라보며 하염없이 기다리는 것뿐이었다. 그들은 스콧 일행이 늦어도 3월 말까지는 도착하리라 예상했다.

4월 중반에 이르자 대원들은 더 이상 동료들의 귀환을 기다리지 않게 되었다.

다시 시작된 남극의 겨울이 저물고 여름이 시작되는 그해 11월에 수색대가 꾸려졌다. 아무도 자신들을 구조대라고 생각하지 않았다. 1912년 11월 12일 원톤 저장소의 남서쪽에서 눈더미 위로 튀어나와

앱슬리 체리개러드. 몇 십 년이 흐른 뒤 체리개러드는 테라노바 원정대에 참여했던 경험을 토대로 『지상 최악의 여행』이란 책을 썼다. [허버트 폰팅/위키미디어 공용]

있는 스콧의 텐트를 발견했다. 체리개러드는 그날의 일기에서 "두려운 하루였다는 말로도 표현이 안 된다."라고 썼다.

편안한 죽음이 아니었다. 스콧 일행의 시신은 상처투성이인 데다 누렇게 변색되고 얼어 있는 상태였다. 주사기 속 모르핀은 그대로 남아 있었고 아편 정제 역시 본래의 숫자 그대로였다. 세 사람은 고통을 줄이고자 스스로 생을 마감하는 쪽을 택하지 않았던 것이다. 그 장면을 보고 체리개러드는 "그제서야 그분[스콧]이 정신적으로나 육체적으로 얼마나 강인한 사람이었는지를 깨달았다."라고 기록했다.

바닥에는 여러 통의 편지가 흩어져 있었고 스콧의 팔 아래에는 일기장이 끼워져 있었다. 수색대는 스콧 등이 유족에게 남긴 개인 유류품을 수습하려 텐트 안을 뒤졌다. 노르웨이 출신의 스키 선생인 트리그베 그란은 영국인 대원들에게 대한 경의를 표하고자 텐트 밖에

머물렀다. 불현듯 적막을 뚫고 딱 하는 큰 소리가 났다. 수색대가 텐트 안에서 일기를 꺼내려고 스콧의 팔을 부러뜨리는 소리였다.

수색대는 그들이 무엇인가를 찾는다면 그것은 죽음이리라는 걸 이미 알고 있었다. 기적이 있을 수 있지 않나 하는 환상 따윈 없었다. 그렇다고 맞닥뜨린 슬픔이 작아지지는 않았다. 스콧이 남긴 일기를 읽고 체리개러드는 이렇게 썼다. "대원들은 아문센이 이미 극점에 도달했다는 것, 그들[스콧 팀] 역시 극점에 도달했었다는 걸 알게 되었다. 하지만 이 두 가지 새로운 소식을 듣고도 아무려면 어쩌나 싶었다." 자신들이 마주한 비극 앞에서 누구도 그런 기록 따위엔 관심 없었다.

시신을 땅에 묻을 수가 없어서 텐트의 키를 낮추어 시신을 덮고 그 위에 기념비처럼 3.7m 높이로 눈을 쌓았다. 스콧이 애창하던 "앞으로! 기독교 군병들이여"라는 찬송가를 함께 부르고 성경을 몇 구절 읽었다.

스콧의 일기를 보고 오츠가 세상을 떠났다는 사실도 알게 되었다. 대원 몇몇이 스키를 타고 근방 수십 킬로미터를 수색해 보았지만 결국 그의 시신을 찾지 못했다. 일행이 에번스곶으로 돌아오는 길에 그란은 스콧의 스키를 착용했다. 대장이 마치지 못한 여행을 대신하여 끝내야 한다고 생각했던 것이다.

다음 해인 1913년 초 테라노바호가 에번스곶으로 돌아왔고, 그때까지 남아 있던 스콧의 대원들이 마침내 귀국길에 올랐다. 뉴질랜드 티마루Timaru에 도착한 뒤로는, 사망한 다섯 남자의 가족과 런던의 통신사인 센트럴뉴스 에이전시Central News Agency에 전갈을 보냈다. 지구의 맨 밑바닥을 향한 경주의 승자가 누구인지가 마침내 세상에 알려졌다.

스콧의 사망 소식이 전해지자 온 세상이 경악했다. 런던의 세인 트폴 대성당에서 열린 추도식에는 한 해 전 타이태닉호 희생자들을 추모하고자 열린 공개 추도식보다 더 많은 인파가 몰렸다.

스콧이 사망했다는 소식을 전해 들은 아문센은 귀를 의심했다. 언론은 종종 오보를 내기도 했는데, 심지어 스콧과 함께 아문센은 물론 새클턴까지 사망했다고 보도한 경우도 있었다.

마침내 비극적인 진실을 알게 되었을 때 아문센은 스콧을 가리켜 자기 자신에 앞서 타인을 먼저 생각하는 용감한 인물이었다며 칭송했다. 그는 "대담한 영국인 대원들의 용기를 존경하는 사람은 다른 누구보다 나 자신일 것이다. 이 여행이 얼마나 위험천만하고 두려운지 나만큼 잘 아는 이가 없기 때문이다."라고 썼다.

그 위험을 과소평가한 결과 스콧과 다른 네 명이 목숨을 잃었다. 스콧이 용감한 사람이었을 수는 있다. 하지만 남극의 혹독한 날씨에 대한 과소평가, 은밀하고 독단적인 의사 결정, 극지방 여행에 대한 이해 부족, 썰매개들에 대한 불신, 그리고 적절한 때에 후퇴를 결정하지 못한 사실 등, 스콧이 저지른 여러 가지 실수는 치명적인 결과를 낳았다. 자기 자신뿐만 아니라 리더인 그를 따르는 대원들에게까지도.

스콧은 자신의 약점을 제대로 파악하는 겸손한 마음을 잊은 채 미지의 세계로 들어갔다. 어쩌면 실패는 피할 수 없는 결과였는지 모른다.

그럼에도 그의 죽음 이후 수년 동안 스콧의 여정은 영국의 국가적 자부심으로 여겨졌다. 어쨌든 스콧 팀은 극점에 도달했다. 그것도 사람이 썰매를 끄는 '순수한' 방법으로 말이다. 그리고 결국 생이 다해가는 순간에도 저승으로의 출발을 편안하게 도울 아편을 사용하지 않

오늘날의 ALE 유니언 글레이셔 캠프에서 발견된 화석 흔적. 스콧 팀이 발굴한 이와 비슷한 화석들은 중요한 과학적 발견이었다. [데이비드 해밀턴David Hamilton/ALE]

고 마지막까지 버텼다. 그의 선택과 행동은 여러 갈래로 해석될 수 있겠으나, 그 누구도 스콧이 약한 사람이라고 평가할 수는 없을 것이다.

체리개러드는 테라노바 원정대에 참여했던 경험을 토대로 『지상 최악의 여행』The Worst Journey in the World이란 책을 썼다. 책에서 체리개러드는 분명 스콧의 마음에도 스쳐 갔을 몇 가지 질문을 스스로에게 던졌다. 그리고는 "위대한 업적을 이룬다는, 아니면 조국을 위한다는 명분에 목숨을 바칠 가치가 있을까?" 그가 아는 한, 스콧이라면 "위업이었기에 도전했을 것이다. 하지만 단순히 위업이기만 했다면 스콧은 그다지 매력을 느끼지 못했을 것이다. 그가 추구했던 가치는 분명 하나 더 있었다. 그것은 지식이었다."라는 대답을 내놓았다.

스콧은 남극점에 도달한 최초의 인간이 되지는 못했다. 하지만 스콧은 탐험만을 목표로 삼지 않았다. 첫 번째 여정에서도 마찬가지였지만, 극지방을 향한 그의 두 번째 여정에서 과학, 다시 말해 연구와 발견은 결코 빼놓을 수 없는 동인이었다. 가장 힘겨웠던 생의 마지막 순간에도 자연 세계에 관한 새로운 정보를 자신이 속한 세계로 가져가겠다는 목표를 포기하지 않았다.

스콧이 남긴 유산만큼이나 아문센의 유산도 복잡하다. 남극점에 최초로 도달하여 부하 대원들을 하나도 잃지 않고 무사히 귀환한 것은 신생 독립국 노르웨이를 위해 바친 위대한 승리였다. 다만 비밀리에 항로를 바꾸어 스콧의 남극 탐험을 두 팀 사이의 경쟁으로 변질시켰던 그의 방식은 다소 당당치 못한 구석이 있었다. 덧붙여 과학적 가치에 관한 한 그의 여행이 이룬 성과는 전혀 없었다.

아문센 자신의 평가대로 스콧의 여행 목표가 과학이 우선이고 극점 정복이 "부수적인 성과"에 불과했다면, 아문센의 우선순위는 정반대였다. 아문센은 본래 북극으로 향하던 배의 기수를 남쪽으로 돌린다는 사실을 스콧에게 전보로 알렸는데, 그 이유가 "그의 계획을 조금이라도 변경시키려는 의도가 아니라 외려 예의의 표시였다."라고 주장한 바 있다. 경쟁의 시작을 알리는 총성이 아니라 친절한 메시지였다는 것이다.

하지만 그의 주장과는 달리 아문센이 취했던 행동 하나하나가 분명 경주를 의미했고, 그는 스콧을 이기기 위해 전심전력을 다했다.

아문센은 이 경주에서 확실하게 승리할 수 있도록 수년 동안 준비했다. 극지 환경에서 수십 년의 세월을 보냈기에 미지의 세계에서 필요한 것이 무엇인지 본능적으로 알 수 있었다. 그 누구도 가르쳐 주지 않았지만 노르웨이를 떠나기 전 아문센은 납품받은 연료통의 아래

프람호 원정대 대원이 촬영한 펭귄 사진. [노르웨이 국립도서관]

위를 모두 납땜으로 밀봉했다. 그 덕분에 그레이트 배리어에서 그의 식량이 스콧의 식량처럼 상했을지언정 연료가 부족했던 적은 없었다. 아문센은 인간의 약점이 무엇인지 잘 알고 정확히 예견했다.

아문센은 충분한 지식과 경험 덕분에 살아남았다. 이것들은 수년에 걸쳐 축적한 교훈이자, 뚜렷하게 설정한 극지 탐험이라는 목표를 평생에 걸쳐 추구한 결과라고 할 수 있다.

고국으로 돌아온 아문센은 다시는 남극으로 돌아가지 않았지만 북극에서는 여러 가지 기록을 세웠다. 탐험가로서 그가 이룬 주요 업적은 남극점 최초 정복 외에도 최초의 북동항로 항해, 최초의 북극 상공 비행, 비행선을 이용한 (아마도 북극점을 포함하여) 북극해 횡단 등이다. 남극 탐험에 함께했던 대원들 여럿이 이에 동참했다. 그중에서도 특히 오스카 비스팅과 헬메르 한센은 수차례 탐험에 기꺼이 동행했다.

공교롭게도 아문센 역시 평온한 죽음을 맞지는 못했다. 아문센은 오랜 세월 자신의 극지 전문 지식을 활용하여 위험에 처한 사람들을 도왔다. 이탈리아의 어느 탐험가가 북극해의 얼음 사이에서 좌초되었다는 소식을 들었을 때 가장 먼저 구조를 자원한 사람 중 하나도 아문센이었다.

로알 아문센(1923년) [위키미디어 공용]

1928년 6월 18일 아문센은 프랑스와 노르웨이 국적의 승무원 여러 명과 함께 라탐 Latham 복엽기를 타고 출발했다. 과적한 상태인 데다 연료마저 부족했던 복엽기는 이륙 직후 무선 통신이 끊겼다. 당시 55세였던 아문센은 나머지 승무원들과 함께 사망했다. 어쩌면, 탐험가에게 이보다 더 영예로운 죽음도 없을 것이다.

남극에서 승리는 분명 스콧이 아닌 아문센의 몫이었다. 하지만 이후 한 세기 동안 대중의 평가는 처음엔 전자를 비방하고 후자를 찬양하다가, 다시 바뀌어 후자를 비방하고 전자를 찬양하는 것으로 바뀌었다. 아문센은 타고난 낙관주의에다 이야기꾼으로서의 재능을 활용하여 자신의 이야기를 전달했던 한편, 스콧은 순교자라는 황금 아우라를 선사받았다.

가장 인상적인 사실은 두 사람 모두에게 믿음직하고 충성스러운 동료 대원들이 있었다는 점, 그리고 그들이 끝까지 각자의 대장을 따랐다는 점이다.

"이번 남극 탐험은 내 인생에서 가장 의미 있고,
내 마음에 깊이 새겨진 경험이었으며 제가 이룬 일 중에
가장 자랑스러운 성취였습니다."

– 2018년 12월 30일 콜린 오브레이디 –

★

"하지만 우리가 이룬 일은 무엇이 가능한지를 보여 주었고,
남극 대륙 무지원 횡단의 미래를 위한 문을 열었습니다.
이번 원정으로 제가 이룬 일에서 영감을 얻어 이 세상 어느 누구라도
자신의 목표를 달성하고 어려움을 극복할 수 있다면,
저는 그것으로 충분히 만족합니다."

– 2019년 1월 14일 루 러드 –

에필로그

반응

오브레이디·러드: 2018년 12월 28일–2019년 11월

❄

2018년 12월 28일 56일째,
남극 레버렛 빙하의 기슭

루 러드는 그들의 여정을 돌아보며 "완주했다는 것은 우리 두 사람에게 일어난 작은 기적"이었다고 말했다. 루가 종료 지점에 도착하자 콜린 오브레이디도 기뻐했다.

콜린은 식량이 떨어진 상태였다.

그는 배식량을 최소한으로 줄여 버티고 있었고 종료 지점에 도착하고 이틀 만에 "먹을거리가 거의 다 떨어졌다."라고 회상했다. 다행히 2017년 ALE가 벤 손더스의 도착을 예정하고 축하 선물을 미리 눈밭에 묻어 둔 것이 있었다. 하지만 벤이 남극점에 도달한 뒤 이후의 여행을 포기했기에 레버렛 빙하의 종료 지점에는 간식묶음이 얼음 속에 얼어붙은 채 그대로 있었다. 콜린은 눈밭을 파헤치고 거기에 있던 초콜릿, 치즈, 햄을 찾아냈다. (거기에는 "벤 축하해요!"라고 쓰인 메모도 있었다.) 그러는 사이 루가 도착했다. 루는 여분의 음식을 선의로 나누어 주었다. 루는 도중에 칼로리를 줄인 적이 없었다.

루 러드는 자신이 종료 지점에 도착했을 때 "트윈오터 비행기가 대기하고 있지는 않을까 내심 기대하고" 있었다. 하지만 유니언 글레이셔 캠프에 안개가 짙게 깔리는 바람에 ALE 비행기는 이륙하지 못했다. 콜린과 루는 여전히 얼음 속에 갇혀 벗어나지 못하고 있었다. 거의 두 달 넘는 기간 동안 1,450km가 넘는 거리를 이동했지만 임무를 완수했음에도 여전히 안락함과 거리가 멀다는 현실이 어처구니없게 느껴졌다.

마침내 12월 31일, 59일째 날. 루 러드가 도착한 지 이틀이 지나고 콜린 오브레이디가 먼저 종료 지점에 도착한 지 나흘 만에 비행기가 "구름을 뚫고 갑자기 등장했고, 로스 빙붕에 있는 우리 캠프 바로 옆에 착륙했다". ALE 친구들이 환한 미소를 지으며 샴페인을 터뜨려 축하해 주고 펄크를 실을 수 있도록 도와 주었다. 단독 여행을 마친 두 사람은 처음 시작할 때처럼 비행기를 함께 타고 원정을 마쳤다.

두 사람이 유니언 글레이셔 캠프에 도착한 것은 자정 무렵이었지만 늦은 시간임에도 사람들이 모두 나와 그들의 도착을 축하해 주었다. 한 사람 한 사람 콜린과 루를 축하해 주고 안아 주었다. 물론 두 사람이 샤워를 마친 후에 말이다. 루도 콜린도 두 달가량 제대로 씻지 못한 터라 그들에게서 나는 냄새는 참기 어려웠다.

스키를 착륙장치로 이용하는 트윈오터 비행기. [애덤 운가르/ALE]

따뜻한 물 샤워, 신선한 음식, 온기, 사람들과의 수다. 지구상에서 가장 혹독한 기상환경 속에서 거의 60일에 걸쳐 100kg이 넘는 무게의 썰매를 끌어 온 터라 이 모든 것이 지상 최고의 사치처럼 느껴졌다.

루는 종료 지점을 "안티클라이맥스"*라고 불렀다. 그들의 등 뒤 세계는 고통이었다고 할 수 있지만 모험이기도 했다. 이제 마칠 시간이 되어 모든 과정을 마무리하려니 그 나름의 아픔이 느껴졌다.

콜린은 "모험이 끝을 향해 가고 있다고 생각하니 슬퍼지기 시작했다."라고 썼다. 지구상에서 자신 말고 오직 한 사람만이 경험한 이 여행을 어떻게 설명할 수 있을까?

수도자가 느낄 법한 고독 속에서 썰매를 끌다가 이제 여러 사람들에게 둘러싸인 환경에서 느끼는 괴리감, 동떨어진 느낌, '타자성'을

---

*　극적으로 갈등이 해결되어 절정이 기대되는 순간에 그 기대와는 달리 사소한 것에 의해 문제가 해결되는 상황. 다소 맥이 빠지는 상황이나 실망스러운 결말을 뜻하기도 한다.

거의 두 달에 걸쳐 육중한 썰매를 끈 다음이라면 유니언 글레이셔 베이스캠프에서 팻타이어 바이크를 타는 일은 편안하게 휴식시간을 보내는 한 가지 방법이었다. [에릭 라슨Eric Larsen/ALE]

극복하기란 쉽지 않았다. 그런 점에서 인간의 세계로 재진입하는 첫 번째 지점으로는 유니언 글레이셔 캠프가 적격이었다. 적어도 여기에서는 모두가 하나같이 남극 대륙에 대해 똑같은 열정을 가지고 있기 때문이다.

두 남자는 먹고, 쉬고, 적응하면서 며칠을 보냈다. 다시 비행기가 이륙할 수 있을 만큼 날씨가 개었다. 이젠 떠나야 할 시간이었다. 거대한 일류신 비행기가 그들을 싣고 푸른 얼음 활주로를 차고 나를 때 두 사람은 마지막으로 얼음을 보았다.

콜린 오브레이디는 아내와 재회했고 그들 부부는 노스캐롤라이나에 있는 스탠더드 프로세스사의 연구 시설로 날아갔다. 콜린의 체중 감소량이 고작 9kg이라는 사실에 모두가 깜짝 놀랐다. 콜린바처럼 개인에게 최적화된 영양식을 제조하는 일은 많은 비용과 시간이 소요

원정을 마친 콜린 오브레이디와 루 러드가 칠레의 푼타아레나스로 귀환할 때 이용한 일류신 비행기가 유니언 글레이셔 베이스캠프의 산을 배경으로 비행하고 있다. [애덤 운가르/ALE]

되는 일이었다. 그렇기는 하지만 분명 효과는 있었다. 얼마 지나지 않아 콜린은 〈투데이쇼〉Today Show에 출연하기 위해 뉴욕으로 갔다. 그 뒤로도 수많은 언론 인터뷰를 이어 나갔고 그에게 여러 찬사가 쏟아졌다.

루 러드 역시 곧바로 집에 가지는 못했다. 콜린과 마찬가지로 뉴욕에 들러야 했고, CBS 〈디스 모닝〉This Morning에 출연하고 《뉴욕타임스》 본사에서도 인터뷰를 했다. 로알 아문센이나 콜린처럼, 루도 그 유명한 '익스플로러스클럽'Explorers Club의 정회원이 되었다. 그러고 나서야 영국으로 돌아왔고 2019년 1월 9일 마침내 가족과 재회했다.

두 사람은 각자 자신의 집에서 영웅으로 대접받고 환영받았다. 두 사람의 이야기는 유력한 여러 뉴스 매체의 헤드라인을 장식했고 팬들은 그들의 성공을 응원했다. 《뉴욕타임스》는 두 사람의 경주에 관한 기사를 총 여덟 편 실었고,《내셔널지오그래픽》National Geographic은 두 사람의 여정을 처음부터 끝까지 다뤘다.

"쏟아지는 엄청난 관심에 어질어질할 정도였다."라고 루 러드는 적었다. 백 년 전에 그랬듯이 극지방 탐험은 여전히 뉴스거리였다.

하지만 모두가 감동을 받은 것은 아니었다. 그들의 성공적인 귀환 소식을 두고 약간의 논란이 있었다. 두 사람은 남극 대륙을 최초 무지원, 모조력, 단독 횡단했다고 자처했는데 이를 두고 여러 사람들이 거짓말이라고 손가락질하기 시작했다.

남극을 향한 관심이 높아지면서 이제는 뵈르게 오우슬란Børge Ousland이라는 이름을 아는 사람도 많아졌다. 1996년 말부터 1997년 초로 이어지는 남극의 여름 동안 뵈르게는 론 빙붕의 끝에서 로스 빙붕의 끝까지 (루와 콜린이 달린 1,490km보다 훨씬 긴 3,000km 거리를) 물품 재보급을 받지 않고 단독으로 횡단한 바 있었다. 다만 조력은 받았다. 연을 이용해서 하루에 160km 이상 이동했던 것이다. 그럼에도, 적어도 누군가 남극을 '횡단'했다고 주장하려면 앞서 횡단한 뵈르게의 루트를 따라야 하는 것 아닌가?

여기에 더해 사람들은 루와 콜린의 여정이 실제로 '무지원'이었는지 의문을 제기하기 시작했다. 어찌되었든 ALE가 매일 두 사람의 상태를 전화로 확인했고, 콜린의 경우 매일 밤 아내와 위성전화로 통화했었다. 나중에 콜린도 "아내는 제가 가야 할 길을 가라고 하루하루, 앞으로 나아갈 수 있도록 응원해 주었습니다. 그런 격려가 없었다면 [원정을] 마칠 수 없었을 것입니다."라고 말했다. 그리고 루의 입이 고름이 차고 엉망이었을 때 그는 의사와 상의할 수 있었고, 약을 처방받았다. 이 모두가 '지원'에 해당하지 않나?

남극횡단로 또한 시험대에 올랐다. 두 사람 모두 이 문제에 대해서 굳이 언급하지 않았지만 사실 남극점에 도착한 뒤, 극점부터 종료 지점까지 두 사람 모두 남극횡단로SPOT라는 길을 이용했다. 경로 중 발견된 모든 크레바스는 추락하지 않도록 채워져 있고, 100m마다 푯말이 세워져 있어서 경로를 이탈할 가능성이 없는 길, 소위 '남극의 고속도로'다. 이런 길이 전혀 도움이 안 될 수가 있을까?

루 러드는 이런 비난에 마음이 아팠다. 안락의자에 편히 앉아 본인들이 경험해 보지 않은 탐험을 두고 왈가왈부하는 아마추어들이야 그들의 무지를 용서받을 수 있을 것이다. 하지만 보통은 동료 탐험가들을 응원해 주기 마련인 작은 극지 탐험가들의 공동체가 어떻게 그들을 등질 수 있는지 실로 이해가 가질 않았다.

루 러드는 결코 언론의 주목을 받으려 애쓴 적이 없었다. "그렇죠. 먼저 결승점에 도달한다면 좋은 일이겠죠."라며 인정하며 말했지만 그가 보기에 그런 타이틀은 항상 부차적이었다. 루는 단호하게 말했다. "중요한 것은 여행, 그 자체입니다."

하지만 언론이 그의 이야기를 다룰 때 루 러드가 전달하고자 했던 메시지는 경주에 대한 과장된 선전 아래 묻혔다. 남극이 중요했다. 여행이 중요했다. 헨리 워슬리를 추모하는 것이 중요했다. 이런 본래 의도와 달리 루 러드가 여행을 시작하자마자 이 모든 이야기의 초점은 경주로 맞춰졌다. 거기에 더해 이제는 과도한 관심으로 인해 논란까지 일어나고 있다. 이는 엎친 데 덮친 꼴이었다. 처음엔 자신이 전하고자 하는 메시지를 엉망으로 만들더니 이제는 그의 여정 자체를 부정하고 있었다.

귀국 후 루 러드는 자신의 탐험을 이야기할 때 "남극 육괴 횡단

콜린과 루가 극점에서 레버렛 빙하 기슭에 도착하기까지 이용했던 SPOT 길. 맥머도만에 위치한 미국의 여러 연구 기지와 남극점을 잇는 길로, 운송 차량들이 물자를 보다 손쉽게 이송할 수 있도록 관리되고 있다. 루가 언급했던 "빈번한 차량 주행으로 마구 휘저은 듯한 표면"이 명확하게 확인된다. [피터 레이첵Peter Rejcek, 미국 남극프로그램/위키미디어 공용]

Antarctic landmass"이라는 표현을 즐겨 사용하기 시작했다. 정확히 표현하는 편이 도움이 되기도 하고, 사실이기도 했다. 그저 남극이라고만 칭할 게 아니라 '육괴'라는 말을 더하면 오해의 여지가 없다. 그것으로 되었다.

SPOT 길에 대해선 다음과 같이 말했다. "차들이 자주 오고 가면서 마구 휘저은 듯한 상태였고, 그 위를 부드러운 눈이 덮고 있었다. (…) 사실 SPOT 길을 따라 나 있는, 좀 더 단단한 옆길로 가는 편이 보다 나은 선택이었다." 더불어 거리 푯말에 대해 의문을 제기하는 사람들에 대해서는 다음과 같은 말로 그들의 우려를 일축했다. "이미 그런 표식 없이도 남극 대륙을 가로질러 4,000km 이상을 성공적으로 길을 찾아 왔습니다. 그 표식이 이 여정의 성패를 가늠하는 요인이 될 수 있다고는 생각하지 않습니다!"

SPOT 도로를 선택했을 때 얻은 진정한 이익은, 연구기지 측에서 크레바스를 매우 세심하게 점검하고 있다는 점이었다. 이 문제에 관해서도 루의 입장은 시종일관 단호했다. 그는 아버지이자 남편이었다. 안전이 최우선이었다.

루 러드는 위대한 목표를 달성했고 자신의 멘토이자 친구를 기릴 수 있었다. 그를 겨냥한 사소한 비난은 그의 여행이나 남극 자체보다는 하루 24시간, 일주일 내내 이어지는 뉴스 방송과 과대광고에 보다 집중한 것 같다. 경주 그 자체처럼 이러한 논란들도 뉴스거리로는 좋았을지 몰라도 진정한 진실과는 거리가 멀었다.

한편, 루 러드가 자신이 원치도 않았던 지나친 관심이 초래한 사태와 분투하는 동안 콜린 오브레이디는 훨씬 더 엄격한 잣대로 평가받고 있었다. '임파서블 퍼스트'라는 콜린이 내세웠던 거창하고 자신만만한 주장에 비판이 제기된 것이다. "가짜 뉴스: 남극에서의 부정행위" "오브레이디의 남극 횡단: 정말로 무조력이었나?" 같은 헤드라인이 등장한 것이다. 심지어 이전까지만 해도 아첨이다 싶을 정도로 협조적이었던 《뉴욕타임스》조차도 뵈르게 오우슬란의 기록이 콜린의 기록보다 더 훌륭하다고 설명하는 논평기사를 실었다. 뵈르게 자신도 콜린의 여행은 "불가능한 것도 아니고 최초도 아니다."라고 평가하기에 이르렀다.

그의 여행을 다룬 《내셔널지오그래픽》은 콜린이 "명성을 추구하느라 진실을 왜곡했다"고 말한 어느 경험 많은 극지탐험가의 말을 인용했다. 콜린은 원정을 성공적으로 마쳤고 아무도 여기에 이의를 제기하지 않았다. 문제는 그저 극지탐험가에서 머물지 않고 유명인이 되고자 하는 열망에서 콜린 오브레이디 자신이 스스로에게 붙인 타이틀이었다. 많은 사람들에게 그는 쉬운 길을 택한 것처럼 보였다. 합당한 가치 있는 일을 해낸 것도 아니면서 스스로를 영웅으로 떠받든 것처럼 보였다.

루 러드가 그랬던 것처럼 콜린 오브레이디도 '육괴'라는 용어를 사용하는 것으로 자신의 여정을 변호했다. 뵈르게 오우슬란의 횡단 여행은 "내게 특별한 영감을 주었다."라고 인정하면서도 뵈르게의 횡단과 자신의 횡단 여행은 마치 "사과와 오렌지를 비교하는 것과 같다. (⋯) 범선을 타고 배를 조종해서 바다를 건너는 것과 노를 직접 저어 바다를 건너는 것만큼 전혀 다른 것이다."라고 말했다. 콜린이 보기에 뵈르게가 세운 기록이나 자신이 세운 기록은 그 방식이 다르므로 둘 다 양립이 가능한 '최초'였다.

이 밖의 비판에 대해서는 "그저 웃고 넘어가지요."라고 콜린은 말했다.

　무조력, 무지원, 단독 횡단이라는 기록은 명확한 답이 없는 토론의 주제이며 앞으로도 쉽게 결론이 나지 않을 것이다. 이 모든 논란은 용어를 어떻게 정의할 것인지, 그리고 누가 그것을 정의할 것인지에 달려 있다. 엄밀히 따지자면 1911년 당시의 스키에 비해 21세기의 최첨단 스키는 훨씬 도움이 되었을 테고, 페미컨에 비하면 콜린바 역시 월등하게 훌륭한 영양 공급원이다. 콜린과 루가 사용했던 펄크는 아문센과 스콧이 이용한 썰매보다 몇 배나 가벼웠다. 이 역시 일종의 '지원'에 해당하지 않나? 그에 대한 정확한 구분선은 어디에 그어져 있을까?

　반면, 콜린 오브레이디와 루 러드가 놀라운 원정을 완수했다는 점, 기념비적인 노력으로 위업을 달성했음은 명백한 사실이다.

　거의 129km에 육박하는 콜린의 울트라마라톤 역시 놀라운 성취였다. 원정을 마친 루는 자기라면 "그렇게 하지는 못했을 겁니다. (…) 게다가 마지막 단계에서라면. 생사 여부가 달렸다고 해도 차마 그런 선택을 하지는 못했을 겁니다. 그는 매우 훌륭한 운동선수입니다. 모두가 모자를 벗어 그가 이룬 성과에 경의를 표해야 합니다."라며 겸양을 담아 평가했다. 그들이 세운 기록이나 누가 최초인가 따위의 문제는 논란의 여지가 있을 수 있고 또 그래 왔다. 하지만 두 사람의 원정이 매우 특별했다는 점만은 분명하다.

　언젠가, 또 누군가는, 시간이든 거리든 아니면 대체 경로에서든 두 사람의 기록을 넘어설 것이다. 루 러드와 콜린 오브레이디는 이러한 사실을 인정했고 응원도 했다. "단지 시간문제일 뿐입니다."라고 루는 말했다. 두 사람의 기록은 단지 '최초'라는 것뿐, 절대적인 것은 아니다. 보다 눈부신 다른 기록을 세우는 것은 다음 세대의 몫이다.

다른 사람들이 자신의 승리로부터 영감을 얻는 것, 콜린 오브레이디가 늘 바라는 바다. 미국으로 돌아와서는 인기 높은 동기부여 강연자가 되었고 귀국 후 몇 달 만에 출강한 횟수가 약 1,000회에 달했다. '포천 500'Fortune 500대 기업에서도 강연을 했고, 고등학교 졸업식에서도 연단에 섰으며 억대의 강연료를 받기도 했다.

콜린 오브레이디는 객석의 모든 이들에게, 위대함은 저마다의 안전지대 밖에서 일어난다는 보편적인 진리에 대해 이야기해 주었다. 콜린은 분명 계속해서 자신의 한계를 부수고 지평을 넓혀 나갈 것이다. 2019년 11월 15일 콜린은 다음 프로젝트를 발표했다. 전적으로 인간의 힘을 이용한 횡단 모험의 일환으로 남아메리카와 남극 사이의 드레이크해협을 노를 저어 횡단해 보겠다는 것이다. 하지만 '임파서블 퍼스트'의 경우와 마찬가지로 이번에도 출발 직전이 되어서야 새로운 모험에 관한 소식을 발표했다. 어쨌든 직업으로서 기록을 깨고 세우려면 신중한 전략이 필요했기 때문에, 그는 아무에게도 자신의 꿈을 말할 수 없었다.

루 러드 역시 활발하게 강연 활동을 펼쳤다. 5개월 동안 영국 전역의 학교와 스카우트 단체를 방문해서 무료 강연을 했다. 루는 프로 운동선수는 아니었으므로 그의 표현에 따르자면 남극 횡단은 "취미 활동"이었다. 그는 여전히 현역 군인으로 복무 중이며 탐험이 끝난 뒤에는 군대로 돌아갔다.

루가 강연을 하며 돌아다닌 지 딱 1년 만인 2019년 11월에는 자신의 남극 원정 당시의 매니저였던 웬디가 보여준 호의에 보답했다. 남극에서 썰매 끌기 속도 기록을 깨기 위해 나선 웬디의 원정 매니저가 되어 준 것이다. 루는 앞으로 어떤 일이 일어날지 알 수 없다고 생각한다. 다만 그에게 확실한 것은, 앞선 세대로부터 자신이 배웠던 것처럼 다음 세대가 극지방 모험을 계획하고 대비하고 훈련하도록 도우리라는 점이다.

모든 것이 후대로 이어지고, 이어지고 또 이어진다. 각자의 활동 영역을 막론하고 탐험가라면 다음 세대가 좀 더 멀리 나아갈 수 있도록 도우며 지식과 열정을 두루 전수해 왔다. 루는 헨리 워슬리에게 배웠다. 헨리 워슬리는 그의 피 속에 이미 남극이 있었다. 어니스트 섀클턴이 남극 여행 당시 이용한 인듀어런스Endurance호의 선장이었던 프랭크 워슬리Frank Worsley가 헨리의 선대 조상이었던 것이다. 오늘날의 탐험가들은 남극 대륙에서의 탐험과 모험에 관한 길고 긴, 끊임없이 이어지는 이야기를 통해, 그리고 섀클턴과 스콧을 통해 배우고 있다.

일전에 누군가가 스콧이 생의 마지막 나날 동안 하루에 단 열한 걸음씩만 더 걸었더라도 안전한 피난처인 원톤 저장소에 도착했으리라고 계산한 적이 있다.

루 러드는 미신을 믿는 사람은 아니지만 신성시하는 자신만의 신조가 하나 있었다. 매일 하루가 끝나고 쉬기로 결정하면 스키 폴대를 얼음 위에 꽂고 멈춰 섰다.

그런 다음 열한 걸음을 더 내디뎠다.

그가 삶의 모토로 삼은 말은 바로 "앞으로"였다.

감사의 말

편집 과정에서, 또 글을 쓰는 동안 브라이언 게펀Brian Geffen의 놀라운 비전과 통찰력과 격려가 없었다면, 이 이야기는 지금과 많이 달랐을 것입니다. 이상적인 휴가지의 기온에 대한 생각은 서로 다르지만 이 모험 이야기는 그의 책상에서 완벽한 안식처를 찾았습니다. 보잘것 없는 나의 원고를 책으로 바꿔 준 HBFYR의 나머지 팀, 리즈 드레스 너Liz Dresner, 케이 페트로니오Kay Petronio, 지에 양Jie Yang, 일라나 워렐Ilana Worrell, 주디 키비어트Judy Kiviat, 릴리아 맨더Lelia Mander, 캘시 마루호Kelsey Marrujo와 커샌드라 거트먼Cassandra Gutman에게 감사드립니다.

처음 시작부터 이 프로젝트에 보내 준 마이클 부렛Michael Bourret의 한결같은 열정이 앞으로 나아갈 수 있도록 길을 열어 주었습니다. 무한한 인내심을 가지고 계속해서 나의 질문(논픽션 작가들은 질문이 많을 수 있습니다!)에 답해 준 그의 인내심에, 그리고 매번 그가 보여 주었던 지지에 특별히 감사드립니다.

도움을 주신 ALE에 큰 빚을 졌습니다. 레슬리 윅스 덕분에 스티브 존스와 접촉할 수 있었고, 그는 오랜 시간을 들여 탐험이 어떻게 계획되고 실행되는지 세부적인 사항까지 자세하게 설명해 주었습니다. 리즈 갤러웨이Liz Galloway는 미디어와 관련하여 귀중한 도움을 주었고, [탐험과 관련된] 기술을 올바르게 구현하는 일에 놀랍도록 집중력을 발휘해 주었습니다! 이들의 도움이 없었다면 이 책은 지금보다 훨씬 빈약한 보고서에 지나지 않았을 것입니다.

이 책을 준비하기 위한 사전 연구 작업은 여러모로 벅찼습니다. 이 책의 개념을 이해하고 세부사항을 결정하는 데 도움을 준 에이드리엔 맥체스니Adrienne McChesney, 애런 티즈데일Aaron Teasdale, 힐러리 뷰렉Hilary Bureck, 레벡카 처칠Rebecka Churchill에게 감사드립니다.

앤드루 스페노Andrew Speno에게 답장을 받고 그로부터 트레이시 본더 브링크Tracy Vonder Brink를 소개받은 날은 내게 행운의 날이었습니다. 이 책을 읽고 검토하는 데 보낸 오랜 시간과 그들의 우정에 무한히 감사드립니다. 또한 올가 프리멘코Olga Frimenko, 케이티 밴 오스Katie Van Oss, 헤더 와이즈Heather Weis의 비평에 특별한 감사를 전합니다.

리베카 모리스Rebecca Morris가 아니었다면 나는 논픽션 책을 쓰는 일을 시작하지도 않았을 것이고, 시작했더라도 중도에 수차례 포기했을 것입니다. 고마워요, 사랑하는 친구!

나의 어머니 대니엘 버론Danielle Barone과 아버지 제이컵 버론Jacob Barone에게 감사드립니다. 두 분은 성인들을 그린 성화 옆에 리벳공 로지*의 포스터를 함께 붙여 두고 계십니다.

모든 인용을 확인해 준 나의 자매들 니카Nika, 힐러리Hilary, 캐티아Katya에게 감사합니다.

---

* 리벳공 로지(Rosie the Riverter)는 2차대전 당시 전장에 나간 남성들을 대체하여, 미국 군수 공장에서 일한 여성들을 가리키는 말이다. 1960년대 이후 여성 운동이 성장하면서 재발견되어 미국 여성주의와 여성의 권리에 대한 상징으로 자리 잡았다.

이 책의 한 장, 한 장 속에 살아 있는 애덤Adam과 리디아Lydia에게 감사합니다.

도미닉에게 감사합니다. 그의 믿음이 나를 이끌고 있습니다.

1장

12쪽 "나는 남극의 역사를 새로 썼다! … 내가 상상했던 것과는 완전히 다르게 이야기가 펼쳐졌다."("I write the history … different from what I had imagined."): Roald Amundsen, *The South Pole: An Account of the Norwegian Antarctic Expedition in the "Fram," 1910-912*, p. 12.

12쪽 "여기가 사실상 … 기필코 통과해야 한다."("So here we are … ought to get through."): Robert Scott, *Scott's Last Journey*, p. 144.

14쪽 "사람이 아니라 개들이 가야 할 길을 지시하게 될 것 같다."("It is odds that the dog rather than the man directs the walk."): Robert Scott, *Voyage of the Discovery Vol. I*, p. 286.

16쪽 "어쩔 도리 없이 … 요청할 수 있었다."("forced to reinstate … ask for leave."): David Crane, *Scott of the Antarctic: A Life of Courage and Tragedy*, p. 229.

16쪽 "[해군의] 일상에 신물이 나."("I am … routine."): David Crane, *Scott of the Antarctic: A Life of Courage and Tragedy*, p. 291.

17쪽 "모든 것의 열쇠"("the key to everything."): David Crane, *Scott of the Antarctic: A Life of Courage and Tragedy*, p. 337.

17쪽 "개의 도움을 받는 여행은 … 훌륭하다고 단언할 수 있다."("no journey ever made … splendidly won."): Robert Scott, *Voyage of the Discovery Vol. I*, p. 343.

19쪽 "탐험의 주된 목적은 … 달성하는 것이었다."("The main object … that achievement."): Elspeth Huxley, *Scott of the Antarctic*, p. 181.

22쪽 "내가 탐험을 통해 무엇인가 성취한 것이 있다면 … 노력의 결과였다."("Whatever I have accomplished … conscientious work."): Roald Amundsen, *My Life as an Explorer*, p. 1.

23쪽 "이 배는 파도가 거센 대양에 적응하지 못하고 거북이처럼 뒤집힐 수 있다."("she is not adapted for very heavy seas, and may turn turtle [roll over]."): Robert Scott, *Scott's Last Journey*, p. 76.

25쪽 "상당한 충격이었다."("This was a blow indeed!"): Amundsen, *My Life as an Explorer*, p. 64.

25쪽 "원정대를 구하기 위해 … 재빠르게 행동해야 했다."("If the expedition … without hesitation."): Amundsen, *The South Pole: An Account of the Norwegian Antarctic Expedition in the "Fram," 1910-912*, p. 22.

26쪽 "모든 준비를 조용하고 침착하게 완료해야 했다."("Everything had to be got ready quietly and calmly."): Roald Amundsen, *The South Pole: An Account of the Norwegian Antarctic Expedition in the "Fram," 1910-912*, p. 22.

26쪽 "눈과 얼음 위에서 실제로 짐을 끌 수 있는 유일한 동물 … 모든 지형에 적응한다."("were the only practicable … can traverse."): Roald Amundsen, *My Life as an Explorer*, p. 66.

26쪽 "개는 어떤 조건에서든 … 숙달해야 한다."("The dog must understand … make himself respected."): Roald Amundsen, *The South Pole: An Account of the Norwegian Antarctic Expedition in the "Fram," 1910-912*, p. 25.

27쪽 "비밀을 반드시 지킨다고 믿어 의심치 않는"("upon whose … blindly rely."): Roald Amundsen, *The South Pole: An Account of the Norwegian Antarctic Expedition in the "Fram," 1910-912*, p. 22.

28쪽 "이름을 호명했을 때 … '네'라고 바로 답했다."("As the names …'Yes' ready."): Roald Amundsen, *The South Pole: An Account of the Norwegian Antarctic Expedition in the "Fram," 1910-912*, p. 42.

29쪽 "프람호가 남극을 향해 … 아문센."("BEG LEAVE … AMUNDSEN."): Robert Scott, *Scott's Last Journey*, p. 45.

2장

32쪽 "이 여행이 … 더 달콤하리라."("I know … sweeter."): Colin O'Brady, *Instagram* (Oct. 16, 2018), https://www.instagram.com/p/BpAIv4pFJwd/.

32쪽 "이 계획이 … 품고 있지 않다."("I am … task."): Louis Rudd, "The Journey Begins," *Spirit of Endurance Blog* (April 1, 2018), https://lourudd.com/2018/04/01/the-journey-begins/

34쪽 "젖으면 죽어."("Get wet, you die."): David Grann, "Retracing the Antarctic Journey of Henry Worsley," *New Yorker* (Oct. 31, 2018), https://www.newyorker.com/news/news-desk/retracing-the-antarctic-journey-of-henry-worsley

35쪽 "남극 대륙의 무결한 광활함"("the sheer vastness of Antarctica."): "Lou Rudd to Begin Attempt to Traverse Antarctic Continent—The Spirit of Endurance Expedition," *The Great Outdoors* (Oct. 24, 2018), https://www.tgomagazine.co.uk/news/lourudd-to-begin-attempt-to-traverseantarctic-continent-the-spirit-ofendurance-expedition/

35쪽 "저는 극지 여행에 대해서 그야말로 아무것도 … 모든 것을 가르쳐 주었죠."("I knew absolutely nothing … taught me everything."): "Lou Rudd to Begin Attempt to Traverse Antarctic Continent—The Spirit of Endurance Expedition," *The Great Outdoors* (Oct. 24, 2018), https://www.tgomagazine.co.uk/news/lou-rudd-to-beginattempt-to-traverse-antarctic-continent-the-spirit-of-endurance-expedition/

36쪽 "남극을 횡단한 사람은 ⋯ 그 수가 적다."("More people ⋯ traversed Antarctica."): Louis Rudd, *Spear 17 Blog*, https://lourudd.com/spear17/

37쪽 "극지 경험은 없었고 ⋯ 사람도 있었다."("they were ⋯ on skis."): Louis Rudd, *Spear 17 Blog*, https://lourudd.com/spear17/

38쪽 "마치 세이렌의 노래 ⋯ 붙잡는 것 같죠."("Like a siren song ⋯ she draws you back."): "Lou Rudd to Begin Attempt to Traverse Antarctic Continent—The Spirit of Endurance Expedition," *The Great Outdoors* (Oct. 24, 2018), https://www.tgomagazine.co.uk/news/lourudd-to-begin-attempt-to-traverseantarctic-continent-the-spirit-ofendurance-expedition/

39쪽 "한계에 도전하는 거지요."("It's right at the limits."): "Lou Rudd to Begin Attempt to Traverse Antarctic Continent—The Spirit of Endurance Expedition," *The Great Outdoors* (Oct. 24, 2018), https://www.tgomagazine.co.uk/news/lou-rudd-to-beginattempt-to-traverse-antarctic-continent-the-spirit-of-endurance-expedition/

40쪽 "20kg짜리 타이어를 끌고 상당히 높이 자란 풀숲을"("20 kg tire through quite long grass."): Paul Kirtley, "PK Podcast 034: Lou Rudd on the Motivation to Traverse Antarctica Solo, Unsupported and Unaided," *Paul Kirtley Podcast* (Nov. 19, 2018), https://paulkirtley.co.uk/2018/lou-rudd-on-the-motivation-to-traverse-antarctica-solo-unsupportedand-unaided/

41쪽 "A-의 사나이"("Mr. A-minus."): Michael Gervais, "Colin O'Brady: Explorers Grand Slam," *Finding Mastery Podcast* (July 20, 2016), https://findingmastery.net/colin-obrady/

41쪽 "네가 최선을 ⋯ 있는지를 모르겠니?"("Don't you ⋯ your hardest?"): Michael Gervais, "Colin O'Brady: Explorers Grand Slam," *Finding Mastery Podcast* (July 20, 2016), https://findingmastery.net/colin-obrady/

42쪽 "끔찍하게 잘못되었다."("terribly wrong."): Joe Rogan, "Joe Rogan Experience #1244—Colin O'Brady," *Joe Rogan Experience* (Feb. 11, 2019), https://www.youtube.com/watch?v=1Gtrg6R7b3w

42쪽 "본능적으로"("Instinct takes over."): Joe Rogan, "Joe Rogan Experience #1244—olin O'Brady," *Joe Rogan Experience* (Feb. 11, 2019), https://www.youtube.com/watch?v=1Gtrg6R7b3w

43쪽 "제 인생에서 가장 암울했던 나날이었죠."("the darkest time of my life."): Joe Rogan, "Joe Rogan Experience #1244—Colin O'Brady," *Joe Rogan Experience* (Feb. 11, 2019), https://www.youtube.com/watch?v=1Gtrg6R7b3w

44쪽 "그 일로 인해 ⋯ 상당 부분을 잃었습니다."("It was like ⋯ away from me."): Julian Smith, "The Inside Tale of Colin O'Brady's Death-Defying, Record-Breaking Antarctic Crossing," *Portland Monthly* (March 26, 2019), https://www.pdxmonthly.com/articles/2019/3/26/the-inside-tale-ofcolin-obradys-death-defying-recordbreakingantarctic-crossing

44쪽 "우리 긍정적으로 생각하기로 하자."("Let's stay positive."): Erin Beresini, "Seeing the World—ne Tri or Summit at a Time," *USA Triathlon*, https://www.teamusa.org/USATriathlon/About/USAT/Magazine/Colin-OBrady-Fall-2016

44쪽 "우리 함께 목표를 세워 보자."("Let's set a goal together."): Beresini, *Seeing the World—One Tri or Summit at a Time*, https://www.teamusa.org/USA-Triathlon/About/USAT/Magazine/Colin-OBrady-Fall-2016

44-45쪽 "지금까지 한 번도 … 결승선을 통과하는"("crossing the finish … done before."): Joe Rogan, "Joe Rogan Experience #1244—Colin O'Brady," *Joe Rogan Experience* (Feb. 11, 2019), https://www.youtube.com/watch?v=1Gtrg6R7b3w

45쪽 "태국 의사와 함께 … 훈련 중이었던 거죠!"("I literally have … a triathlon now!"): Joe Rogan, "Joe Rogan Experience #1244—Colin O'Brady," *Joe Rogan Experience* (Feb. 11, 2019), https://www.youtube.com/watch?v=1Gtrg6R7b3w

46쪽 "너무나 놀랍게도"("complete and utter surprise."): Joe Rogan, "Joe Rogan Experience #1244—Colin O'Brady," *Joe Rogan Experience* (Feb. 11, 2019), https://www.youtube.com/watch?v=1Gtrg6R7b3w

47쪽 "넌 강한 사람이야. … 이 또한 지나갈 거야."("You're strong … shall pass."): Hilary Brueck, "The 33-year-old who just became the first person to cross Antarctica alone says 2 simple mantras were crucial to his success," *Business Insider* (Jan. 15, 2019), https://www.businessinsider.com/colin-obradycrossed-antarctica-with-two-simplemantras-2019-1?r=US&IR=T

49쪽 "체중이 빠질 것을 … 키워 두어야 합니다."("you have … lose weight."): James Shackell, "Zen and calories: secrets of the first man to walk solo across Antarctica," *Adventure.com* (June 3, 2019), http://serebral360traveler.com/2019/06/03/zen-and-caloriessecrets-of-the-first-man-to-walk-solo-across-antarctica-by-james-shackelladventure/

49쪽 "심장박동수가 최고조에 이를 때까지 … 중량을 올린 상태에서 월싯을 했다."("would do … ice buckets."): Colin O'Brady, *Instagram* (May 19, 2019), https://www.instagram.com/p/BxP5ZeXFo_v/

50쪽 "제가 이곳에 온 … 발표할 예정입니다."("I came … the new project."): Colin O'Brady, *Instagram* (Sept. 14, 2018), https://www.instagram.com/p/BnuVcwwlx_W/

51쪽 "내 인생 최대 … 얼음을 향해 출발."("ANNOUNCING … the ice."): Colin O'Brady, *Instagram* (Oct. 18, 2018), https://www.instagram.com/p/BpFhOS9lqtd/

3장

52쪽 "참으로 이상하게도 … 털어놓을 수는 없었다."("Strangely enough … Arctic explorer."):

Roald Amundsen, *My Life as an Explorer*, pp. 2-3.

52쪽 "나의 이야기를 … 알게 된다."("My story … can be turned."): Scott, *Voyage of the Discovery Vol. I*, p. 24.

53쪽 "조금의 거리낌 없이 … 좋아하지 않는다."("I may … Polar exploration."): Scott, *Voyage of the Discovery Vol. I*, p. 24.

53쪽 "끔찍한"("awful."): Scott, *Scott's Last Journey*, p. 153.

55쪽 "지리 탐험대는…… 남극을 향해 나아가야 한다."("geographical … to the south."): Scott, *Voyage of the Discovery Vol. I*, p. 61.

55쪽 "우리의 눈앞에 펼쳐진 … 더욱 커졌다."("The very vastness … mystery."): Huxley, *Scott of the Antarctic*, p. 63.

57쪽 "우리는 … 밀어붙이기로 결심했다."("We determined … utmost limit."): Ranulph Fiennes, *Race to the Pole: Tragedy, Heroism, and Scott's Antarctic Quest*, p. 88.

58쪽 "우리 모두에게 유감스럽게도"("to the regret of all of us."): Scott, *Voyage of the Discovery Vol. I*, p. 53.

62쪽 "날씨가 아주 험악한 날에 … 고집했다."("insisted on … bitterest weather."): Roald Amundsen, *My Life as an Explorer*, p. 3.

62쪽 "빙판과 눈밭을 이동하는 … 근육을 단련했다."("increasing my skill … great adventure."): Roald Amundsen, *My Life as an Explorer*, p. 3.

62쪽 "손에 넣을 수 있는 … 섭렵했다."("read all … hands on."): Amundsen, *My Life as an Explorer*, p. 19.

64쪽 "과거의 항해가들이 … 당황스러운 수수께끼"("baffling mystery … the past."): Amundsen, *My Life as an Explorer*, p. 37.

65-66쪽 "테이마!" … "마닉웃미!"("TEIMA!" … "manik-ut-mi!"): Roald Amundsen, *To the North Magnetic Pole and Through the Northwest Passage*, p. 257.

67쪽 "모피 의복이 … 가장 적합했다."("fur garments … this climate."): Roald Amundsen, *To the North Magnetic Pole and Through the Northwest Passage*, p. 262.

68쪽 "나는 잠을 잘 수도 … 한없이 긴장되었다."("I could not … every pitfall."): Amundsen, *My Life as an Explorer*, p. 51.

68쪽 "저 멀리 서쪽에서 … 장엄한 광경이던지."("What a glorious sight … the west!"): Roald Amundsen, *My Life as an Explorer*, p. 51.

4장

70쪽 "남극 고원에 올라 파란 하늘 아래 서면 … 미미한 존재입니다."("When it's blue sky … endless sea of light."): Adam Skolnick, "Reflections on Antarctica," *New York Times* (Jan. 18, 2019), https://www.nytimes.com/2019/01/18/sports/reflectionson-antarctica.html

70쪽 "이곳에선 ⋯ 두 가지 다 필요하기도 하죠!"("It's a place ⋯ bit of both!"): "Lou Rudd to Begin Attempt to Traverse Antarctic Continent—The Spirit of Endurance Expedition," *The Great Outdoors* (Oct. 24, 2018), https://www.tgomagazine.co.uk/news/lou-rudd-to-beginattempt-to-traverse-antarctic-continent-the-spirit-of-endurance-expedition/

71-72쪽 "충격이었습니다. 이 장대한 여정에 대해 알게 된 뒤 완전히 정신을 놓을 지경이었지요."("absolutely gobsmacked by this epic journey."): *Shackleton London, Lou's Antarctic Journey* (Part One) (Jan. 16, 2019), https://www.youtube.com/watch?v=Bsoybzf2C_E

72쪽 "제게 온 첫 번째 기회였죠. ⋯ 직진했던 셈이었습니다."("That was the first ⋯ extreme trip."): Paul Kirtley, "PK Podcast 012: Lou Rudd on Unsupported Polar Journeys and Retracing Amundsen's Route to the South Pole," *Paul Kirtley Podcast* (Jan. 7, 2016), http://paulkirtley.co.uk/2016/lou-rudd-unsupported-polar-journeys-retracing-amundsens-routesouth-pole/

73쪽 "여러 나라 군인들과 ⋯ 놀리고는 했습니다."("We're sharing ⋯ drag, mate."): Paul Kirtley, "PK Podcast 012: Lou Rudd on Unsupported Polar Journeys and Retracing Amundsen's Route to the South Pole," *Paul Kirtley Podcast* (Jan. 7, 2016), http://paulkirtley.co.uk/2016/lou-rudd-unsupported-polar-journeys-retracing-amundsens-routesouth-pole/

73쪽 "지극히 광활하고 ⋯ 어디에도 없지요."("It's so vast ⋯ the planet."): Ash Routen, "Lou Rudd Announces Plan to Cross Antarctica Alone and Unsupported," *Explorer's Web* (April 23, 2018), https://explorersweb.com/2018/04/23/lou-rudd-announces-plan-tocross-antarctica-alone-and-unsupported-2018-04-07-10377-2/

77쪽 "한 시간마다 한 번씩 ⋯ 섭취해야 하거든요."("grazing bag ⋯ constantly coming in."): Paul Kirtley, "PK Podcast 012: Lou Rudd on Unsupported Polar Journeys and Retracing Amundsen's Route to the South Pole," *Paul Kirtley Podcast* (Jan. 7, 2016), http://paulkirtley.co.uk/2016/lou-rudd-unsupported-polar-journeys-retracing-amundsens-routesouth-pole/

79쪽 "한 여자의 남편이자 ⋯ 최우선으로 생각했습니다."("As a husband ⋯ this trip."): Louis Rudd, "Post Expedition Reflection" (Jan. 14, 2019), https://lourudd.com/2019/01/14/post-expedition-reflection/

80쪽 "헨리가 남긴 유산에 바치는 ⋯ 떠나려고 합니다."("As a fitting tribute ⋯ his journey."): Louis Rudd, "The Journey Begins," *Spirit of Endurance* (April 1, 2018), https://lourudd.com/2018/04/01/the-journey-begins/

83쪽 "남극에서는 우리 몸이 ⋯ 찾으려고 애썼습니다."("Because your body's ⋯ absolute cleanest."): Rich Roll, "Doing the Impossible with Colin O'Brady," *Rich Roll Podcast* (May 6, 2019), https://www.youtube.com/watch?v=10xhj49PUvo

83쪽 "맛이 꽤 괜찮았다."("They're quite good."): Rich Roll, "Doing the Impossible with Colin O'Brady," *Rich Roll Podcast* (May 6, 2019), https://www.youtube.com/watch?v=10xhj49PUvo

84쪽 "이 여행은 … 보다 중요합니다."("This journey … inside all of us."): Colin O'Brady, *Instagram* (Oct. 18, 2018), https://www.instagram.com/p/BpFh0S9lqtd/

5장

86쪽 "하루도 빠짐없이 … 흔한 대답이었다."("Every day … some crevasse."): Roald Amundsen, *The South Pole: An Account of the Norwegian Antarctic Expedition in the "Fram," 1910-912*, p. 144.

86쪽 "가짜 얼음층이 … 힘들어지고 있는데……"("There is rather … more troublesome … "): Robert Scott, *Scott's Last Journey*, p. 132.

87쪽 "우리는 갇혔다."("We are captured."): Robert Scott, *Scott's Last Journey*, p. 33.

88쪽 "순전히 석탄 낭비"("a sheer waste of coal."): Robert Scott, *Scott's Last Journey*, p. 29.

88쪽 "속절없이 긴 시간을 … 끔찍하다."("I can imagine … worst of conditions."): Robert Scott, *Scott's Last Journey*, p. 37.

88-89쪽 "멋지게 해냈다. … 빠져나왔다."("behaved splendidly … through so well."): Scott, *Scott's Last Journey*, p. 37.

89쪽 "상상했던 안락한 집이 완성되었다."("The hut … dwelling-place imaginable."): Robert Scott, *Scott's Last Journey*, p. 61.

90쪽 "모두의 지각을 … 다스리고 있다."("The peace … these days."): Robert Scott, *Scott's Last Journey*, p. 40.

92쪽 "동물을 대할 때 … 헌신을 보여 주었던"("was perfectly excellent … the animals."): Robert Scott, *Scott's Last Journey*, p. 63.

92쪽 "대원들이 훌륭하게 … 본 적이 없다."("splendid work … a ship."): Robert Scott, *Scott's Last Expedition*, p. 100.

94쪽 "식량과 연료를 … 눈 둔덕"("just a cairn … a bamboo [stick]."): Apsley Cherry-Garrard, *The Worst Journey in the World*, p. 113.

94쪽 "그 덕분에 휴식을 취할 수 있으니 때로는 눈 폭풍이 반갑기도 했다."("sometimes a blizzard is a welcome rest."): Apsley Cherry-Garrard, *The Worst Journey in the World*, p. 110.

97쪽 "지금까지 일어났던 변고의 충격이 모두 별것 아닌 일이 되었다."("every incident pales before."): Robert Scott, *Scott's Last Journey*, p. 75.

98쪽 "지극히 친절"("extremely kind."): Roald Amundsen, *The South Pole: An Account of the Norwegian Antarctic Expedition in the "Fram," 1910-912*, p. 69.

99쪽 "신비로운 장벽! … 경외심을 표하고 있다."("The mystic Barrier … apprehensive awe."): Roald Amundsen, *The South Pole: An Account of the Norwegian Antarctic Expedition in the "Fram," 1910-912*, p. 57.

100쪽 "그래서 다소 완만한 오르막길 같았다."("so that the ascent … gentle slope."): Roald Amundsen, *The South Pole: An Account of the Norwegian Antarctic Expedition in the "Fram," 1910-912*, p. 57.

101쪽 "[프람호 선상에서] 반년 동안 … 알았나 보다."("The dogs … else to do."): Roald Amundsen, *The South Pole: An Account of the Norwegian Antarctic Expedition in the "Fram," 1910-912*, p. 60.

103쪽 "우리가 어디쯤 와 있는지 … 한결같은 풍경이다."("One can never … looks the same."): Roald Amundsen, *The South Pole: An Account of the Norwegian Antarctic Expedition in the "Fram," 1910-912*, p. 72.

104쪽 "썰매 위에 놓인 … 삼을 만한 걸 찾았다."("our eyes … pegs were found."): Roald Amundsen, *The South Pole: An Account of the Norwegian Antarctic Expedition in the "Fram," 1910-912*, p. 73.

105쪽 "새하얀 눈과 대비되어 … 쉽게 찾을 수 있었다."("which stood out … easy to see."): Roald Amundsen, *The South Pole: An Account of the Norwegian Antarctic Expedition in the "Fram," 1910-912*, p. 75.

106쪽 "극점을 향한 우리의 싸움은 … 비축해 두어야 했다."("Our fight … south as possible."): Roald Amundsen, *The South Pole: An Account of the Norwegian Antarctic Expedition in the "Fram," 1910-912*, p. 76.

107쪽 "솔직히 말해서 … 이렇게 잘 살아본 적이 없었다."("frankly confessed … so well."): Roald Amundsen, *The South Pole: An Account of the Norwegian Antarctic Expedition in the "Fram," 1910-912*, p. 82.

6장

108쪽 "외부 지원 없이 … 시험이 될 것입니다."("As much as … my mental strength."): Colin O'Brady, *Instagram* (Oct. 20, 2018), https://www.instagram.com/p/BpKST8CFwYH/

108쪽 "난관은 피할 수 없습니다. … 젊은이들을 위해서."("Staying focused … aspiring adventurers."): Louis Rudd, "Steady Progress," *Louis Rudd MBE* (July 17, 2018), https://lourudd.com/2018/07/17/steady-progress/

111쪽 "남극에서의 하루를 … 음성 메일이에요."("whenever he's finished … on my phone,"): Jack Hudson, "Watchkeeper (Wendy Searle Interview)" (Nov. 20, 2018), *Shackleton London*, https://shackletonlondon.com/blogs/pre-expedition/watchkeeper

111-112쪽 "루의 의료 상자에 … 구비하고 있나요?"("needed a comprehensive list … you have that?"): Stephen Jones, personal interview (April 2, 2018).

112쪽 "이튿날 기상 조건이 … 권한을 가지고 있습니다."("reserve the right … the evening before."): Stephen Jones, personal interview (April 2, 2018).

114쪽 "걸출한 … 머물렀을 것이라고"("brilliance … just a dream."): Colin O'Brady, *Instagram* (Oct. 30, 2018), https://www.instagram.com/p/BplVCIZF3bU/

114쪽 "얼어붙은 남극 대륙의 … 살지 않습니다."("there are … Frozen Continent."): Colin O'Brady, *Instagram* (Oct. 26, 2018), https://www.instagram.com/colinobrady/p/BpZ8_4AlWE3/?hl=ro

114쪽 "저기 얼음 위에 … 존재하리라"("it will … on the ice."): Colin O'Brady, *Instagram* (Oct. 26, 2018), https://www.instagram.com/colinobrady/p/BpZ8_4AlWE3/?hl=ro

116쪽 "스키웨이"("skiway."): Stephen Jones, personal interview (April 2, 2018).

117쪽 "[콜린과 루의] 출발을 … 전혀 없습니다."("There's nothing … departure."): Stephen Jones, personal interview (April 2, 2018).

117쪽 "시계가 똑딱거리기 시작합니다."("it starts a clock ticking."): Stephen Jones, personal interview (April 2, 2018).

120쪽 "[원정대] 사람들이 … 내용과 대조합니다."("Everything they send … told us."): Stephen Jones, personal interview (April 2, 2018).

7장

124쪽 "'우리는 운이 좋았습니다. … 몸을 꿰뚫을 겁니다.'"("'We've been lucky … very far down.'"): Roald Amundsen, *The South Pole: An Account of the Norwegian Antarctic Expedition in the "Fram," 1910-912*, p. 125.

124쪽 "안개가 잦아들기를 … 긴장되는 건 사실이다."("I write this … will give way."): Robert Scott, *Scott's Last Expedition*, p. 144.

125쪽 "가장 좋을 때도 … 세계 최악이다."("At best … worst in the world."): Roald Amundsen, *My Life as an Explorer*, p. 67.

126쪽 "짧은 시를 … 노력을 포기했다."("I tried … painted black."): Roald Amundsen, *The South Pole: An Account of the Norwegian Antarctic Expedition in the "Fram," 1910-912*, p. 115.

128쪽 "그것은 분명한 빛 … 매우 감사히 여겼다."("it was light … much appreciated."): Roald Amundsen, *The South Pole: An Account of the Norwegian Antarctic Expedition in the "Fram," 1910-912*, p. 121.

128쪽 "순식간에 우리의 길잡이들 … 곧바로 출발했다."("Our coursers … we were off."): Roald Amundsen, *The South Pole: An Account of the Norwegian Antarctic Expedition in the "Fram," 1910-912*, p. 123.

129쪽 "개들이 잘 해낼 것이라고 … 꿈꿔 본 적 없는 일이었다."("We expected them … ski to the Pole!"): Roald Amundsen, *The South Pole: An Account of the Norwegian*

Antarctic Expedition in the "Fram," 1910-912, p. 128.

129-130쪽 "스콧의 경로는 고려의 대상이 아니다."("Scott's route was out of bounds."): Roald Amundsen, *The South Pole: An Account of the Norwegian Antarctic Expedition in the "Fram," 1910-912*, p. 24.

130쪽 "우리 모두를 ⋯ 더 많은 눈이 쌓였으리라고 예상했었다."("what struck ⋯ covered with snow."): Roald Amundsen, *The South Pole: An Account of the Norwegian Antarctic Expedition in the "Fram," 1910-912*, p. 131.

131쪽 "이런 일이 생기면 ⋯ 부서져 버릴 수도 있었다."("If this ⋯ smashing it."): Roald Amundsen, *The South Pole: An Account of the Norwegian Antarctic Expedition in the "Fram," 1910-912*, p. 134.

133쪽 "유난히도 부지런을 떨며 휘저어서"("was unusually industrious in stirring it."): Roald Amundsen, *The South Pole: An Account of the Norwegian Antarctic Expedition in the "Fram," 1910-912*, p. 138.

133쪽 "용맹스럽고 충실한 ⋯ 아끼게 되었던 것이다."("Twenty-four ⋯ of our dogs."): Roald Amundsen, *The South Pole: An Account of the Norwegian Antarctic Expedition in the "Fram," 1910-912*, p. 138.

136쪽 "[바워스는] ⋯ 이타적이라는 걸 알 수 있다."("Bowers is ⋯ quite unselfish."): Robert Scott, *Scott's Last Journey*, pp. 118-119.

137쪽 "자정에 ⋯ 행군을 즐겼다."("I don't like ⋯ is pleasant."): Robert Scott, *Scott's Last Journey*, p. 125.

139쪽 "거의 볼 수 없거나 ⋯ 찌르듯이 날아왔다."("We could see ⋯ in the face."): Robert Scott, *Scott's Last Journey*, p. 133.

139쪽 "사람들에게는 ⋯ 매우 괴로웠다."("We men are ⋯ much depends."): Robert Scott, *Scott's Last Journey*, p. 127.

140쪽 "그레이트 배리어 위에서 ⋯ 몇 킬로미터씩 떨어져 있었다."("began to cross ⋯ some mile apart."): Apsley Cherry-Garrard, *The Worst Journey in the World*, p. 335.

140쪽 "들쭉날쭉한 능선이 그리는 기다란 흰색 선, 압력의 혼돈"("a great white line of jagged edges, the chaos of pressure."): Apsley Cherry-Garrard, *The Worst Journey in the World*, p. 337.

141쪽 "우리의 상황은 ⋯ 배 높이까지 빠져 버렸다⋯⋯"("Our case ⋯ to his belly in it ⋯"): Robert Scott, *Scott's Last Journey*, p. 136.

143쪽 "기온이 여전히 영상에 머물러 있다. 모든 것이 짜증 날 정도로 젖어 버리고 있다."("the temperature remains +33°, and everything is disgustingly wet."): Robert Scott, *Scott's Last Journey*, p. 136.

144쪽 "하나님 감사합니다 (⋯) 우리는 더 무거운 짐을 끌기 시작합니다."("Thank God ⋯ we begin the heavier work ourselves."): Robert Scott, *Scott's Last Journey*, p. 137 note.

144쪽 "이곳의 눈은 ⋯ 서 있을 수가 없다."("the snow ⋯ the sledges,"): Robert Scott, *Scott's Last Journey*, p. 139.

145쪽 "선하고 진실한 사람들 … 약한 부분이 없다."("there does not … men and true."): Robert Scott, *Scott's Last Journey*, p. 111 note.

145쪽 "누구를 선택하고 … 없을 것이다."("dreaded … heartrending."): Robert Scott, *Scott's Last Journey*, p. 144.

145쪽 "우리는   확률에 맞서 싸우고 있있다."("We are … against odds,"): Robert Scott, *Scott's Last Journey*, p. 144.

8장

148쪽 "감격에 겨워 … 딱 들어맞는 순간이었다."("Full of emotion … quite so apropos."): Colin O'Brady, *Instagram* (Nov. 3, 2018), https://www.instagram.com/p/BpvVqEEFwef/

148쪽 "마침내 … 정말 으스스했다."("To be finally … really eerie."): Louis Rudd, "The First Day (Log #2)," *Shackleton London* (Nov. 3, 2018), https://shackletonlondon.com/blogs/lou-s-journal/lous-expedition-update-2

150쪽 "내가 묻기 전에는 … 내게 알리지 말 것."("Don't tell me … I ask."): Davey Braun, "Alone Across Antarctica Part 2: Captain Louis Rudd—For the Love of the Journey," *The Outdoor Journal* (July 15, 2019), https://www.outdoorjournal.com/featured/athletes-andexplorers/captain-louis-rudd-antarctica-crossing/

151쪽 "정말로 힘든 이동이었다."("Really tough going."): Louis Rudd, "The First Day (Log #2)," *Shackleton London* (Nov. 3, 2018), https://shackletonlondon.com/blogs/lou-s-journal/lous-expedition-update-2

151쪽 "본래의 삶 … 스키를 지치는 것뿐이다."("The only way … by skiing,"): Paul Kirtley, "PK Podcast 034: Lou Rudd on the Motivation to Traverse Antarctica Solo, Unsupported and Unaided," *Paul Kirtley Podcast* (Nov. 18, 2018), https://paulkirtley.co.uk/2018/lou-rudd-onthe-motivation-to-traverse-antarctica-solo-unsupported-and-unaided/

152쪽 "새벽 3시에 … 추운 날씨 속 캠핑"("3:00 am … cold-weather camping."): Davey Braun, "Alone Across Antarctica Part 2: Captain Louis Rudd—For the Love of the Journey," *The Outdoor Journal* (July 15, 2019), https://www.outdoorjournal.com/featured/athletes-and-explorers/captain-louisrudd-antactica-crossing/

152쪽 "저 멀리 티끌처럼 보이는"("a bit of a speck in the distance."): Louis Rudd, "Tough Battle (Log #3)," *Shackleton London* (Nov. 4, 2018), https://shackletonlondon.com/blogs/lou-s-journal/lous-expedition-update-3

152쪽 "펄크가 가벼워질 테니 앞으로 상황이 좋아질 수밖에 없다."("things can only get better as the pulk gets lighter."): Louis Rudd, "Tough Battle (Log #3)," *Shackleton London* (Nov. 4, 2018), https://shackletonlondon.com/blogs/lou-s-journal/lous-expedition-update-3

153쪽 "엉덩이를 잽싸게 … 끊임없는 사투였다."("jerk forward … all day …"): Louis Rudd,

"Tough Battle (Log #3)," *Shackleton London* (Nov. 4, 2018), https://shackletonlondon.
com/blogs/lou-s-journal/lous-expedition-update-3

153쪽 "어딘지도 모르는 … 껄껄 웃어 댔다."("flat on my back … nowhere."): Louis Rudd,
"Music on Ice (Log #6)," *Shackleton London* (Nov. 8, 2018), https://shackletonlondon.
com/blogs/lou-s-journal/lous-expedition-log-6

155쪽 "우리가 뭘 잘 몰랐던 것 같아."("Maybe we didn't get it right."): Rich Roll, "Doing
the Impossible with Colin O'Brady," *Rich Roll Podcast* (May 6, 2019), https://www.
youtube.com/watch?v=10xhj49PUvo

155쪽 "그냥 시작만 … 기분이 좋아질 거예요."("Just get … feel better."): Rich Roll, "Doing
the Impossible with Colin O'Brady," *Rich Roll Podcast* (May 6, 2019), https://www.
youtube.com/watch?v=10xhj49PUvo

155쪽 "오리걸음으로 … 낮은 걸음으로"("to walk … shock absorber."): Julian Smith,
"The Inside Tale of Colin O'Brady's Death-Defying, Record-Breaking Antarctic
Crossing," *Portland Monthly* (March 26, 2019), https://www.pdxmonthly.com/
articles/2019/3/26/the-inside-tale-ofcolin-obradys-death-defying-recordbreaking-
antarctic-crossing

156쪽 "어쩌면 … 겁을 먹은 듯하다."("perhaps a little … at hand."): Colin O'Brady,
Instagram (Nov. 3, 2018), https://www.instagram.com/p/BpvVqEEFwef/

156쪽 "내일은 … 애써 봐요."("Tomorrow … inner peace."): Rich Roll, "Doing the Impossible
with Colin O'Brady," *Rich Roll Podcast* (May 6, 2019), https://www.youtube.com/
watch?v=10xhj49PUvo

157쪽 "우리는 … 할 수 있어."("We are … capable."): Rich Roll, "Doing the Impossible with
Colin O'Brady," *Rich Roll Podcast* (May 6, 2019), https://www.youtube.com/
watch?v=10xhj49PUvo

157쪽 "마음을 진정"("calm my mind."): Rich Roll, "Doing the Impossible with Colin O'Brady,"
Rich Roll Podcast (May 6, 2019), https://www.youtube.com/watch?v=10xhj49PUvo

158-159쪽 "마치 비행기 조종사들이 … 손은?"("like an airplane … are your hands?"): Rich
Roll, "Doing the Impossible with Colin O'Brady," *Rich Roll Podcast* (May 6, 2019),
https://www.youtube.com/watch?v=10xhj49PUvo

160쪽 "이봐요, 좋은 아침이에요. 친구!"("Hey, good morning, mate!"): Rich Roll, "Doing
the Impossible with Colin O'Brady," *Rich Roll Podcast* (May 6, 2019), https://www.
youtube.com/watch?v=10xhj49PUvo

161쪽 "루, 이젠 서로 대화를 삼가도록 합니다."("Lou, let this be the last time we speak
to one another."): Rich Roll, "Doing the Impossible with Colin O'Brady," *Rich Roll
Podcast* (May 6, 2019), https://www.youtube.com/watch?v=10xhj49PUvo

161쪽 "탁구공 안에 갇힌"("inside a Ping-Pong ball."): Adam Skolnick, "Racing Across
Antarctica, One Freezing Day at a Time," *New York Times* (Nov. 29, 2018), https://
www.nytimes.com/2018/11/29/sports/antarctica-ski-race.html

161쪽 "모든 세세한 기억이 … 연결된"("viscerally connected … vivid detail."): Colin O'Brady, *Instagram* (Nov. 7, 2018), https://www.instagram.com/p/Bp5nMwblfk2/

162-163쪽 "날씨가 이렇게 나쁠 때는 … 온통 하얀색뿐입니다."("When the weather … in every direction."): Colin O'Brady, *Instagram* (Nov. 9, 2018), https://www.instagram.com/p/Bp-0_PLF7ew/

164쪽 "고개를 숙이고 … 터벅터벅 걸어가는 것"("head down … trudge away."): Louis Rudd, "Remembrance Day (Log #9)," *Shackleton London* (Nov. 11, 2018), https://shackletonlondon.com/blogs/lou-s-journal/log-9-remembrance-day

165쪽 "그 탓에 … 1톤에 가까운 것처럼 무거웠다."("that's again … absolute tonne,"): Louis Rudd, "Remembrance Day (Log #9)," *Shackleton London* (Nov. 11, 2018), https://shackletonlondon.com/blogs/lou-s-journal/log-9-remembrance-day

9장

168쪽 "이곳은 마치 … 작은 규모도 아니었을 거다."("It looked … small scale either."): Roald Amundsen, *The South Pole: An Account of the Norwegian Antarctic Expedition in the "Fram," 1910-912*, p. 143

168쪽 "이렇게 … 죽을 만큼 힘들었다."("I never had … to ourselves."): Roland Huntford, *Race to the South Pole: The Expedition Diaries of Scott and Amundsen*, p. 248.

171쪽 "우스갯소리와 … 폭풍을 향해 나아갔다."("Amid joking … into the blizzard,"): Roald Amundsen, *The South Pole: An Account of the Norwegian Antarctic Expedition in the "Fram," 1910-912*, p. 140.

172쪽 "위는 옅은 푸른색이지만 … 어둠으로 끝나고 마는"("pale blue … deepest black."): Roald Amundsen, *The South Pole: An Account of the Norwegian Antarctic Expedition in the "Fram," 1910-912*, pp. 145-146.

172쪽 "균열을 지나면 또 다른 균열이 … 양쪽은 두렵기만 한 심연이었다."("Chasm after chasm … fearful abyss on each side."): Roald Amundsen, *The South Pole: An Account of the Norwegian Antarctic Expedition in the "Fram," 1910-912*, pp. 145-146.

173쪽 "[침낭 안에서] 몸을 돌리려고 … 천천히 움직여야 했다."("when I wanted … out of breath."): Roald Amundsen, *The South Pole: An Account of the Norwegian Antarctic Expedition in the "Fram," 1910-912*, p. 138.

174쪽 "내가 온 마음을 … 매혹적인 장면이었다."("whether my pulling … positively dazzled us."): Roald Amundsen, *The South Pole: An Account of the Norwegian Antarctic Expedition in the "Fram," 1910-912*, p. 150.

175쪽 "환희의 함성"("jubilant shout."): Roald Amundsen, *The South Pole: An Account of the Norwegian Antarctic Expedition in the "Fram," 1910-912*, p. 150.

175쪽 "썰매가 일제히 … 가장 감동적인 순간이었다."("All the sledges … affected me like this."): Roald Amundsen, *The South Pole: An Account of the Norwegian Antarctic Expedition in the "Fram," 1910-912*, p. 151.

176쪽 "그날 밤 ⋯ 느낄 수 있었다."("It was ⋯ at hand."): Roald Amundsen, *The South Pole: An Account of the Norwegian Antarctic Expedition in the "Fram," 1910-912*, p. 153.

176-177쪽 "서로가 별로 ⋯ 더 많이 사용했다."("not much ⋯ all the more."): Roald Amundsen, *The South Pole: An Account of the Norwegian Antarctic Expedition in the "Fram," 1910-912*, p. 153.

177쪽 "사방 어디를 둘러보아도 ⋯ 광활한 빙원"("a vast plain ⋯ mile after mile."): Roald Amundsen, *The South Pole: An Account of the Norwegian Antarctic Expedition in the "Fram," 1910-912*, p. vii.

177쪽 "멈춰!"("Halt!"): Roald Amundsen, *The South Pole: An Account of the Norwegian Antarctic Expedition in the "Fram," 1910-912*, p. 153.

177쪽 "최고의 친구들"("best friends."): Roald Amundsen, *The South Pole: An Account of the Norwegian Antarctic Expedition in the "Fram," 1910-912*, p. 154.

177쪽 "남극점, 1911년 12월 14일"("South Pole, December 14, 1911."): Roald Amundsen, *The South Pole: An Account of the Norwegian Antarctic Expedition in the "Fram," 1910-912*, p. 154.

178쪽 "행운을 빕니다. ⋯ 환영합니다."("Good luck ⋯ to 90°."): Roald Amundsen, *The South Pole: An Account of the Norwegian Antarctic Expedition in the "Fram," 1910-912*, p. 156.

179쪽 "[썰매를] 조정하는 작업이 예상보다 지체되고 있다."("the job ⋯ I expected."): Robert Scott, *Scott's Last Journey*, p. 147.

181쪽 "딱하게도 눈물을 흘렸다."("poor old Crean wept."): Robert Scott, *Scott's Last Journey*, p. 148.

181쪽 "최종적으로 ⋯ 더할 나위 없이 기쁘다."("I am one ⋯ to be true."): Crane, Scott of the Antarctic: A Life of Courage and Tragedy, 483.

182쪽 "기록 갱신."("RECORD."): Robert Scott, *Scott's Last Journey*, p. 150 note.

182쪽 "우리가 썰매를 ⋯ 여전히 몹시 무겁다."("I found ⋯ still awfully heavy."): Robert Scott, *Scott's Last Journey*, p. 150 note.

183쪽 "오츠는 우리보다 ⋯ 더 많이 느끼는 것 같다⋯⋯"("Oates seems ⋯ rest of us ⋯"): Robert Scott, *Scott's Last Journey*, p. 152.

183쪽 "끔찍하게도 행군은 날로 단조로워지고 있다."("The march is growing terribly monotonous,"): Robert Scott, *Scott's Last Journey*, p. 150 note.

183쪽 "제 할 일만 해낸다면 ⋯ 힘겨운 시간이기는 하다."("Our chance ⋯ trying time."): Robert Scott, *Scott's Last Journey*, p. 152.

183쪽 "지치지 않는 노력을 이어 갔다."("continued in his indefatigable efforts."): Robert Scott, *Scott's Last Journey*, p. 152.

184쪽 "노르웨이 국기를 … 지금 당장 끝을 보아야 한다."("appalling possibility … do it now."): Robert Scott, *Scott's Last Journey*, p. 152.

185쪽 "야영지의 자취 근처에 … 여러 마리의 개 발자국도 선명했다."("near by … many dogs."): Robert Scott, *Scott's Last Journey*, pp. 152-153.

185쪽 "위대하신 하나님! 그토록 고생을 하고도 선두를 빼앗기기에는 이곳은 너무나 끔찍하고 처참한 곳이 아닙니까."("Great God! … reward of priority."): Robert Scott, *Scott's Last Journey*, p. 153.

186쪽 "이제 집으로 … 해낼 수 있을지는 모르겠다."("Now for … do it."): Roland Huntford, *Race to the South Pole: The Expedition Diaries of Scott and Amundsen*, p. 248.

186쪽 "오츠의 발이 점점 차가워진다."("Oates gets cold feet,"): Robert Scott, *Scott's Last Journey*, p. 161.

187쪽 "아직 갈 길이 멀다. … 힘겨운 시간이 될 것이다."("a long way … tremendous labour."): Robert Scott, *Scott's Last Journey*, p. 162.

187쪽 "스스로에게 몹시 … 징조가 아니다."("He is very … good sign."): Robert Scott, *Scott's Last Journey*, pp. 163-164.

10장

188쪽 "바람이 텐트를 … 까먹는 셈이다."("I woke up … food and time."): Colin O'Brady, *Instagram* (Nov. 29, 2018), https://www.instagram.com/p/BqyMJxXlHyV/

188쪽 "다시 한번, 정말 힘든 … 상대해 보리라 작심했다."("Again another really challenging … obstacle course, blindfolded."): Louis Rudd, "Blindfolded (Log #12)," *Shackleton London* (Nov. 15, 2018), https://shackletonlondon.com/blogs/lou-s-journal/whiteout-log-12

189쪽 "나는 강하다. 나는 할 수 있다."("You are strong. You are capable."): Rich Roll, "Doing the Impossible with Colin O'Brady," *Rich Roll Podcast* (May 6, 2019), https://www.youtube.com/watch?v=10xhj49PUvo

190쪽 "높이 쌓인 푸석푸석한 눈 … 춤을 추고 미소 짓게"("loose and deep snow … dancing and smiling."): Colin O'Brady, *Instagram* (Nov. 19, 2018), https://www.instagram.com/p/BqYf-_UFDK_/

191쪽 "애초에는 그를 … 지레짐작했었습니다."("I had it … lead on him."): Adam Skolnick, "Reflections on Antarctica," *New York Times* (Jan. 18, 2019), https://www.nytimes.com/2019/01/18/sports/reflections-on-antarctica.html

191쪽 "눈발이 거세고 어두컴컴한"("thick and gloomy."): Louis Rudd, "Theils Corner (Log #17)," *Shackleton London* (Nov. 21, 2018), https://shackletonlondon.com/blogs/lou-s-journal/thiels-corner-log-17

192쪽 "정말 끔찍한 … 할 수 있을 거예요."("super-grim … daily routine."): Louis Rudd, "A

Good Day (Log #25)," *Shackleton London* (Nov. 29, 2018), https://shackletonlondon. com/blogs/lou-s-journal/a-good-day-log-25

192쪽 "밤새 눈이 … 아침까지도 그치지 않고 있다."("pretty much snowed … this morning."): Louis Rudd, "Trust in the GPS (Log #19)," *Shackleton London* (Nov. 23, 2018), https:// shackletonlondon.com/blogs/lou-s-journal/log-19

193쪽 "짐이 반으로 … 펄크는 너무나 가볍게 느껴졌다."("It was easy … felt fantastic."): Adam Skolnick, "Reflections on Antarctica," *New York Times* (Jan. 18, 2019), https:// www.nytimes.com/2019/01/18/sports/reflections-on-antarctica.html

194쪽 "내가 달려온 스키 자국이 보이지 않는다니, 믿기지 않는다."("I can't believe I can't see my tracks."): Adam Skolnick, "Reflections on Antarctica," *New York Times*(Jan. 18, 2019), https://www.nytimes.com/2019/01/18/sports/reflectionson-antarctica. html

194쪽 "죽느냐 사느냐 하는 문제"("a survival situation."): Adam Skolnick, "Reflections on Antarctica," *New York Times* (Jan. 18, 2019), https://www.nytimes.com/2019/01/18/ sports/reflections-on-antarctica.html

194쪽 "상황이 점점 … 구하러 와 줄 수 없다."("This is getting … these conditions."): Adam Skolnick, "Reflections on Antarctica," *New York Times* (Jan. 18, 2019), https://www. nytimes.com/2019/01/18/sports/reflectionson-antarctica.html

196쪽 "길 위에서 꼼짝달싹 못 했다."("stopped dead in [his] tracks."): Colin O'Brady, *Instagram* (Nov. 29, 2018), https://www.instagram.com/p/BqyMJxXlHyV/

196쪽 "가장 힘들고 답답했던 날"("the most challenging and frustrating day."): Colin O'Brady, *Instagram* (Nov. 29, 2018), https://www.instagram.com/p/BqyMJxXlHyV/

197쪽 "비둘기만 한 … 나에게 관심을 보였다."("pure white … as I was by it."): Louis Rudd, "The Bird (Log #29)," *Shackleton London* (Dec. 3, 2018), https://shackletonlondon. com/blogs/lou-sjournal/a-feathered-friend-log-29

198쪽 "내가 특별히 … 누구일지 분명히 알고 있다."("I'm not a … who It was."): Louis Rudd, "The Bird (Log #29)," *Shackleton London* (Dec. 3, 2018), https://shackletonlondon. com/blogs/lou-sjournal/a-feathered-friend-log-29

199쪽 "남생이 두 마리가 서로 경주하는 것과 같았다."("It's like two tortoises racing each other."): Rich Roll, "Doing the Impossible with Colin O'Brady," *Rich Roll Podcast* (May 6, 2019), https://www.youtube.com/watch?v=10xhj49PUvo

199-200쪽 "기본적인 오감을 … 매우 강하게 느낄 수 있다"("we possess … very strongly."): Colin O'Brady, "10 Days of Silence," *Colin O'Brady* (Feb. 22, 2017), https://www. colinobrady.com/blog/2018/2/20/blog-post-template-ef7ct

200쪽 "온몸의 감각을 총동원해서 이 순간을 기억하려"("committing all of the senses of that moment to memory."): Colin O'Brady, *Instagram* (Dec. 5, 2018), https://www. instagram.com/p/BrBymR2FUhM/

201쪽 "여보세요. … 기절할 지경이다."("Hello … stunned."): Rich Roll, "Doing the Impossible

with Colin O'Brady," *Rich Roll Podcast* (May 6, 2019), https://www.youtube.com/
watch?v=10xhj49PUvo

202쪽 "지구력 스포츠를 수행하는 캔버스"("canvas [as] endurance sport."): Colin O'Brady,
Instagram (Dec. 7, 2018), https://www.instagram.com/p/BrG8KSnlJlX/

203쪽 "햇빛이 쨍쨍한 … 제 뺨을 디고 흘렀지요."("it was this … down my face."): Rich
Roll, "Doing the Impossible with Colin O'Brady," *Rich Roll Podcast* (May 6, 2019),
https://www.youtube.com/watch?v=10xhj49PUvo

203쪽 "극점에 도착하면 … 내 인생 최고의 날 중 하나다."("I expected to … my entire
life."): Colin O'Brady, *Instagram* (Dec. 12, 2018), https://www.instagram.com/p/
BrT38WsnSi7/

203쪽 "전 세계에서 보내온 … 되돌려 드리고 싶습니다."("all of the love … back at
you."): Colin O'Brady, *Instagram* (Dec. 12, 2018), https://www.instagram.com/p/
BrT38WsnSi7/

205쪽 "정말 신나는 일이었습니다. 마치 성탄절을 맞은 것처럼요."("really exciting—ort of
like Christmas."): Louis Rudd, "The Trudge (Log #39), *Shackleton London* (Dec. 13,
2018), https://shackletonlondon.com/blogs/lou-s-journal/the-trudge-log-38

206쪽 "역사적인 날! … 유명 인사가 된 것 같은 기분이 들었다."("Absolutely epic day …
quite a celebrity."): Louis Rudd, "The South Pole (Log #40)," *Shackleton London* (Dec.
14, 2018), https://shackletonlondon.com/blogs/lou-s-journal/the-south-pole-log-40

207쪽 "내 몸을 보고 있는데 … 팔에 걸쳐져 있더라고."("I'm looking down … on my
arm."): Larry Getlen, "How Colin O'Brady Crossed the World's Most Unforgiving
Place in 54 Days, *New York Post* (Feb. 22, 2020), https://www.nytimes.com/
interactive/2018/12/18/sports/antarctica-race-tracker-map.html

11장

210쪽 "오늘은 행군을 시작하기 전에 … 잔소리를 했을 것이다."("Before we began … serviceable
costume."): Roald Amundsen, *The South Pole: An Account of the Norwegian
Antarctic Expedition in the "Fram," 1910-912*, p. 161.

210쪽 "남은 물품이 … 걱정된다."("I wonder … the season."): Robert Scott, *Scott's Last
Journey*, p. 169.

212쪽 "믿기 어려운 행운 … 빠져나올 수 있었다."("With incredible luck … dangerous
places."): Roald Amundsen, *The South Pole: An Account of the Norwegian Antarctic
Expedition in the "Fram," 1910-912*, p. 160.

212쪽 "거기에 멈춰 서서 다소 강하게 불만을 표시했다."("stood there expressing our
annoyance rather forcibly."): Roald Amundsen, *The South Pole: An Account of the
Norwegian Antarctic Expedition in the "Fram," 1910-912*, p. 160.

212-213쪽 "날씨가 … 가장 밝고 맑은 날씨"("the weather … clearest weather."): Roald Amundsen, *The South Pole: An Account of the Norwegian Antarctic Expedition in the "Fram," 1910-912*, p. 159.

213쪽 "내 평생 … 기꺼이 했을 것이다."("I would readily … in my life."): Roald Amundsen, *The South Pole: An Account of the Norwegian Antarctic Expedition in the "Fram," 1910-912*, p. 161.

214쪽 "보관된 식량을 … 매우 절실했다."("it was not … the Barrier again."): Roald Amundsen, *The South Pole: An Account of the Norwegian Antarctic Expedition in the "Fram," 1910-912*, p. 162.

214쪽 "찾았다. … 내 목을 내놓겠습니다."("Hullo! … by the depot."): Roald Amundsen, *The South Pole: An Account of the Norwegian Antarctic Expedition in the "Fram," 1910-912*, p. 161.

215쪽 "오히려 놀란 것 같았다."("rather surprised,"): Roald Amundsen, *The South Pole: An Account of the Norwegian Antarctic Expedition in the "Fram," 1910-912*, p. 162.

216쪽 "속도가 너무 빨라서 … 제동장치를 넣어야 했다."("the pace became … the sledges."): Roald Amundsen, *The South Pole: An Account of the Norwegian Antarctic Expedition in the "Fram," 1910-912*, p. 162.

216쪽 "숨쉬기가 … 편안하게 숨을 쉴 수 있다."("I could notice … easily and pleasantly."): Roald Amundsen, *The South Pole: An Account of the Norwegian Antarctic Expedition in the "Fram," 1910-912*, p. 162.

217쪽 "말할 수 없이 놀랐다. … 우리에겐 무척 소중한 메시지였다."("to our unspeakable astonishment … dear to us."): Roald Amundsen, *The South Pole: An Account of the Norwegian Antarctic Expedition in the "Fram," 1910-912*, p. 164.

218쪽 "극점은요? … 그래도 역시 집이 최고군."("What about the Pole? … better at home."): Roald Amundsen, *The South Pole: An Account of the Norwegian Antarctic Expedition in the "Fram," 1910-912*, p. 167.

218쪽 "우리 텐트 안에서 병자가 하나 더 늘었다."("another sick person added to our tent."): Roland Huntford, *Race to the South Pole: The Expedition Diaries of Scott and Amundsen*, p. 269.

219쪽 "48일 째 … 날씨는 불확실하다."("forty-eight days … weather uncertain."): Roland Huntford, *Race to the South Pole: The Expedition Diaries of Scott and Amundsen*, p. 272.

221쪽 "마음이 몹시 힘든 날"("wretched day."): Roland Huntford, *Race to the South Pole: The Expedition Diaries of Scott and Amundsen*, p. 272.

221쪽 "먼바다 항해를 마치고 해변으로 … 너무나 흥미로웠기 때문에"("it is like going ashore … so interesting."): Roland Huntford, *Race to the South Pole: The Expedition Diaries of Scott and Amundsen*, p. 273.

221쪽 "내일 날씨가 … 식량을 다시 줄여야 한다."("if this weather … reduce food."): Robert

Scott, *Scott's Last Journey*, p. 166.

221-222쪽 "여태껏 내가 보아 온 최악의 얼음 … 가로질러 가기 어려운 거대한 틈들이었다."("the worst ice … difficult to cross."): Robert Scott, *Scott's Last Journey*, p. 166.

222쪽 "서둘러 이동해야 했다. … 매우 중대한 상황"("we cannot … critical situation."): Robert Scott, *Scott's Last Journey*, p. 167.

222쪽 "지금은 에번스가 … 징후를 보이고 있다."("Evans is … being played out."): Robert Scott, *Scott's Last Journey*, p. 164.

222쪽 "에번스는 … 점점 나빠지고 있다."("Evans … is going steadily downhill."): Robert Scott, *Scott's Last Journey*, p. 165.

223쪽 "에번스는 … 우리를 매우 불안하게 만들고 있다."("Evans … is giving us serious anxiety."): Roland Huntford, *Race to the South Pole: The Expedition Diaries of Scott and Amundsen*, p. 278.

223쪽 "에번스는 기력이 없어서 텐트를 설치하는 일조차 돕지 못했다."("Evans has no power to assist with camping work."): Robert Scott, *Scott's Last Journey*, p. 167 note.

223쪽 "옷을 풀어헤치고 … 완전히 무너진 상태였다."("on his knees … complete collapse."): Robert Scott, *Scott's Last Journey*, p. 168.

224쪽 "이런 식으로 동료를 잃는다는 … 얼마나 절망적이었던가."("it is a terrible thing … so far from home."): Robert Scott, *Scott's Last Journey*, p. 168.

225쪽 "우리가 행군을 … 이어질"("continue a … marches up."): Roland Huntford, *Race to the South Pole: The Expedition Diaries of Scott and Amundsen*, p. 280.

225쪽 "우리가 … 중요해졌다."("Things must … the [next] depot."): David Crane, *Scott of the Antarctic: A Life of Courage and Tragedy*, 499.

225-226쪽 "물품이 매우 부족한 … 힘겹게 이동했다."("most rigid economy … the next depot."): Roland Huntford, *Race to the South Pole: The Expedition Diaries of Scott and Amundsen*, p. 287.

226쪽 "까칠까칠한 서리로 뒤덮였다."("covered with sandy frostrime."): Roland Huntford, *Race to the South Pole: The Expedition Diaries of Scott and Amundsen*, p. 288.

226쪽 "하나님 우리를 … 짐작만 할 뿐입니다."("God help us … can only guess."): Robert Scott, *Scott's Last Journey*, p. 169 note.

226쪽 "불행은 혼자 … 매우 심각해질"("misfortunes rarely … very bad indeed."): Robert Scott, *Scott's Last Journey*, p. 169.

227쪽 "발 때문에 고통이… 점점 더 말수가 줄어들었다."("is wonderfully plucky … silent in the tent."): Robert Scott, *Scott's Last Journey*, p. 170 note.

227쪽 "가엾은 오츠에게 위기가 다가왔음을 느낄 수 있다."("One feels that for poor Oates the crisis is near."): Robert Scott, *Scott's Last Journey*, p. 171.

227쪽 "우리가 견뎌 낼 수 있을지 … 보급품은 여전히 부족했다."("I doubt whether … allowance all round."): Robert Scott, *Scott's Last Journey*, p. 171.

228쪽 "타이터스 오츠, 그는 오늘내일하고 있다."("Titus Oates … the end."): Robert Scott,

Scott's Last Journey, p. 171.

228쪽 "밖에 좀 나갔다가 올게요. 시간이 조금 걸릴지도 모르겠습니다."("I'm just going outside and may be some time."): Robert Scott, *Scott's Last Journey*, p. 173.

229쪽 "안타깝지만 … 우리 대원들을 살펴 주소서."("It seems a pity … our people."): Robert Scott, *Scott's Last Journey*, p. 176.

12장

230쪽 "섬뜩한 사실은 … 팔뚝하고 비슷해요."("But the hairy … arms at this point."): Colin O'Brady, *Instagram* (Dec. 16, 2018), https://www.instagram.com/p/BreFs1clU_r/

230쪽 "맙소사, … 벌써 10kg 넘게 감량한 것 같습니다."("And my God, … over 10kgs already."): Louis Rudd, "North (Log #42)," *Shackleton London* (Dec. 16, 2018), https://shackletonlondon.com/blogs/lou-s-journal/north

232쪽 "1칼로리도 소중합니다."("Every calorie is precious."): Colin O'Brady, *Instagram* (Dec. 16, 2018), https://www.instagram.com/p/BreFs1clU_r/

233쪽 "내 머릿속의 목소리가 … 갈피를 못 잡고 있다."("the voice in … ripping me apart."): Colin O'Brady, *Instagram* (Dec. 19, 2018), https://www.instagram.com/p/Brl06yYF54E/

233쪽 "내 마음속에서 … 마음을 다잡고"("calmed the storm … personal demons."): Colin O'Brady, *Instagram* (Dec. 19, 2018), https://www.instagram.com/p/Brl06yYF54E/

234쪽 "바람이 끊임없이 시속 56km 속도로 불고 있다. 돌풍이 불 때는 시속 88km를 넘는다."("blowing consistently 35 mph, with gusts over 55 mph."): Colin O'Brady, *Instagram* (Dec. 20, 2018), https://www.instagram.com/p/BroSy6OlyWe/

234쪽 "다리가 부러지고, 스키는 망가졌을 테지요. 사스트루기 폭풍 한가운데서요."("broken leg, broken ski, in a sastrugi storm."): Rich Roll, "Doing the Impossible with Colin O'Brady," *Rich Roll Podcast* (May 6, 2019), https://www.youtube.com/watch?v=10xhj49PUvo

235쪽 "눈 폭풍 속에서 스킨을 다시 부착하기란 불가능했다."("impossibly hard to reattach in the storm."): Rich Roll, "Doing the Impossible with Colin O'Brady," *Rich Roll Podcast* (May 6, 2019), https://www.youtube.com/watch?v=10xhj49PUvo

235쪽 "이 또한 지나가리라."("This too shall pass."): Colin O'Brady, *Instagram* (Dec. 19, 2018), https://www.instagram.com/p/Brl06yYF54E/

235쪽 "네가 자아의 신화를 … 시험받게 될 테지."("On your quest … be at peace."): Rich Roll, "Doing the Impossible with Colin O'Brady," *Rich Roll Podcast* (May 6, 2019), https://www.youtube.com/watch?v=10xhj49PUvo

237쪽 "화가 에셔가 그린 … 갇힌 기분이 들었다."("stuck in an … never ending staircase."): Colin O'Brady, *Instagram* (Dec. 24, 2018), https://www.instagram.com/p/BryyJbUldwu/

237쪽 "사람들은 보통 하루에 160km까지 달린다."("People run 100 miles all the time,"): Adam Skolnick, "Colin O'Brady Completes Crossing of Antarctica with Final 32-Hour

Push," *New York Times* (Dec. 26, 2018), https://www.nytimes.com/2018/12/26/sports/antarcticarace-colin-obrady.html

237쪽 "나는 그저 … 완전한 침묵 속에 있었다."("I just locked … in complete silence."): Rich Roll, "Doing the Impossible with Colin O'Brady," *Rich Roll Podcast* (May 6, 2019), https://www.youtube.com/watch?v=10xhj49PUvo

239쪽 "우리 가족은 … 십분 전달했지요."("We had an open … he totally delivered."): Adam Skolnick, "Colin O'Brady Completes Crossing of Antarctica with Final 32-Hour Push," *New York Times* (Dec. 26, 2018), https://www.nytimes.com/2018/12/26/sports/antarcticarace-colin-obrady.html

239쪽 "살면서 평생 동안 … 그 경험대로 살아라."("I was aware … live the experience."): Adam Skolnick, "Colin O'Brady Completes Crossing of Antarctica With Final 32-Hour Push," *New York Times* (Dec. 26, 2018), https://www.nytimes.com/2018/12/26/sports/antarcticarace-colin-obrady.html

239쪽 "해냈어! … 안 되는 건가?"("I did it! … not working?"): Rose Minutaglio, "Inside Colin O'Brady's History-Making Solo Trek Across Antarctica," *Esquire* (Jan. 24, 2019), https://www.esquire.com/newspolitics/a25922112/colin-obradyantarctica-solo-trek-inside/

241쪽 "어쩜, 입에서 피가 … 맛보고 있는 걸요!"("Oh, you're bleeding … been skiing along!"): Louis Rudd, "North (Log #42)," *Shackleton London* (Dec. 16, 2018), https://shackletonlondon.com/blogs/lou-s-journal/north

241-242쪽 "[하루 중] 처음 … 통증이 유발되는 것 같아요."("I noticed that … trigger the pain."): Louis Rudd, "Beware the Fruit Pastille (Log #45)," *Shackleton London* (Dec. 19, 2018), https://shackletonlondon.com/blogs/lou-s-journal/beware-the-fruit-pastille-log-45

242쪽 "욱신욱신했고 … 한 시간 동안 통증에"("throbbed … for an hour."): Louis Rudd, "Beware the Fruit Pastille (Log #45)," *Shackleton London* (Dec. 19, 2018), https://shackletonlondon.com/blogs/lou-s-journal/beware-the-fruit-pastille-log-45

242쪽 "고름과 피 덩어리"("a mass of pus and blood."): Louis Rudd, "20-Day Plan (Log #41)," *Shackleton London* (Dec. 15, 2018), https://shackletonlondon.com/blogs/lou-s-journal/20-day-plan-log-41

242쪽 "그러니 과일맛 젤리는 이제 안녕!"("So the fruit pastilles are gone!"): Louis Rudd, "Beware the Fruit Pastille (Log #45)," *Shackleton London* (Dec. 19, 2018), https://shackletonlondon.com/blogs/lou-s-journal/beware-the-fruit-pastille-log-45

242쪽 "밤새 내내 … 갈가리 찢기는 듯했다."("All through the night … going ten to the dozen."): Louis Rudd, "Into the Whiteout (Log #46)," *Shackleton London* (Dec. 20, 2018), https://shackletonlondon.com/blogs/lou-s-journal/into-the-whiteout-log-46

242-243쪽 "예보를 보고 … 갈팡질팡했다."("I knew the … to go for it."): Louis Rudd, "Into the Whiteout (Log #46)," *Shackleton London* (Dec. 20, 2018), https://

shackletonlondon.com/blogs/lou-s-journal/into-the-whiteout-log-46

243-244쪽 "그야말로 모든 걸 … 더 걸어야 했다."("it was still … put the tent up."): Louis Rudd, "Into the Whiteout (Log #46)," *Shackleton London* (Dec. 20, 2018), https://shackletonlondon.com/blogs/lou-s-journal/into-the-whiteout-log-46

244쪽 "여기서 텐트가 찢기거나 … 상황에 처하게 된다."("If you rip … these conditions."): Louis Rudd, "Into the Whiteout (Log #46)," *Shackleton London* (Dec. 20, 2018), https://shackletonlondon.com/blogs/lou-s-journal/into-the-whiteout-log-46

245쪽 "매우 체계적으로"("really methodical,"): Louis Rudd, "Into the Whiteout (Log #46)," *Shackleton London* (Dec. 20, 2018), https://shackletonlondon.com/blogs/lou-s-journal/into-the-whiteout-log-46

245쪽 "여건을 감안하면 매우 훌륭하다"("Great considering the conditions."): Louis Rudd, "Into the Whiteout (Log #46)," *Shackleton London*(Dec. 20, 2018), https://shackletonlondon.com/blogs/lou-s-journal/into-the-whiteout-log-46

245쪽 "오늘처럼 바람이 … 어쩌다 노출이 되면 정말이지 불쾌하지요."("On days like … unpleasant start to the day."): Louis Rudd, "Into the Whiteout (Log #46)," *Shackleton London* (Dec. 20, 2018), https://shackletonlondon.com/blogs/lou-s-journal/into-the-whiteout-log-46

246쪽 "현재 허리 사이즈가 … 덜 흘러내려요."("I reckon I've … so they stay up."): Louis Rudd, "Furthest in 3000 Miles (Log #47)," *Shackleton London* (Dec. 21, 2018), https://shackletonlondon.com/blogs/lou-s-journal/furthest-in-3000-miles-log-47

246쪽 "신선한 음식 … 정말 그리워요."("fresh food … I'm really missing."): Louis Rudd, "Dreaming of Food (Log #49)," *Shackleton London* (Dec. 23, 2018), https://shackletonlondon.com/blogs/lou-s-journal/dreaming-of-food-log-49

246쪽 "평소와는 다소 달라 보이는 … 무척 감동적"("low cloud on … a hugely emotional moment."): Louis Rudd, "Carrying Henry's Flag (Log #50)," *Shackleton London* (Dec. 24, 2018), https://shackletonlondon.com/blogs/lou-s-journal/henrys-flag-log-50

247쪽 "이번에는 이 깃발을 … 정말 중요합니다."("It's really important … And it will."): Louis Rudd, "Carrying Henry's Flag (Log #50)," *Shackleton London* (Dec. 24, 2018), https://shackletonlondon.com/blogs/lou-s-journal/henrys-flag-log-50

247쪽 "끝의 시작"("the beginning of the end."): Louis Rudd, "Carrying Henry's Flag (Log #50)," *Shackleton London* (Dec. 24, 2018), https://shackletonlondon.com/blogs/lou-s-journal/henrys-flag-log-50

248쪽 "멋지다. 콜린이 정말 잘해냈다."("Fantastic. Well done to him."): Louis Rudd, "Skiing Down Leverett (Log #53)," *Shackleton London* (Dec. 27, 2018), https://shackletonlondon.com/blogs/lou-s-journal/skiing-down-leverett-log-53

248쪽 "나는 … 의식한 적도 없고."("For me … in race mode."): Louis Rudd, "Skiing Down Leverett (Log #53)," *Shackleton London* (Dec. 27, 2018), https://shackletonlondon.com/blogs/lou-s-journal/skiing-down-leverett-log-53

248-249쪽 "내가 이룬 일 … 여기기를 바라며"("Hopefully I've done … to the far side."):
Louis Rudd, "The Finish (Part One—Log #55)," *Shackleton London* (Dec. 29, 2018),
https://shackletonlondon.com/blogs/lou-s-journal/the-finish-log-55

에필로그

250쪽 "목표를 달성했고 … 뒤바뀐 인생을 상상할 수 있을까?"("The goal was … topsy-
turvy be imagined?"): Roald Amundsen, *The South Pole: An Account of the
Norwegian Antarctic Expedition in the "Fram," 1910-912*, p. 153.

250쪽 "우리는 모두 쇠약하고 … 이야깃거리가 무척 많습니다."("We are weak … the heart
of every Englishman." Robert Scott, *Scott's Last Journey*, pp. 179-180.

251-252쪽 "우리가 지금 향하고 있는 … 편안했던 집"("on the way to … comfortable home
it was."): Roald Amundsen, *The South Pole: An Account of the Norwegian Antarctic
Expedition in the "Fram," 1910-912*, p. 168.

253쪽 "일행이 아닌 … 긍정적인 시작이었다."("One positively started … new human
voice."): Roald Amundsen, *The South Pole: An Account of the Norwegian Antarctic
Expedition in the "Fram," 1910-912*, p. 174.

253쪽 "물과 가까이 닿은 증거가 명백하게 보였다."("showed unmistakable signs … contact
with water."): Roald Amundsen, *The South Pole: An Account of the Norwegian
Antarctic Expedition in the "Fram," 1910-912*, p. 174.

254쪽 "네 명의 대원, 18마리의 개와 함께 남극점을 향해 질주한 아문센 선장의 이야
기 전모"("Capt. Amundsen's Full Story of His Dash to the South Pole with Four
of His Men and 18 Dogs."): Roald Amundsen, "Crosses Ice Barrier and Reaches
the Goal in Fifty-five Days.; AT POLE DEC. 14, 3 P.M." *New York Times* (March 9,
1912), https://timesmachine.nytimes.com/timesmachine/1912/03/09/104893405.
html?pageNumber=1

255쪽 "아문센, 스콧에 관해서는 아무것도 모른다."("Amundsen Knows Nothing of Scott."):
Baker, "Amundsen Knows Nothing of Scott," *New York Times* (March 9, 1912),
http://timesmachine.nytimes.com/timesmachine/1912/03/09/104893405.html?
pageNumber=1

257쪽 "두려운 하루였다는 말로도 표현이 안 된다."("To say it … cannot express it."):
Apsley Cherry-Garrard, *The Worst Journey in the World*, p. 468.

257쪽 "그제서야 … 강인한 사람이었는지를 깨달았다."("we never realized … physically,
until now."): Apsley Cherry-Garrard, *The Worst Journey in the World*, p. 470.

258쪽 "대원들은 아문센이 이미 극점에 … 아무려면 어쩌나 싶었다."("learnt that Amundsen
… no importance whatever."): Apsley Cherry-Garrard, *The Worst Journey in the
World*, p. 470.

259쪽 "대담한 영국인 대원들의 … 아는 이가 없기 때문이다."("nobody could hold … dangers of the trip."): Roald Amundsen, *My Life as an Explorer*, 71.

260쪽 "위대한 업적을 이룬다는, 아니면 조국을 위한다는 명분에 목숨을 바칠 가치가 있을까?" 그가 아는 한, 스콧이라면 "위업이었기에 … 분명 하나 더 있었다. 그것은 지식이었다."("Is life worth risking for a feat, or losing for your country?" Cherry-Garrard answered as he knew Scott must have: "To face a thing … an additional object— knowledge."): Apsley Cherry-Garrard, *The Worst Journey in the World*, p. 562.

261쪽 "부수적인 성과 … 외려 예의의 표시였다."("side-issue … in the slightest degree."): Roald Amundsen, *The South Pole: An Account of the Norwegian Antarctic Expedition in the "Fram," 1910-912*, p. 22.

에필로그

264쪽 "이번 남극 탐험은 … 가장 자랑스러운 성취였습니다."("This has been … my proudest accomplishment."): Colin O'Brady, *Instagram* (Dec. 30, 2018), https://www.instagram.com/p/BsCcCSmFD6K/

264쪽 "하지만 우리가 이룬 … 충분히 만족합니다."("But what we … I'll be happy."): Louis Rudd, "Post-Expedition Reflection," *Louis Rudd MBE* (Jan. 14, 2019), https://lourudd.com/2019/01/14/post-expedition-reflection/

265쪽 "완주했다는 것은 우리 두 사람에게 일어난 작은 기적"("a minor miracle that both of us have completed."): Louis Rudd, "For the Final Time … Onwards (Log #54)," *Shackleton London* (Dec. 28, 2018), https://shackletonlondon.com/blogs/lou-s-journal/for-the-final-time-onwards-log-54

265쪽 "먹을거리가 거의 다 떨어졌다."("my personal food was more or less gone."): Adam Skolnick, "Reflections on Antarctica," *New York Times* (Jan. 18, 2019), https://www.nytimes.com/2019/01/18/sports/reflectionson-antarctica.html

266쪽 "벤 축하해요!"("Congratulations, Ben!"): Tim Neville, "Colin O'Brady Wants to Tell You a Story," *Outside Online* (Aug. 15, 2019), https://www.outsideonline.com/2400795/colin-obrady-profile-antarctica

266쪽 "트윈오터 비행기가 … 내심 기대하고"("half expecting … there waiting."): Adam Skolnick, "Reflections on Antarctica," *New York Times* (Jan. 18, 2019), https://www.nytimes.com/2019/01/18/sports/reflectionson-antarctica.html

266쪽 "구름을 뚫고 … 옆에 착륙했다."("popped through … Ross Ice Shelf."): Colin O'Brady, *Instagram* (Dec. 30, 2018), https://www.instagram.com/p/ BsCcCSmFD6K/

267쪽 "안티클라이맥스"("anti-climax."): Louis Rudd, "Post- Expedition Reflection," *Louis Rudd MBE* (Jan. 14, 2019), https://lourudd.com/2019/01/14/post-expedition-reflection/

267쪽 "모험이 끝을 향해 ··· 슬퍼지기 시작했다."("underlying sadness ··· to a close."): Colin O'Brady, *Instagram* (Dec. 30, 2018), https://www.instagram.com/p/BsCcCSmFD6K/

270쪽 "쏟아지는 엄청난 관심에 어질어질할 정도였다."("I've been staggered ··· interest it's generated,"): Louis Rudd, "Post-Expedition Reflection," *Louis Rudd MBE* (Jan. 14, 2019), https://lourudd.com/2019/01/14/post-expedition-reflection/

270쪽 "아내는 제가 ··· 마칠 수 없었을 것입니다."("she gave me ··· without it."): Howard Calvert, "This guy just became the first person to cross Antarctica solo and unaided," *Red Bull* (Feb. 4, 2019), https://www.redbull.com/gb-en/howcolin-o-brady-became-first-personto-cross-antarctica-solo

271쪽 "그렇죠. 먼저 결승점에 도달한다면 좋은 일이겠죠."("Yes, it ··· finish first."): Louis Rudd, "Post-Expedition Reflection," *Louis Rudd MBE* (Jan. 14, 2019), https://lourudd.com/2019/01/14/post-expedition-reflection/

271쪽 "중요한 것은 여행, 그 자체입니다."("It's all about the journey."): Adam Skolnick, "Louis Rudd Completes His Trek Across Antarctica 2 Days Behind Colin O'Brady," *New York Times* (Dec. 28, 2018), https://www.nytimes.com/2018/12/28/sports/louis-ruddantarctica-colin-obrady.html

274쪽 "차들이 자주 오고 가면서 ··· 생각하지 않습니다!"("it's a churned up ··· deal breaker!"): Louis Rudd, "Post-Expedition Reflection," *Louis Rudd MBE* (Jan. 14, 2019), https://lourudd.com/2019/01/14/post-expedition-reflection/

275쪽 "불가능한 것도 아니고 최초도 아니다."("not impossible, and it's not the first."): Davey Braun, "Alone Across Antarctica Part 3: Nowhere to Hide—Børge Ousland's World Record Legacy," *Outdoor Journal* (July 17, 2019), https://www.outdoorjournal.com/featured/athletes-and-explorers/borge-ousland-antarctica-legacy/

275쪽 "내게 특별한 영감을 주었다."("exceptionally inspirational to me."): Rich Roll, "Doing the Impossible with Colin O'Brady," *Rich Roll Podcast* (May 6, 2019), https://www.youtube.com/watch?v=10xhj49PUvo

275쪽 "사과와 오렌지를 비교하는 ··· 전혀 다른 것이다."("like comparing apples ··· across an ocean."): Mark Synnott, "Free Solo Across Antarctica," *National Geographic* (Nov. 2, 2018), https://www.nationalgeographic.com/adventure/2018/11/antarctica-solo-unaided-cross-skiattempt-colin-obrady/

275쪽 "그저 웃고 넘어가지요."("I just smile and move on."): Davey Braun, "Alone Across Antarctica Part 1: Unbreakable Colin O'Brady Achieves the Impossible Once Again," *The Outdoor Journal* (July 10, 2019), https://www.outdoorjournal.com/featured/unbreakable-colin-obrady-antarcticaworld-record/

276쪽 "그렇게 하지는 못했을 ··· 경의를 표해야 합니다."("probably couldn't do ··· performance athlete."): Davey Braun, "Alone Across Antarctica Part 2: Captain Louis Rudd—For the Love of the Journey," *The Outdoor Journal* (July 15, 2019), https://www.outdoorjournal.com/ featured/athletes-and-explorers/captain-louis-ruddantactica-crossing/

276쪽 "단지 시간문제일 뿐입니다."("It's just a matter of time."): Louis Rudd, "Post-Expedition Reflection," *Louis Rudd MBE* (Jan. 14, 2019), https://lourudd.com/2019/01/14/post-expedition-reflection/

277쪽 "취미 활동"("a hobby."): Louis Rudd, "Post- Expedition Reflection," *Louis Rudd MBE* (Jan. 14, 2019), https://lourudd.com/2019/01/14/post-expedition-reflection/

278쪽 "앞으로"("Onwards."): Louis Rudd, expedition blogs, *Shackleton London*, https://shackletonlondon.com/blogs/lou-s-journal

"1st Explorer to Trek Antarctica Solo and Unassisted Shares Story." *TODAY.com*. Accessed March 20, 2019. https://www.today.com/video/1st-explorer-to-trek-antarctica-solo-and-unassisted-shares-story-1423322691608.

"10 Things to Know about the Ilyushin IL-76 TD | ALE." *Antarctic Logistics & Expeditions*, April 13, 2016, https://antarctic-logistics.com/2016/04/13/10-things-to-know-about-the-ilyushin-76td/.

"A Pioneer's Pulk (Lou Rudd Interview)." *Shackleton London*. Accessed February 26, 2019. https://shackletonlondon.com/blogs/blog/a-pioneer-s-pulk-what-did-lou-rudd-haul-across-antarctica.

All About Sea Ice | National Snow and Ice Data Center. Accessed March 14, 2019. https://nsidc.org/cryosphere/seaice/index.html.

Allen, Andrew, and Jack Hudson. "Chasing Shackleton." *Shackleton London*, October 3, 2018, https://shackletonlondon.com/blogs/pre-expedition/chasing-shackleton.

Amundsen, Roald. "Crosses Ice Barrier and Reaches the Goal in Fifty-Five Days.; AT POLE DEC. 14, 3 P.M." *The New York Times*, March 9, 1912, 1-3.

_____. *My Life as an Explorer*. 1st ed., Doubleday, Page & Company, 1927.

_____. *The South Pole: An Account of the Norwegian Antarctic Expedition in the "Fram," 1910-912*. Pantianos Classics, 1913.

_____. *To the North Magnetic Pole and Through the Northwest Passage*. Shorey's Bookstore, 1967.

"AntarcticDEM Explorer." *ESRI*. Accessed December 19, 2019. https://livingatlas2.arcgis.com/antarcticdemexplorer/.

Baker. "Amundsen Knows Nothing of Scott." *New York Times*, March 9, 1912, p. 1.

BBC—History—Scott of the Antarctic. Accessed December 1, 2018. http://www.bbc.co.uk/history/historic_figures/scott_of_antarctic.shtml.

Beresini, Erin. "Colin O'Brady Profile and Feature from the Fall 2016 *USA Triathlon Magazine*." *Team USA*. Accessed September 9, 2019. https://www.teamusa.org:443/USA-Triathlon/About/USAT/Magazine/Colin-OBrady-Fall-2016.

"Borchgrevink Hut Cape Adare." *Antarctic Heritage*. Accessed February 28, 2019. https://www.nzaht.org/explorer-bases/borchgrevink-hut-cape-adare.

Brangham, William. "How Colin O'Brady Mentally Prepared for His Antarctic Feat." *PBS*

NewsHour, January 17, 2019. https://www.pbs.org/newshour/show/how-colin-obrady-mentally-prepared-for-his-antarctic-feat.

Braun, Davey. "Alone Across Antarctica Part 1: Unbreakable Colin O'Brady Achieves the Impossible Once Again." *The Outdoor Journal*, July 10, 2019. https://www.outdoorjournal.com/featured/unbreakable-colin-obrady-antarctica-world-record/.

————. "Alone Across Antarctica Part 2: Captain Louis Rudd—or the Love of the Journey." *The Outdoor Journal*, July 15, 2019. https://www.outdoorjournal.com/featured/athletes-and-explorers/captain-louis-rudd-antarctica-crossing/.

————. "Alone Across Antarctica Part 3: Nowhere to Hide—ørge Ousland's World Record Legacy." *The Outdoor Journal*, July 17, 2019. https://www.outdoorjournal.com/featured/athletes-and-explorers/borge-ousland-antarctica-legacy/.

————. "Alone Across Antarctica Part 4: Mike Horn's Race Against Time." *The Outdoor Journal*, July 22, 2019. https://www.outdoorjournal.com/featured/athletes-and-explorers/mike-horn-antarctica-record/.

————. "Alone Across Antarctica Part 5: The Impossible Truth on Antarctica." *The Outdoor Journal*, July 25, 2019. https://www.outdoorjournal.com/featured/athletes-and-explorers/obrady-impossible-truth-world-record-antarctica/.

————. "Introducing Alone Across Antarctica: The Full Story and Controversy." *The Outdoor Journal*, July 8, 2019. https://www.outdoorjournal.com/featured/alone-across-antarctica-controversy/.

Brueck, Hilary. "The 33-year-old who just became the first person to cross Antarctica alone says 2 simple mantras were crucial to his success." *Business Insider*, January 20, 2019. https://www.businessinsider.com/why-colin-obrady-crossed-antarctica-fire-burns-2019-1.

————. "We Tried the 1,250-Calorie Survival Bar That Powered Colin O'Brady's Record-Shattering 932-Mile Solo Journey Across Antarctica." *Business Insider*, January 12, 2019. https://www.businessinsider.com/colin-obrady-1250-calorie-energy-bar-antarctica-taste-test-2019-1.

————. "Solo Trek across Antarctica: Will Colin O'Brady Be First to Survive?" *Business Insider*, 2018, https://www.businessinsider.com/solo-trek-across-antarctica-colin-obrady-2018-11.

"Captain Lou Rudd MBE Set to Capture the Spirit of Endurance." *The Soldiers' Charity*, October 18, 2018. https://soldierscharity.org/captain-lou-rudd-set-to-capture-the-spirit-of-endurance/.

CBS This Morning. *Lou Rudd on the Songs That Got Him through Solo Antarctica Trek. YouTube*. Accessed March 5, 2019. https://www.youtube.com/watch?v=CTqSOywdGI4.

Cherry-Garrard, Apsley. *The Worst Journey in the World: With Scott in Antarctica 1910-*

1913. Penguin Books, 2013.

Craig. "Is the BBC Biased?: Rudd of the Antarctic." *Is the BBC Biased?*, January 2, 2017. http://isthebbcbiased.blogspot.com/2017/01/rudd-of-antarctic.html.

Crane, David. *Scott of the Antarctic: A Life of Courage and Tragedy*. Vintage Books, 2007.

Crofts, Cassie. "How The Race to the South Pole Went Down." *National Geographic*, December 14, 2016. https://www.nationalgeographic.com.au/history/the-race-to-the-south-pole.aspx.

Diagram of Amundsen and Scott's Polar Expeditions. February 24, 2015, https://bureau.ru/en/projects/amundsen-and-scott/.

Edward Adrian Wilson (1872-1912)—Biographical Notes. Accessed May 1, 2019. https://www.coolantarctica.com/Antarctica%20fact%20file/History/biography/Wilson-Edward-Adrian.php.

"Expedition Overview (Spirit of Endurance)." *Shackleton London*. Accessed March 4, 2019. https://shackletonlondon.com/blogs/lou-s-journal/spirit-of-endurance-lou-rudd-antarctic-journey.

Fallon, Sarah. "People Cross Antarctica All the Time. It's Still Crazy Hard." *Wired*, Feb. 2016. www.wired.com, https://www.wired.com/2016/02/people-cross-antarctica-all-the-time-its-still-crazy-hard/.

Farley, Adam. "High Endurance." *Irish America*, August 10, 2016. https://irishamerica.com/2016/08/high-endurance/.

Fiddes, Archie. "Louis Rudd Solo Traverses Antarctica." *Shackleton London*, January 8, 2019. https://shackletonlondon.com/blogs/expedition-support-meet-our-record-breakers/spirit-of-endurance-lou-rudd-antarctic-journey.

Fiennes, Sir Ranulph. *Race to the Pole: Tragedy, Heroism, and Scott's Antarctic Quest*. Hyperion, 2004.

Fram Museum—Fram Museum. Accessed June 3, 2019. https://web.archive.org/web/20110724175458/http://www.frammuseum.no/Polar-Heroes/Heroes/Sverre-Hassel.aspx.

Gade, Herman G. "Bjørn Helland-Hansen." *Norsk Biografisk Leksikon*, September 28, 2014. Store norske leksikon, http://nbl.snl.no/Bj%C3%B8rn_Helland-Hansen.

Gervais, Michael. "Colin O'Brady: Explorers Grand Slam | Finding Mastery Podcast." *Finding Mastery*, July 20, 2016. https://findingmastery.net/colin-obrady/.

Getlen, Larry. "How Colin O'Brady Crossed the World's Most Unforgiving Place in 54 Days." *New York Post*, February 22, 2020. https://nypost.com/2020/02/22/how-colin-obrady-crossed-the-worlds-most-unforgiving-place-in-54-days/.

Ghosh, Pallab. "Researchers Praise Scott's Legacy." January 17, 2012. *www.bbc.com*, https://www.bbc.com/news/science-environment-16530953.

Gildea, Damien. "Crossing Antarctica: How the Confusion Began and Where Do We Go from Here." *Explorersweb*. Accessed April 2, 2019. https://explorersweb.com/2019/01/09/crossing-antarctica-how-the-confusion-began-and-where-do-we-go-from-here/.

Gordon, Keith. "How Adventurer Colin O'Brady Became the First Man to Cross Antarctica Solo." *Maxim*. Accessed May 7, 2019. https://www.maxim.com/news/colin-obrady-crosses-antarctica-2019-4.

Graham-Harrison, Emma. "'I'm Absolutely Elated. It's a Miracle We Made It,' Says Polar Hero Louis Rudd." *The Observer*, December 29, 2018. www.theguardian.com, https://www.theguardian.com/world/2018/dec/29/louis-rudd-antarctic-explorer-describes-trek.

Grann, David. *Retracing the Antarctic Journey of Henry Worsley*. October 2018. www.newyorker.com, https://www.newyorker.com/news/news-desk/retracing-the-antarctic-journey-of-henry-worsley.

_____. *The White Darkness: A Journey Across Antarctica*. February 2018. www.newyorker.com, https://www.newyorker.com/magazine/2018/02/12/the-white-darkness.

Hatfield, Stefano. "This Is the Side of Antarctic Explorer Henry Worsley That the Media Shies Away From." *The Independent*, January 31, 2016. http://www.independent.co.uk/voices/this-is-the-side-of-antarctic-explorer-henry-worsley-that-the-media-shies-away-from-a6845381.html.

"History of Shackleton's Expedition." *Antarctic Heritage*. Accessed May 2, 2019. https://www.nzaht.org/pages/history-of-shackletons-expedition.

Hudson, Jack. "A Mind In Extremis." *Shackleton London*. Accessed March 4, 2019. https://shackletonlondon.com/blogs/pre-expedition/a-mind-in-extremis.

_____. "Cold Extremities (SPEAR17 Interview)." *Shackleton London*, October 25, 2018. https://shackletonlondon.com/blogs/pre-expedition/spear-17.

_____. "Equipping a Modern Pioneer." *Shackleton London*, November 28, 2018. https://shackletonlondon.com/blogs/pre-expedition/modern-pioneer.

_____. "Lou Rudd Returns to the UK." *Shackleton London*, January 10, 2019. https://shackletonlondon.com/blogs/lou-s-journal/lou-rudd-returns-to-the-uk.

_____. "Watchkeeper (Wendy Searle Interview)." *Shackleton London*, November 20, 2018. https://shackletonlondon.com/blogs/pre-expedition/watchkeeper.

Huntford, Roland. *Race for the South Pole: The Expedition Diaries of Scott and Amundsen*. Continuum International Publishing Group, 2010.

Hutchinson, Alex. *Endure: Mind, Body, and the Curiously Elastic Limits of Human Performance*. HarperCollins, 2018.

_____. *How to Fuel for a Solo, Unassisted Antarctic Crossing | Outside Online*.

November 14, 2018. https://www.outsideonline.com/2365661/colin-obrady-how-fuel-solo-unassisted-antarctic-crossing.

_____. "The Greatest Challenge on a Solo Antarctic Crossing? Food." *Outside Online*, November 14, 2018. https://www.outsideonline.com/2365661/colin-obrady-how-fuel-solo-unassisted-antarctic-crossing.

Huxley, Elspeth Joscelin Grant. *Scott of the Antarctic*. University of Nebraska Press, 1990.

"Iceland Pre-Expedition Training (Video)." *Shackleton London*. Accessed March 4, 2019. https:// shackletonlondon.com/blogs/pre-expedition/iceland-training.

"Into the White (Official Expedition Video)." *Shackleton London*. Accessed March 4, 2019. https:// shackletonlondon.com/blogs/pre-expedition/into-the-white.

Jones, Stephen. *Interview with Steve Jones of Antarctica Logistics & Expeditions #2*. August 9, 2019.

_____. Interview with Steve Jones of Antarctica Logistics & Expeditions. April 2, 2019.

Kirtley, Paul. "PK Podcast 012: Lou Rudd on Unsupported Polar Journeys and Retracing Amundsen's Route to the South Pole." *Paul Kirtley's Blog*, January 7, 2016. http:// paulkirtley.co.uk/2016/lou-rudd-unsupported-polar-journeys-retracing-amundsens-route-south-pole/.

_____. "PK Podcast 034: Lou Rudd on the Motivation to Traverse Antarctica Solo, Unsupported and Unaided." *Paul Kirtley's Blog*, November 19, 2018. https:// paulkirtley.co.uk/2018/lou-rudd-on-the-motivation-to-traverse-antarctica-solo-unsupported-and-unaided/.

Klover, Geir. "Lessons from the Northwest Passage: Roald Amundsen's Experiences in the Canadian Arctic." *Canadian Geographic*, May 31, 2017. https://www.canadiangeographic.ca/article/lessons-northwest-passage-roald-amundsens-experiences-canadian-arctic.

Knapton, Sarah. "British Polar Explorer Ben Saunders Echoes Shackleton as He Abandons Quest to Cross South Pole Unassisted." *The Telegraph*, December 29, 2017. www.telegraph.co.uk, https://www.telegraph.co.uk/science/2017/12/29/british-polar-explorer-ben-saunders-echoes-shackleton-has-abandons/.

Kuo, John, and Anna Helhoski. "The Cost of Extreme Sports: Pricey Gear and Life Insurance." *NerdWallet*, December 15, 2015. https://www.nerdwallet.com/blog/insurance/life-insurance-cost-of-extreme-sports-2015/.

Larsen, Joar Hoel. "Peder Christophersen." *Norsk Biografisk Leksikon*, September 29, 2014. Store norske leksikon, http://nbl.snl.no/Peder_Christophersen.

Lewis, Tim. "Walks on the White Side: Bold, Impressive ⋯ but What's the Point? | Tim Lewis." *The Guardian*, December 9, 2018. www.theguardian.com, https://www.theguardian.com/global/blog/2018/dec/09/louis-rudd-colin-obrady-polar-

세상 끝을 향한 경주

expeditions.

Llanas, Sheila Griffin. *Who Reached the South Pole First?* Capstone, 2011.

Loder, Sandy. "Into the Unknown-Extreme Leadership in the Antarctic (via Passle)." *Passle*, December 29, 2016. http://insights.peak-dynamics.net/post/102dwmo/into-the-unknown-extreme-leadership-in-the-antarctic.

"Lou Rudd to Begin Attempt to Traverse Antarctic Continent—he Spirit of Endurance Expedition." *The Great Outdoors*, October 24, 2018. https://www.tgomagazine.co.uk/news/lou-rudd-to-begin-attempt-to-traverse-antarctic-continent-the-spirit-of-endurance-expedition/.

Martin, Colin. "Antarctica: Scientists to the End." *Nature* 481 (January 2012): 264. doi:10.1038/481264a.

McChesney, Adrienne. *Research Questions—Thank You!* May 15, 2019.

_____. *Research Questions—Thank You!* May 17, 2019.

_____. *Research Questions—Thank You!* May 22, 2019.

Mintz, Luke. "British Explorer Ben Saunders Abandons Historic Trek Across Antarctica." *The Independent*, December 28, 2017. http://www.independent.co.uk/news/uk/home-news/ben-saunders-trek-antarctic-abandoned-uk-explorer-a8132451.html.

Minutaglio, Rose. "Inside Colin O'Brady's History-Making Solo Trek Across Antarctica." *Esquire*, January 24, 2019. https://www.esquire.com/news-politics/a25922112/colin-obrady-antarctica-solo-trek-inside/.

Murray, Carl. "The Use and Abuse of Dogs on Scott's and Amundsen's South Pole Expeditions." *Polar Record* 44, no. 4 (October 2008): 303-10. doi:10.1017/S0032247408007493.

National Institute for Fitness and Sport *BodPod*. Accessed April 7, 2019. https://www.nifs.org/fitness-center/fitness-assessments/bodpod.

Neville, Tim. "Colin O'Brady Wants to Tell You a Story." *Outside Online*, August 15, 2019. https://www.outsideonline.com/2400795/colin-obrady-profile-antarctica.

NGSS Hub. Accessed December 6, 2018. https://ngss.nsta.org/DisplayStandard.aspx?view=pe&id=225.

"Northwest Passage | Trade Route, North America." *Encyclopedia Britannica*. Accessed September 11, 2019. https://www.britannica.com/place/Northwest-Passage-trade-route.

O'Brady, Colin. *Colin O'Brady (@colinobrady) • Instagram Photos and Videos*. Accessed December 8, 2018. https://www.instagram.com/colinobrady/.

_____. *Next Level Testing with Standard Process. YouTube*, June 10, 2018. https://www.youtube.com/watch?v=JmvNSoNjCcY.

Out of the Crevasse Field. August 30, 2005. https://earthobservatory.nasa.gov/features/Crevasse/crevasse2.php.

Palmer, Richard. "William and Harry Pay Emotional Tribute to Their Friend Who Tried to Cross the Antarctic." *Express.Co.Uk*, January 17, 2017. https://www.express.co.uk/news/royal/755461/William-Harry-emotional-tribute-friend-died-Antarctic.

Pattison, Mark. "020: Colin O'Brady, from Being Burned on 25% of His Body to Becoming the Fastest Person to Climb the Seven Summits & Ski to the North and South Pole All in 139 Days. Wow!" *Mark Pattison NFL*, October 20, 2017. https://www.markpattisonnfl.com/020-colin-obrady-peak-inspiration/.

Petrovic, Karli. "Colin O'Brady: What Inspired the Elite Mountain Climber to Smash World Records." *Alive*, April 25, 2017. https://www.alive.com/lifestyle/beating-the-odds-again-and-again/.

Phillips, Eric. *Eric.Philips.98*. Facebook. Accessed March 14, 2020. https://www.facebook.com/eric.phillips.98.

Polar Mission Army Explorer Appointed MBE. June 8, 2018. www.bbc.com, https://www.bbc.com/news/uk-wales-mid-wales-44413421.

Ragogna, Mike. "Ain't No Mountain High Enough: A Conversation with Colin O'Brady." *Huffington Post*, March 8, 2016. https://www.huffingtonpost.com/entry/aint-no-mountain-high-enough-a-conversation-with_us_56dde9fae4b0a94557aab697.

"Record-Breaking Mountain Climber's Next Feat? Fighting Childhood Obesity." *TODAY.Com*. Accessed March 9, 2019. https://www.today.com/health/elite-mountain-climber-colin-o-brady-fights-childhood-obesity-t97706.

Removal of the Sledge Dogs—British Antarctic Survey. Accessed May 17, 2019. https://www.bas.ac.uk/about/antarctica/environmental-protection/wildlife-and-plants-2/removal-of-the-sledge-dogs/.

Rogan, Joe. *Joe Rogan Experience #1244—Colin O'Brady*. 2019. YouTube, https://www.youtube.com/watch?v=1Gtrg6R7b3w.

Roll, Rich. "Doing the Impossible with Colin O'Brady." *YouTube*, May 6, 2019. https://www.youtube.com/channel/UCpjlh0e319ksmoOD7bQFSiw.

Routen, Ash. "Lou Rudd Announces Plan to Cross Antarctica Alone and Unsupported." Accessed February 15, 2019. *Explorersweb*, https://explorersweb.com/2018/04/23/lou-rudd-announces-plan-to-cross-antarctica-alone-and-unsupported-2018-04-07-10377-2/.

Rudd, Lou. "Spirit of Endurance." *Louis Rudd MBE*, April 1, 2018. https://lourudd.com/2018/04/01/the-journey-begins/.

Rush, Richard. "Explorer Returns to His Holbeach Roots." *The Voice*. Accessed February 17, 2019. https://www.spaldingvoice.co.uk/explorer-returns-to-his-holbeach-roots/.

Scott, Robert Falcon. *Scott's Last Journey*. Edited by Peter King, Gerald Duckworth, 1999.
_____. *The Voyage of the Discovery*. Scribner, 1907.

Shackell, James. "Zen and Calories: Secrets of the First Man to Walk Solo Across

Antarctica." *Adventure.Com*, June 3, 2019. http://serebral360traveler. com/2019/06/03/zen-and-calories-secrets-of-the-first-man-to-walk-solo-across-antarctica-by-james-shackell-adventure//.

Skolnick, Adam. "Colin O'Brady Completes Crossing of Antarctica with Final 32-Hour Push." *New York Times*, December 26, 2018. NYTimes.com, https://www.nytimes. com/2018/12/26/sports/antarctica-race-colin-obrady.html.

_____. "Louis Rudd Completes His Trek Across Antarctica 2 Days Behind Colin O'Brady." *New York Times*, December 28, 2018. https://www.nytimes. com/2018/12/28/sports/louis-rudd-antarctica-colin-obrady.html.

_____. "Reflections on Antarctica." *New York Times*, January 18, 2019. https://www. nytimes.com/2019/01/18/sports/reflections-on-antarctica.html.

_____. "Tracking the Race Across Antarctica." *New York Times*, December 18, 2018. https://www.nytimes.com/interactive/2018/12/18/sports/antarctica-race-tracker-map.html.

Skolnick, Adam, and Tamara Merino. "No One Has Ever Crossed Antarctica Unsupported. Two Men Are Trying Right Now." *New York Times*, March 12, 2019. https://www. nytimes.com/2018/11/11/sports/antarctica-race.html.

Smith, Julian. "The Inside Tale of Colin O'Brady's Death-Defying, Record-Breaking Antarctic Crossing." *Portland Monthly*. Accessed November 2, 2019. https://www. pdxmonthly.com/articles/2019/3/26/the-inside-tale-of-colin-obradys-death-defying-record-breaking-antarctic-crossing.

Soldier's Solo Antarctica Crossing Bid. October 17, 2018. www.bbc.com, https://www.bbc. com/news/uk-wales-45888276.

Solomon, Susan. *The Coldest March: Scott's Fatal Antarctic Expedition*. Yale University Press, 2002.

Standard Process—Colin O'Brady. Accessed April 7, 2019. https://www.standardprocess. com/Campaign/Colin-OBrady#.XKpH9etKhN0.

Struthers, Dan, and Jack Hudson. "My Mate Lou." *Shackleton London*. Accessed March 4, 2019. https://shackletonlondon.com/blogs/pre-expedition/my-mate-lou.

Sunrise and Sunset Times in South Pole, March 2019. Accessed February 28, 2019. https://www.timeand date.com/sun/antarctica/south-pole?month=3.

"Survival Clothing in the Early 1900s." *Shackleton London*. Accessed February 22, 2019. https:// shackleton london.com/blogs/blog/equipped-for-survival.

Synnott, Mark. "Free Solo Across Antarctica." *National Geographic*, November 2, 2018. https://www.nationalgeographic.com/adventure/2018/11/antarctica-solo-unaided-cross-ski-attempt-colin-obrady/.

_____. "This Man Is Walking Across Antarctica All By Himself." *National Geographic News*, November 9, 2015. https://news.nationalgeographic.com/2015/11/151109-

south-pole-antarctic-explorers-shackleton-expedition/.

Teasdale, Aaron. "Antarctic Explorers Enter No-Rescue Zone." *National Geographic*. Accessed August 25, 2019. https://www.nationalgeographic.com/adventure/2018/12/antarctic-explorers-enter-no-rescue-zone/.

_____. "Explorer Crosses South Pole in Epic Race across Antarctica." *National Geographic*, December 13, 2018. https://www.nationalgeographic.com/adventure/2018/12/explorers-colin-obrady-louis-rudd-race-south-pole-antarctica/.

_____. "Second Explorer Completes Antarctic Crossing." *National Geographic*, December 28, 2018. https://www.nationalgeographic.com/adventure/2018/12/second-explorer-louis-rudd-crosses-antarctica/.

Terra Nova, Scott, South Pole—Ships of the Antarctic Explorers. Accessed December 1, 2018. https://www.coolantarctica.com/Antarctica%20fact%20file/History/antarctic ships/terra_nova.php.

The Gjøa Expedition (1903-1906)—FramMuseum.No. Accessed March 3, 2019. http://frammuseum.no/polar_history/expeditions/the_Gjøa_expedition_1903-1906_/.

The Polar Ship Fram-FramMuseum.No. Accessed December 1, 2018. http://frammuseum.no/polar_ history/vessels/the_polar_ship_fram/.

Turley, Charles. *The Voyages of Captain Scott*. Dodd, Mead and Company, 1915.

Walsh, Martin. "Antarctica 2019-2020: Expeditions to Watch." *Explorersweb*, November 11, 2019. https://explorersweb.com/2019/11/11/antarctica-2019-2020-expeditions-to-watch/.

Wang, Andrew. "IM 017: Setting Small Goals to Achieve the Extraordinary | Colin O'Brady | Transcript." *Runnymede Capital Management*. Accessed March 10, 2019. http://www.runnymede.com/017-transcript/.

Williams, Isobel P. "Shackleton's Scurvy—r Its Absence." *Isobel Williams—Author, Cruise Speaker and Lecturer*, October 5, 2018. https://isobelpwilliams.com/2018/10/05/shackletons-scurvy-or-its-absence/.

Windsor, Peter. "O'Brady's Antarctic Crossing: Was It Really Unassisted?" *Explorersweb*. Accessed May 15, 2019. https://explorersweb.com/2018/12/27/obradys-antarctic-crossing-was-it-really-unassisted/.

Woolhouse, Megan. "Exploring Endurance." *BU Today*. Accessed March 20, 2019. http://www.bu.edu/bostonia/winter-spring19/exploring-endurance/.